倫理学案内
――理論と課題

小松光彦・樽井正義・谷寿美 編

慶應義塾大学出版会

はしがき

　なにが善いことなのか、正しいことなのか。善い、正しいとはどういうことか。私たちは生きていく途上で、こうした問いに出会う。これに応えようとすることは、誰もがいずれかの仕方で行っており、人の歴史のなかで繰り返し行われてきた。そうした営みのなかから、倫理学と呼ばれる学問領域がつくられてきた。倫理学に関心をもち、これを学ぼうとするときに、その案内となるものを提供する目的で本書は編まれた。

　本書は「理論」と「課題」という二つの部分から構成されている。第Ⅰ部では、倫理的問題がどこにあるかを明らかにし、これに応えようとするさまざまな理論が提示される。倫理を問う現代の議論のなかで、もっともしばしば引き合いに出される理論は義務論と功利主義だろう。そしてメタ倫理学、討議倫理学、正義論、徳倫理学、ポストモダニズムは、いずれも20世紀に生まれた現在進行形の理論である。これに先行する社会主義、生の哲学、実存主義は、それぞれに独自の枠組みで現在に続く問題を捉えている。これらの理論の背景には、数千年の歴史をもつ哲学倫理学の思索の積み重ねがあるが、本書はあえて学説史という形をとらず、現代の倫理学における主要な理論の整理を試みた。

　第Ⅱ部では、現代社会が直面する多様な課題をめぐる倫理学の取り組みが紹介される。これらの課題の挑戦を、さまざまな科学ないし学問が受けている。その一つである倫理学も、共通する課題に価値を探求する視点から応えようとしている。この領域は応用倫理学と呼ばれることがあるが、それは倫理学の理論がたんに応用される場ではなく、むしろ理論が試され、鍛えられ、形成される場である。この領域での作業は、ロールズの言葉を借りて、「反照的均衡」と呼ぶこともできるだろう。本書では、医療倫理と環境倫理とを包

括する生命倫理、情報倫理、ビジネス・経済倫理の課題とならんで、科学技術と倫理の関わり、貧困と飢餓、戦争と平和という地球規模の課題にも言及した。

　本書で扱われる理論と課題については、それぞれに「参考文献」を短い紹介とともに提示した。理論については学説史を遡る、あるいは各論に分け入る手がかりとなり、課題についてはその広がりと深みを知る一助にしていただくためである。本書を倫理学への案内書として利用していただけることを願っている。

　本書の企画と執筆を担当した一人で私たちの同僚である石井敏夫さんは、編集途上の2005年晩秋、留学されていた南フランスのニースで急逝された。あまりにも、あまりにも突然のことだった。第Ⅱ部第5章の「科学技術」が、はからずも石井さんの遺稿となった。ここに、執筆者一同とともに、謹んで哀悼の意を表させていただきたい。

　2006年　春

　　　　　　　　　　　　　　　　　　　　　　　　　　　　編者

■目次

はしがき

第Ⅰ部　理論

- 第1章　義務論　　3
- 第2章　功利主義　　19
- 第3章　社会主義　　35
- 第4章　生の哲学　　49
- 第5章　実存主義　　65
- 第6章　メタ倫理学　　81
- 第7章　討議倫理学　　97
- 第8章　正義論　　113
- 第9章　徳倫理学　　129
- 第10章　ポストモダニズム　　145

第Ⅱ部　課題

- 第1章　世代間倫理　　163
- 第2章　自然中心主義、動物の権利　　177
- 第3章　生命の始まりと終わり　　191
- 第4章　福祉と優生学　　205
- 第5章　科学技術　　219
- 第6章　情報　　237
- 第7章　経済活動　　253
- 第8章　貧困と飢餓　　269
- 第9章　戦争と平和　　285

索引　　301

第Ⅰ部
理論

第 1 章
義務論

第 1 節　義務論とは何か

義務とは何か

　日本の学校は、校則という名目で、生徒にさまざまな注文をつけてくる。日頃の生活態度に始まって、髪やスカートの長さまで細かく指定しているところも少なくない。

　なぜ髪を伸ばしたり長い（短い）スカートをはいたりしてはいけないのか、と生徒がたずねても、はかばかしい答えが返ってくることは少ない。気の短い教師の中には、答えを返すどころか、こういう質問を向けられただけで怒り出す人もいる。校則を守るのは生徒としての「義務」であり、守るどころかその内容に疑いの目を向けるなど、許しがたい義務違反だというのである。

　もし根拠のはっきりしない決まりごとを、はっきりさせようとしないまま「義務」として守らせようとするなら、そこで口にされる義務とは、ある種の倫理学的怠慢をごまかす口実でしかないだろう。倫理学という学問は、ふだん自分や他人がなんとなく従っている決まりや、なんとなくしている行いを、いったん距離を置いて眺めてみることに始まる。この決まりに従う（従わない）ことには、あるいはこれを行う（行わない）ことには、本当にだれもが納得できる理由があるのかどうか。ある（ない）とすればその根拠はどういうものか。そういうことをじっくり考えてみるのが倫理学である。

　しかし義務という言葉を、こう簡単に片づけてしまってよいものだろうか。義務と名のつく決まりごとは世間に数え切れないほど転がっているが、大部

分は義務というよりむしろ「義理」だ、と言った人がいる。うまい言い方をしたもので、たしかに義務も義理も日常的には意味の重なる部分が多い。組織の一員として何らかの恩恵を受けていることを前提に、組織を存続させる（崩壊させない）ために組織内の決まりを守るよう努力する人は、組織の一員としての義務を果たしているとも、組織に対する義理を果たしているともいえる。生徒としての義務とは、要するに、学校という組織への義理である。

では、義務と義理はどう違うのか。義理はいつも特定の社会的関係の中で、個々人に割り振られる特定の役割に伴って生じる。○○高校の生徒という役割を担っているからこそこの校則を守る義理ができるので、生徒でないならそうした義理立ては必要ない。だから、あらゆる社会的役割を離れた「ひととしての義理」などというものは考えられない。

では「ひととしての義務」について考えることも無意味だろうか。そう簡単にはいかないように思われる。たとえば、生まれつきの金髪や茶髪まで黒く染め直させるような校則に、違和感を覚える人が多いのはなぜだろうか。髪の色を統一しようとしまいと学校の運営に大した影響はないだろう、といった現実的な反論も考えられる。しかし多くの人はむしろ、この校則が生徒を「ひととして」尊重していないことを何よりもまず問題視するのではないか。学校組織の「義理」の論理にくみつくされない「ひととしての義務」の存在が、いつもすでに意識されていなければ、このような観点は出て来ないはずである。

この章で紹介する義務論とは、この「ひととしての義務」を明らかにしようとするものである。義務論の倫理学とは、けっして世間の決まりごとを丸ごと承認して、人々に押しつけようとするものではない。むしろ反対に、そうした決まりごとに本当にもっともな倫理的根拠があるかどうか、「本当の義務＝ひととしての義務」に照らして吟味しようとする立場である。この「ひととしての義務」をないがしろにするような決まりごとは、たとえ義務と呼ばれていても、じつはただの「義理」にすぎない。ただの義理が拠り所としているのは倫理ではなく、世間に通用している制裁の仕組み、つまり暴力で

ある。

倫理学史の中の義務論

　古今東西の多くの思想家が「ひととしての義務」に対する自分なりの考えを書き残している。そうした考察の原型は、たとえば古代ギリシアのソクラテスに見出せるだろう。それまでおもに世界や宇宙の成り立ちを問題にしていたギリシア哲学が、人間の問題を正面から扱うことになったのは、ソクラテスの影響が大きい。その意味では西洋倫理学の祖と言ってもよい人物である。自分では何も書き残さなかったが、その思想の要点は、弟子のプラトンの初期作品からうかがい知ることができる。

　ひとがひととして何よりもまず関心を払うべきなのは、自分自身を正しく知り、養うことだとソクラテスは考える。自分自身とは、自分のもっている社会的地位や財産ではない。また自分の肉体ですらない。それらはみな、自分に付随する何かにすぎず、本当の自分とは別のものである。それなしには自分が自分として成り立たなくなるもの、それは心（たましい）にほかならないとソクラテスは言う。高い地位につくことや財産を増やすことや身の安全のことばかり考えて、心の世話を怠る人は、自分の付属品にすぎないものを自分の実質と誤解している。これはひととして不幸なことだというのである。

　西洋文明の中心がギリシアからローマに移ってからも、義務についての議論は重ねられた。なかでも後世に影響の大きかったのが、キケロの義務論である。ローマ史上最大の弁論家と目され、その文章が時代を越え、ラテン語散文の模範として読み継がれたことによる。

　キケロの義務論は各論的で見渡しにくいが、要点をあえて一言でまとめるなら、自然の定めたひととしての本領（本性）を守ることに集約される。刹那的な生き方しかできない他の動物とは異なり、自然は人間に理性を与えた。ひとは理性によって物事の仕組みを理解し（知恵）、目標を長期的・計画的に追求していくことができる。遠大な目標のためには、ナマの欲望追求に大き

く歯止めをかけることもいとわない(節制)。また理性的な対話によって他人と心を通わせ、社会を共同で秩序づけながら運営していくことができる（正義）。大切な家族や友人、さらには社会のために、ときには自分自身の表面的な損得を抜きにして尽くすこともできる（勇敢）。

こうした行動は、自然によって定められた人間固有の本性にもとづいているからこそ、ひとであればだれもが果たすべき義務として（たとえ実際に果たされることがまれであっても）尊重されなければならないとキケロは考える。私的利益によって義務を曲げることは許されない。というより、義務と両立しない「利益」は人間固有の真の意味の利益ではない、したがって義務と利益の衝突は言葉の真の意味では存在しえないと考えられているのである。あらゆる（正当な）義務の根拠を自然の「定め」に見るこうした発想は、やがて「自然」を「神」に置き換える形で、中世以後のキリスト教社会にも浸透していく。

義務論と目的論

ここまでは広い意味の義務論、つまり義務についての倫理学的考察一般を語ってきた。しかし現代の倫理学では、義務論はもっと狭い意味で、倫理学上の特定の方法論的立場を示す用語として用いられることが多い。

この狭い意味の義務論、あるいは義務論的倫理学は、ふつう目的論ないし目的論的倫理学と対置される。近現代で目的論的方法に従った倫理学といえば、次章で詳しく扱われる功利主義が思い浮かぶ（第Ⅰ部第2章参照）が、目的論的倫理学そのものは、古代ギリシアにまでさかのぼるさらに長い歴史を有している。

両者の相違を大まかに説明しておこう。目的論とは、だれもが実現をめざすべき最高目的を想定し、行為や社会制度をこの最高目的から見て有益かどうかで評価しようとする。この考えに従えば、ある義務が倫理的拘束力をもつのも、それが何らかの形で最高目的の実現や促進に貢献するからである。逆に言えば、最高目的の実現や促進に貢献しない場合、それは義務とは認め

られず、倫理的拘束力ももちえないことになる。目的論的倫理学は、何を最高目的と考えるかに応じて、たとえば快楽主義（最高目的＝快楽）や幸福主義（最高目的＝幸福）などに区分することが可能だが、方法論上の基本構造は一致している。

　義務論的倫理学はこれとは逆に、義務という概念のもつ無条件的性格から出発する。倫理的義務とはそもそも、他の目的のために相対化することを許されないものである。個人の私的な事情でないがしろにできないのは言うまでもなく、たとえ人類全体の幸福といった大げさなものをもち出してきても、義務の拘束力を奪うことはできない。

　この無条件の義務という概念を極限まで突き詰めて理論化したのが、18世紀ドイツの哲学者カントであった。義務論的倫理学は、他の思想家たちも体系化を試みてはいるものの、カントを抜きにしてはとうてい理解できない。次節では、そのカントの倫理学理論の概要を詳しく見ていくことにしたい。

第2節　カントの義務論的倫理学

常識からの出発

　たとえば母親が子供に向かって「嘘ついたらおやつ抜きね」と宣言する。おやつ欲しさに嘘をつかないよう我慢する子供は、「よい子」だろうか。あるいは、担任教師が生徒たちに「いじめを止めないと成績を下げるぞ」と宣言する。成績を下げられまいとして「いじめ」から手を引く生徒は、「よい子」だろうか。

　嘘はつかないほうが「よく」、いじめはしないほうが「よい」のは明らかである。だからといって、嘘をつかない子や人をいじめない子が「よい子」という結論は必ずしも引き出せない。もちろんそういう子を「よい子」と呼んでも、異論を唱える人はふつう少ないだろう。しかしそれは、ひとは通常、よい行いの背後にはよい動機が働いているだろうと好意的に推測しているからである。もし何かの都合で、単なるおやつ目当てや内申書目当ての行いで

あることが分かってしまった場合、その子の「よさ」が大きく色あせて見えることは避けられない。

　表に現れる行為と違い、行為の動機は直接確認することが難しい。にもかかわらず、ひとは目に見える行為を通して、その背後の動機にもいつも同時に目を向けている。人間の心身の活動が表に現れる部分だけで完結しておらず、むしろ直接目に見えない部分に支えられて初めて成立するものであることを、自分自身の経験を通じてだれもが知っているからである。カントの倫理学は、このだれもがいつもすでに認めてしまっている常識から出発する。

　動機の問題は意志の問題である。意志が「よく」なければ、たとえどんなに有益な結果をもたらしたとしても、その行いを手放しで「よい」と呼ぶのはためらわれる。「およそ無条件で善と呼べるものは、善い意志しか考えられない」とカントが言うのもそのためである。あらゆる行為は、その原因となった意志も「よい」という条件を満たしていて初めて「よい」と認められる。これに対して意志のほうは、「よい」と認められるのに意志自体のよさ以外のものを必要としない。つまり、よい意志は無条件で「よい」のである。

　では、意志はどういう基準でよいとか悪いとか言われるのだろうか。

道徳の法則

　意志の善悪を分ける基準はひととしての義務にある、とカントは考えた。万有引力の法則がこの宇宙のどこでもつねに働いているように、いつどこでどういう状況にあるかに関わりなく、理性を備えた存在者ならだれにも（つまり人間にも）妥当する無条件の義務が存在する。「よい」意志とはこの義務を尊重し、これに従おうとする意志のことである。カントはこの義務の核心部分を道徳の「法則」として定式化しようと試みる。

　もちろん、物理の法則と道徳の法則には大きな違いがある。たとえば、高い所からものを落とすとき「落ちろ」と命令する必要はない。命令するまでもなく、物体には重力が働いて必ず落下する。しかし道徳の法則は、この物理的世界（カントは「感性的世界」と呼ぶ）に自動的に結果をもたらすよう

な形では「働いて」いない。この世界が道徳的に望ましいことを必ず実現するような作りになっていたら、そもそも道徳の問題は生じないだろう。実現されるかどうか物理的には不確かなことを、必ず実現される「べき」こととして命令する点に、道徳の法則の特徴がある。したがって道徳の法則は、必ず命令形で表現される。

　人間も物理的世界の一部である以上、道徳の法則に必ず従うとは限らない。しかしカントによれば、ひとはいつも自らのうちに二つの側面を併せもっているという。一つはこの世界の成り行きに上手に身を委ねようとする側面(傾向性)、もう一つはこの世界を自ら構成し直そうとする側面（理性）である。じつは道徳の法則とは、こうした二重性をはらみながら生きる人間が直面する、その人自身の理性の一番深い所から出てくる声にほかならない、とカントは考える。それはたしかに「命令」として現れるものの、ひとを超越した神や仏のような権威に由来するのではなく、あくまで人間自身のうちに根拠をもつのである。

条件つきの命令（仮言命法）と無条件の命令（定言命法）

　カントは道徳の法則を「きみの意志の格律が、いつでも同時に普遍的立法の原則として妥当するように行為せよ」という、理性が下す無条件の命令としてまとめてみせる。

　このような形の命令は「定言命法」と呼ばれている。定言（的）とは「無条件で定められた」という意味である。道徳の法則は定言命法の形でしか表せない、とカントは考えた。上の法則の内容に踏み込む前に、まずこの点を明らかにしておこう。

　定言命法の反対語は「仮言命法」という。仮言（的）とは「何かを仮定した上での」という意味である。おやつが食べたかったら嘘をつくなと言えば、相手がおやつを欲しがっているのを前提にしているから仮言命法だし、内申書に響くからいじめはするなと言えば、相手がよい成績を欲しがっているのを前提にした仮言命法である。カントによれば、このような形の命令は、道

徳的善悪の基準を表現するのには原理的に不向きなのだという。

　おやつや内申書を引き合いに出せば、問題の中心は嘘やいじめの道徳的善悪ではなく、それらの結果として見込まれる損得にすり替わってしまう。どんな人でも多かれ少なかれ必ず備えている、この世界の成り行きに上手に身を委ねることで快楽を得たり苦痛を逃れたりしようとする一面を、カントが「傾向性」と呼んでいることはすでに話した。仮言命法はこの傾向性、つまり相手の「好み」に訴えかけるものなのである。

　何を快苦と感じるかはひとによってさまざまだから、おやつにそれほど魅力を感じない子や、内申点が下がるのを承知でいじめを続けたがる子に対しては、上のような仮言命法は何の説得力ももたない。しかし、嘘やいじめは本来それ自体として「ひととしての義務＝道徳の法則」に反するからこそ（なぜ反するかはあとで述べる）戒められるのではないだろうか。とすると、道徳の法則はこのような戒めを、ひとそれぞれの傾向性（好み）に関わりなく、だれにも例外なく訴えかけるような形で示していなければならない。だからこそ上のような定言命法の形をとる必要があるのである。

普遍化可能性、自由、人格

　さて「きみの意志の格律が、いつでも同時に普遍的立法の原則として妥当するように行為せよ」とは、いったいどういうことだろうか。

　まず格律（または格率）という耳慣れない言葉だが、これは「心構え」とでも訳したほうが分かりやすい。ひとは人生の各場面で、何の前触れもなく突然何かを決断するわけではない。むしろだれもが自分の人生における何らかの基本的な身の処し方、要するに心構えをもっており、この心構えに従いつつ、各場面で何かを行うよう決断する。たとえば嘘つきは「時と場合に応じて嘘をついてもよい」という心構えをもっているからこそ、実際に時々嘘をつくのだろう。道徳の法則は、個々の行為の背景となっている心構え＝格律に目を向け、これをチェックするための基準なのである。

　「いつでも普遍的立法の原則として妥当する」なら、つまり時と場合に関

わらずだれにでも妥当するような普遍性が認められるなら、その心構え＝格律は「よい」とカントは言う。これはけっして、だれもがそういう心構えで暮らしても社会が崩壊しないなら「よい」という意味ではない。もしそう理解してしまえば、道徳の法則は義務よりも社会的影響を重んじることになる。たとえば、だれもが嘘をつくと人間相互の社会的信頼関係が成り立たなくなるから、原則的には嘘は許されないが、逆に言えば、社会を危うくしないような嘘ならだれがついても構わないことになる。

　嘘が許されないのはむしろ、嘘を許す心構え＝格律がその人自身のうちに自己矛盾を生み出すからである。嘘はそもそも、相手が「嘘ではない」と思ってくれないとつく意味がない。だから嘘つきは、嘘のない世界を欲している。しかし嘘つきは、そのような世界に自ら嘘をもち込むことも欲している。「時と場合に応じて嘘をついてもよい」という格律は、たがいに矛盾するこの二つを同時に求めているからこそ普遍性が認められないのである。

　嘘をつく人は、いわば嘘のない世界を欲する自分と嘘をもち込む自分に引き裂かれてしまう。すると「自分」としての人格的求心性は弱まり、嘘をつくことでもたらされる利益に操られて動くだけの存在になる。この自分以外のものに操られる不自由な状態を、カントは「他律」と呼んだ。道徳の法則は、知らないうちに他律＝不自由に陥ることへの戒めとも解釈できる。

　ひとはふつう、外から強制されずに自発的に何かをするとき、自分を自由だと思う。しかし「自発的に」嘘をつき続ける人は、じつはけっして本当の意味で自由だとはいえない。一見自分で自由に決めているようでも、嘘をつくことは、その時その場ごとの利害に操られた「他律的な」決断にほかならないからである。

　不自由の反対は自由、他律の反対は「自律」である。だからこれまでの内容を反対に表現するなら、カントの道徳の法則は人間に自律すること＝本当の意味で自由になることを促しているともいえる。目先の利害に流されない、道徳の法則にかなった心構え＝格律をもって生きるとき、その人は自律している。言い換えれば、その意志は首尾一貫している。

首尾一貫性という言葉にも注意する必要がある。いじめを例に考えてみよう。一心不乱に他人をいじめ続けるいじめっ子の行いは、そのすべてがいじめの快楽を基準に決められているから、ある意味では首尾一貫している。しかし裏を返せば、身も心もいじめの快楽に隷属したそのような生き方は、いわば自動的に他人に危害を加え続ける機械と変わらない。いじめっ子はいじめ（を自分に許す心構え＝格律）を通じて自分の生き方に首尾一貫性を与えるどころか、自分自身をスイッチの壊れた自動拷問器具と変わらない状態に貶めているのである。これもこの上ない他律の状態といえる。

決まったことを繰り返すだけの機械や、本能に動かされるだけの他の生物とは違って、ひとはだれでも自分の人生を自ら形作ろうとしている。この点において、ひとはただの「もの」や「生きもの」以上の存在、カントの言葉を借りるなら「人格」である。しかしその際、もし道徳の法則に適さない心構え＝格律に従うなら、結果として他人の人格だけでなく自分自身の人格すら、物理的世界の成り行きにうまく身を委ねるための道具として、つまりは「もの」として扱うことになる。

道徳の法則を示すことで、カントはまさしくこの人格の「もの扱い」を戒めようとする。道徳の法則に表現された「ひととしての義務」は、要するに、他人にも自分にも「ひと」であることを辞めさせない義務なのである。

第3節　さまざまな批判と応答

義務論は形式主義か

カントの義務論は、大学の哲学教員たちの狭い枠を越え、人々の間で活発に議論されることになった。なかにはそこに「難点」や「限界」を見出し、それらを自らの新しい倫理学で克服しようとする野心的な思想家たちも現れた。たとえばのちに詳しく扱われる、いわゆる「生の哲学」に分類される人々の思索も、カント倫理学の批判的受容なしにはありえなかったろう（第Ⅰ部第4章参照）。

残念ながら、そうしたカント批判の内容を一つ一つ細部にわたって検討する余裕は残されていない。ここではただ、最も典型的と思われる二つの批判を紹介して、カント倫理学の立場からそれらに対してどういう応答ができるか考えてみたい。
　まず取り上げるのは、カントの倫理学は形式的に過ぎるという批判である。古くはヘーゲルやシェーラー、近くはいわゆる「徳倫理学」の代表者たち（第Ⅰ部第9章参照）も、カントのいう「道徳の法則」は複雑な世の中を正しく生きるための具体的な指針にはなりえないと考えた。場面ごとに異なる複雑で特殊な条件をしっかり考慮に入れてこそ、本当にその状況にかなった正しい行為ができるようになるはずなのに、どんな状況でも妥当する「義務」にこだわるカントは、そうした特殊条件を不当に無視しているというのである。
　こうした批判者たちには、カントの倫理学は「無条件の義務」を理由に、きわめて非常識な結論に至ることもあるように思われた。たとえばアンネ・フランクを自宅にかくまっている人が、ナチスの秘密警察隊員に「お前の家にユダヤ人はいるか」と問われた場合、正直に答える義務はあるだろうか。道徳の法則が無条件で嘘を禁じるのならば、このような極端な場合ですら嘘をついてはならないという結論になりそうだし、カント自身も最晩年に書いたある論文の中ではそういう見解を支持しているようにみえる。しかし上のような場面で嘘をつかない人は、結果的にほぼ確実なアンネの死に対し、少なくとも間接的な責任を免れないだろう。

義務論は不人情か
　次に取り上げるのは、義務の遂行ばかり追求するカントの倫理学は、理性を偏重するあまり、人間のもつ感情的・情緒的側面を不当に軽んじているという批判である。
　およそ一世代のちに生まれた文豪シラーが、ある風刺詩の末尾でカントを皮肉っている。

友のためなら喜んで何でもするが　それは残念ながら傾向性のためなんだ
　するとぼくは道徳的じゃないわけで　しゃくにさわるったらありゃしない
　こうなったら仕方ない　まずせっせと友を軽蔑するんだ
　それから満腔の嫌悪をこめて　義務の命じることをしてやるんだ

　シラーによれば、カントのいう義務はただ義務＝道徳法則への尊敬のゆえに果たされなければならないから、もし義務を「喜んで」果たすならそれは義務ではなく、したいことをする傾向性（好み）に従ったことになるという。しかし義務を嫌々果たすだけの人間が、喜んで果たす人間よりも道徳的に優れているはずがない、とシラーは考える。
　たんに理性の「命令」として義務を果たすだけではまだ不十分で、そうするのが自然なことのように「喜んで」義務を果たせるようにならなければならない、とシラーは言う。道徳法則の命じることを喜んで行えるなら、そのとき義務を命じる「冷ややかな」理性は親愛を求める「温かい」感情に包み込まれ、理性と感情が一個人の人格のうちに調和を見出す。シラーによれば、こうして「美しい魂」としての人間が完成するのである。

義務論からの応答
　さて、これらの批判にカント倫理学はどう答えることができるだろうか。
　まず一つ目の批判だが、その場ごとの特殊な事情を考慮しなければ状況にかなった正しい行為ができないのは、カントも認めている。ただカントは、そうした特殊条件は倫理学の原理を実生活に応用する段階で初めて問題になるのであって、原理そのものが最初から特殊条件に影響されてはならないと言っているにすぎない。原理は特殊化すればするだけ、いつでもどこでも通用する普遍的なものではなくなっていく。付け加えられた条件に見合う特殊な場面での応用は楽になるかもしれないが、倫理としての統一性は失われ、相互関連のはっきりしない無数の特殊規則を集めた接客マニュアルのようなものになりかねない。

原理から自動的に正しい行為を導き出すことは、カント倫理学に限らずどんな倫理学にもできない。倫理学の原理を目の前の現実にどう応用するかは、カントのいう「経験を通じて研ぎ澄まされた判断力」を駆使して、一人ひとりがいつも現場で自ら考えなければならない問題なのである。なかには上で見た極端な例のように、倫理的に最善の行いが割り出しにくい場合もあるが、それは倫理的問題がそれ自体として簡単に割り切れない性質のものである以上、避けて通れない難所だろう。むしろこの難所を存在しないかのように扱い、どんな場合でも計算問題を解くように「最善の行い」を割り出して見せるような倫理学は、かえって倫理的態度と相容れないように思われる。

　二つ目の批判について言えば、カントの主張の眼目は、たとえ感情にあと押しされなくても義務をおろそかにしてはならないという点にある。苦境に陥ったのが親しい友人なら「喜んで」救いの手を差し伸べることは容易だろう。この場合、義務（苦境にある相手の救出）と傾向性（相手への共感）の求めることは幸いにも重なっている。しかしそういう幸運な事例は、義務について厳密な議論を行う題材にはなりにくいのである。ひとは好き嫌いに関わりなく、あらゆる人間を一個の人格としてふさわしく扱う義務を負っている。その無条件の倫理的拘束力は、むしろ嫌いな人間が相手の場合、好感によるあと押しが期待できない場合にこそ、かえって際立つといえる。

　いつも喜んで義務を果たすには、全人類を等しく愛する必要がある。シラーの倫理が一種の博愛主義に行き着くことは、ベートーヴェンの第九交響曲の歌詞にもなった、全人類が喜びに包まれて連帯する理想世界を歌った『喜びによせて』という詩からも明らかだろう。しかし「万人を愛せよ」という博愛主義の呼びかけは、正確には義務そのものより、むしろ義務の遂行をあと押しする特定の感情、つまり傾向性に関わっている。とするとシラーはカントの義務論を原則的に承認した上で、傾向性（好み）のほうを義務に都合よく整形するよう求めていると考えられる。これは倫理学よりも道徳教育の問題であるように思われる。

　必ずしも意のままにならない世界で、それでも精一杯生きていこうと努力

するうち、ひとは世界の成り行きに上手に身を委ねることばかり考え、ひととしての自分にいつもすでに課せられている義務から目をそらしがちになる。だからこそ、カントが定言命法の形で表した道徳の法則は、ひとが自分を見失わないための格好の拠り所となりうるのである。

参考文献

プラトン『ソクラテスの弁明』岩波文庫、新潮文庫、中公クラシックス、など
　本当に人間らしい生き方の問題と正面から取り組んだ古典。古典だけにいろいろな訳で読めるが、安くてかつ文献学的に定評があるのは新潮文庫の田中美知太郎訳か。

キケロ（高橋宏幸訳）『義務について』、『キケロー著作集』岩波書店、第9巻、1999年、所収
　義務についての古典的かつ網羅的な考察。

カント（篠田英雄訳）『道徳形而上学原論』岩波文庫、1976年（改訳）、ほか
　義務論的倫理学へのカント自身による入門書。これもいろいろな訳が出ている。『人倫の形而上学の基礎』『人倫の形而上学の基礎づけ』など、邦題がバラバラだが、元は同じ。

カント（波多野精一ほか訳）『実践理性批判』岩波文庫、1979年、ほか
　『原論』の内容をさらに体系的にまとめ直した義務論的倫理学の定番的著作。同じ形式で書かれた『純粋理性批判』『判断力批判』とともに、カントの三批判書として有名。

カント（加藤新平ほか訳）『人倫の形而上学』、『世界の名著　カント』中央公論社、1979年、所収、ほか
　義務論的倫理学のさまざまな応用の可能性、また具体的な応用場面で予想される困難などに、晩年のカント自身が言及した貴重な著作。

石川文康『カント入門』ちくま新書、1995年

倫理学も含め、多方面にわたるカントの業績がバランスよく取り上げられた概説。

中島義道『悪について』岩波新書、2005年
カント倫理学の中でもなにかと敬遠されがちな「厳格主義的」側面に、あえてこだわり抜いた珍しい入門書。

前田英樹『倫理という力』講談社現代新書、2001年
カント倫理学や義務論の研究書ではないが、義務がなぜひとを動かす力となりうるのか、という問題について独特の鋭い考察を加えている。

新田孝彦『入門講義　倫理学の視座』世界思想社、2000年
義務論の立場から書かれた倫理学入門。対立する立場（とくに功利主義）や現代の応用倫理学上の問題にも目配りが行き届いており、初学者でなくてもおおいに啓発される。

（吉田量彦）

第2章
功利主義

　わたしたちにとって望ましいことは「善い」ことであり、この望ましい状態の実現に役立つ行為こそが「正しい」ものである。道徳というものが禁止や規制の役割を担う一面をもつだけに、こうした素朴にして肯定的な考え方は、実際に行為する場面で依然としてわたしたちの心を引きつける。功利主義は、自明とも思われるこの考え方を前面に立てることで、自己の主観に局限された道徳ではなく、社会における実践的行為へと結びついた道徳を求めるべく登場してきた。いわば、道徳に実質的な基準・外的な原理を与えることを企図した理論、それが功利主義であった。

第1節　古典的功利主義の登場

功利主義登場の前段階
　功利主義においては、「善さ」とは何らかの快の状態や幸福であることにほかならない。そして、この快楽や幸福という目的（結果）の実現に対して有用であるか、効用が認められるかという観点から、行為の「正しさ」が判定されるのである。
　こうした功利主義と同じタイプの思考は、古代ギリシアにも見出される。アリストテレスによれば、あらゆる行為や判断は個々の善の実現をめざしているが、なかでも最高の善とは幸福なのであり、幸福こそが究極の目的と位置づけられていた。（第Ⅰ部第9章参照）。ただし、アリストテレスの理論がそのままの形で功利主義に受け継がれたわけではない。古代ギリシアにおける道徳の一次的課題は、何よりも自己をより理想的な存在へ高めることにあっ

た。したがって、そこでは、功利主義に不可欠な「社会一般の幸福の実現」ということが本質的な問題とはなっていなかったのである。

　この「社会の一般的幸福」という観点をもち出した人物にヒュームがいる。道徳的善悪とは、そもそも真偽を見分ける理性によるものではなく、快苦の印象を伴う情念の産物である。もっとも、ここで快苦として現れる道徳的感情は、けっして利己的なものにとどまることはない。自己の利害を超えて、他者の利害を含めた一般的な観点から導き出されるものである。それが可能なのは、わたしたちが他人に共感するという性向をもつからである。この共感の能力によって他者の幸福への関心が生じるのであり、それを契機として、社会の利益という一般的な感覚が形成されることになる。この一般的感覚を共有するがゆえに、わたしたちはおたがいに暗黙の取り決めを交わす（黙約）ことで、正義（「約束を守るべき」「他者の所有権を侵すなかれ」）という人為的な道徳規範を成立させるのである。

社会変革の理論的基盤としての功利主義

　功利主義が登場した要因としては、古代ギリシア以来、その理論的下地が整ったことに加え、社会的な要請も見逃せない。

　産業革命の到来により、イギリス社会は劇的な変動にさらされていた。急激な量的、質的変化に追いつけない社会では、旧来の体制が抱えていた不合理極まりない悪弊が次々と顕現化し、新たな国家体制、新たな社会秩序の構築が急務の課題であった。そうした状況のもと、ベンサムやJ.S.ミルが提唱した功利主義とは、まさに社会の要請に応えようとしたものであり、法律・経済・政治を含めた社会システムの改革運動に理論的基盤を与えるものであった。功利主義は、効用の最大化という概念を根幹に行為の正・不正に対して合理的な区分を与えることで、道徳的判断の基礎を提供するのみならず、広く社会全体の変革運動を支える一つの思想となったのである。

目的としての快楽の最大化

　18世紀末、ミルに先立って功利主義を提唱したのはベンサムであった。個人の主観的な感覚や通俗的な常識に依拠するかぎり、道徳的善・悪や正・不正の判断は多様で相対的なものとなりかねない。何よりもこの事態を危惧したベンサムは、客観的に観察可能な事実にもとづかせることで、道徳的判断を万人が共有できる合理的なものに仕立てようとした。

　ベンサムによれば、快楽の追求と苦痛の回避こそがわたしたちの行為を決定づけ、道徳的善悪を判断する基準となる。ここから、結果として快楽をどれだけ充足させるか、もしくは、幸福を促進するか、減少させるかの傾向によって、一切の行為を正しいもの（あるいは、不正なもの）として是認する（否認する）という「功利性の原理」が導き出される。

　ここでの正・不正（善・悪）の判断が客観的で合理的なものとして理解されるためには、まずは判断を導く快楽そのものが、何らかの形で量的に数値化され、相互に比較考量されなければならない。ベンサムはこの問題をクリアすべく、七つの尺度（快楽の強度、持続性、確実性、近接性、豊富さ、純粋性、範囲）を設け、快苦をめぐる快楽計算の構想を打ち出すのである。快楽が算定可能となることで、自己の快楽追求は相互に比較可能で、その正当性が他者にも理解できるものとなる。それは同時に、他者に快楽を生じさせ苦痛を避けさせることに協調した形で、自己が自らの快楽を追求しようとする道を開くのである。

　ベンサムの考えでは、そもそも社会は個々の自己が集合した擬制体である。それゆえ、自己の利害は社会一般の利害と調和しうるはずである。すると、個々の自己の快楽追求を平等に取り扱い、それぞれ最大限にその実現をめざそうとするならば、その必然的帰結として、自己の快楽・幸福の総和としての社会全体の幸福を最大化しなければならない。ここから、功利主義の「最大多数の最大幸福」の考え方が生まれることになる。ベンサムの企図は、こうした功利性の原理を、法体系の改正をはじめとした実践的な社会システムの変革に適用することにあった。つまり、功利性の原理とは、個々の自己は

もちろんだが、とくに為政者や立法者に対して、(自己の快楽追求を阻害することなく) 社会全体に可能なかぎり最大量の幸福を生み出すように要求する原理であった。

量的快楽から質的快楽へ

　功利性の原理とは、望ましい目的を達成するために何をなすべきかを述べる原理を意味する。そして、行為の正・不正は、幸福を促進するか、否かの傾向に依存している。この意味で、ミルは基本的にベンサムの理論を引き継いでいる。しかしながら、利己的な快楽追求を認めるベンサムとは異なり、ミルは功利主義の利他主義的な側面をより強調することになる。ミルによれば、功利主義とは、行為によって自己の幸福が増大するか、否かとは関係なく、社会一般の幸福をめざすことを要求するものであった。

　そこでミルは、快楽を量的に評価することが可能であることを認めつつも、総量の多寡のみをもって快楽を評価することを不合理とし、諸快楽が質的な違いにもとづいて判定されうることを指摘する。すなわち、快楽に高級な快楽（精神的快楽）と低級な快楽（肉体的快楽）の区別が設けられるのである。わたしたちは、適切な環境での教育を通じて高貴な感情を受け取る能力を練り上げることにより、そして、高級な快楽と低級な快楽の両方の経験を積み重ねることにより、こうした快楽の質的差異を認め、快楽相互の優劣を判定できるようになる。

　さらには、わたしたちがこの高級な能力を等しくもつならば、いかにその「量」が大きくとも利己的で卑しい快楽に満足することはもはやない。むしろ、自己と他者を含めた社会の一般的な幸福を選択することのほうにこそ、「質」的な優位さがあると見なすのである。また、こうした知性や教養にあふれた人間は、社会的感情の根底となる同胞と一体化したいという欲求をもつことにもなり、この一体感が完全であるなら、自己にとって有益なものでも、他者の利益にならないものは望まないことになる。

　快楽の質を問題化することで、ミルは功利主義のまなざしを、わたしたち

の外部に実現される幸福ばかりではなく、自らの行為の内部に実を結ぶ幸福にも向けさせようとしたと思われる。結果としての幸福を追い求めるかぎり、わたしたちの行為は単なる目的達成（結果実現）のための手段でしかなく、行為の可能性はつねに結果という外的な枠組みに縛られることになってしまう。それでもなお、自らの主体性や自由を擁護しようとするならば、行為の結果のみならず、行為そのものにも幸福を認めなければならない。つまり、わたしたちの行為とは、幸福実現の手段としてのみならず、それ自体が幸福の一部を構成するものとして望まれていなければならないのである。社会における個々の人間性の発展を重視するミルにとって、この内的な幸福を認めることは不可欠な要素であった。

　ところで、ミルは、ベンサムが避けた功利性の原理の証明にも挑んでいる。各人が現実に有意義なものとして受け入れているものは、現実に各人が望んでいるところのものである。そこで、だれもが幸福を望んでいるという事実がある以上、幸福はそれ自体目的として望ましい。徳という道徳的価値であれ、健康や名声などの非道徳的価値であれ、望まれるものは究極の目的に到達するための手段であるばかりか、それ自体が幸福の構成要素として位置づけられる。したがって、幸福だけがそれ自体望ましい唯一のものとなる。そして、幸福が望ましき唯一のものであるなら、自己の幸福のみならず、自己と形式上同じ立場にある他者の幸福においても、ある客観的な価値が認められなければならない。こうして、全体の幸福は行為の正当な目的となるのである。

　ミルが試みたこの証明は、通常の意味での証明ではない。幸福が真の目的であることを先取りし、そこからあらゆる行為が目的達成の手段として正当化されることを論証しようとしたものにすぎなかった。この証明に対しては、事実から価値判断を無批判に導いている（「自然主義的誤謬」）として、のちにムーアからの批判が加えられることになる（第Ⅰ部第6章参照）。

功利主義の本意とは何か

　何が善であるかを問い、その実現をめざして何をなすべきかを示そうとする功利主義は、規範倫理学の代表的理論と位置づけられる。論者の立場によりけっして一様には扱えないが、功利主義を構成する要素としては以下のものが挙げられる。

(1) 帰結主義（目的論）：行為の価値、正・不正の基準は、それがもたらす結果から判断される。道徳的判断の根拠を結果ではなく、動機や義務感に求める義務論と対照的な立場（第Ⅰ部第1章参照）。
(2) 効用主義：結果の是非は、効用の最大化という観点から、すなわち、当事者（個人・社会）の快楽・幸福を増大させるか、減少させるか、によって判定される。
(3) 総計主義：当事者の快楽・幸福は数値化可能であり、したがって、効用の総量も算定可能になる。

　功利主義によれば、道徳的な価値であれ、非道徳的な価値であれ、およそ価値というからには、それらが何らかの有用性を指すことは明らかである。有用性とは、いわば欲求充足に対する有用さであり、欲求充足の究極目的である幸福に対する有用さである。しかも、幸福という価値が自己に限定されない以上、価値の担い手は自己－他者の総体（社会）でもありうる。ここから、道徳的価値の存立基盤ですら、全体の幸福に対する有用性（効用性）に求められるのである。

　全体の幸福や功利性の原理というものは高度に抽象的な概念であるがゆえに、それを現実に行為しようとする意思決定の場面に適用してみても、うまく機能しないかもしれない。実際、功利主義に対する批判は、こうした個々の現実的な問題への不適応というレベルでなされている。しかし、功利性の原理にもとづいて行為の正しさへの基準を与えることは依然として可能である。とくに複数の道徳規範が衝突するような場合、相対化を免れるためにも

功利性の原理に依拠せざるをえないのではなかろうか。功利主義に批判的な義務論の立場も、正義論の立場（第Ⅰ部第8章参照）も、最終的にはその存立基盤を「全体の幸福」に負っていることを否定できないだろう。

第2節　功利主義の修正と批判への応答

道徳的直観と功利主義

　17世紀から18世紀にかけて、イギリスにおける倫理学の主題の一つは、道徳的善悪はどのようにして、いかなる能力によって知られるのか、といった道徳的認識の問題であった。そこに現れた一つの説が、直観主義であった。

　直観主義によれば、人間には通常、理性や良心のような道徳を感受する能力が備わっており、これによって何が道徳的に善（悪）であるか、正（不正）であるかはただちに識別できる。したがって、道徳的判断は直観的に自明なものとして下されるのであるから、その正当性が経験的に論証される必要はない。だが、ミルやベンサムは、功利性の原理はすぐれて経験的事実に即した客観的な基準であって、直観主義にはそうした基準が欠けていると批判的であった。そのため、直観主義と功利主義とは一般に相反する説とされた。

　こうした状況に直面したシジウィックは、経験的な事実に道徳の基礎を見出すのではなく、道徳的な原理を導く（哲学的）直観によって功利主義を基礎づけようとした。シジウィックによれば、利己主義（自己の幸福の実現のみを目的とすること）と功利主義（社会一般の幸福の実現を目的とすること）との間には根本的な対立があり、両者間での選択を正しいものとする基準は、何より道徳的直観によって与えられるのである。

　この直観は、自己と他者における善が等しく重要なものであり、だれもが自らの力の及ぶかぎり一般の善の実現をめざすべきであるという合理的博愛の原理を導く。これはまさに、究極的な善に関する原理であり、行為の正しさを目的論的原理から判定しようとする功利主義に通ずるものである。また、この善とは、望ましいという意識（快楽）との関係のなかで現れるのである

から、究極的善とは最大化された快楽、すなわち、幸福にほかならない。こうして直観によって裏打ちされた博愛の原理と快楽主義的目的論とによって、全体の幸福を最大化することに行為の正しさの基準を求める功利主義が基礎づけられるのである。

快楽なき功利主義

　ムーアは、恩師シジウィックの影響のもと、善とは端的にそれ自体として直観を通じて認められるものであり、善を他の経験可能な自然的性質と同一視することは誤りであると考えた。同時に師を批判して、独自に道徳的判断の意味、善や正の価値語の意味についての分析を行った（第Ⅰ部第6章参照）。ムーアによれば、価値は、内在的価値（それ自体で存在すべきもの）と外在的価値（他のもののために存在すべきもの）とに区別されるが、前者が善に、後者が正に対応しており、両者の関係は目的と手段の関係にあるとされる。

　たとえば、黄色が他の事実によって定義されず、見たこともない人に教えるような定義など存在しないように、善も定義不可能な一つの性質である。よって、善とは何かという問いに対して、快楽や幸福という定義を与える功利主義は、善という単純で分析不可能な性質を、観察可能な自然的（経験的）事実と混同していることになる。この事態をムーアは、自然主義的誤謬として批判した。善とは快楽や幸福の実現に依拠するものではなく、それ自体で内在的な価値をもつものとして存在している。そして、その存在は直観によってのみ把握されるのである。こうしてムーアは、快楽（幸福）実現への効用という要素を抜きに、直観により把握された善の最大化をめざす非快楽主義的（理想的）功利主義を展開することになる。

義務概念と功利主義

　ところで、行為の結果とは独立に、わたしたちには守らなければならない義務や責務があることを主張する義務論者から、功利主義では義務の概念を

適切に扱うことができないという批判がしばしばなされる（第Ⅰ部第1章参照）。

　なかでもロスは、功利主義では説明がつかない義務として、約束を守るといった誠実の義務、富の平等な分配といった正義の義務といったものを取り上げる。こうした義務は、それを守ることで、場合によっては逆に善の総量を少なくしてしまいかねないものである。

　たとえば、X社は、新規事業を立ち上げるにあたってA社と提携する約束を交わしていた。しかしながら、資金力・ノウハウ・知名度に勝るB社と提携したほうが事業成功の見込みははるかに大きい。それでも約束を守るのは正しいことなのか。功利主義の枠組みにおいては、正・不正の基準を結果に求めるあまり、約束を交わしたという厳然たる事実があり、ただそのことを理由として約束を守る義務があることは認められない。正義の問題についても同様に、効用の最大化に縛られるならば、当事者間の関係のうちに生ずる（利益・不利益の）格差を是正すべき義務があるということを功利主義は説明できない。ロスによれば、約束を守るという義務や正義を貫くことの義務は、例外なく履行しなければならない規則としての義務なのである。

　ミルはこうした規則を、特定の場合には不利益をもたらしたとしても、一般的に守られるならば最良の結果をもたらすという意味で、長い歴史のなかでその効用が認められてきた経験則ととらえる。いわば、功利性の原理から派生した二次原理なのである。この原理によって、特定の状況で特定の行為の結果を計算しなくても約束を守ったり、正義を貫くことの効用が説明できるのである。こうして、義務の拘束性というものも功利主義のほうから充分に説明可能となる。この考え方は、のちの規則功利主義につながるものである。

第3節　現代における功利主義の展開

行為功利主義と規則功利主義の論争

　シジウィック以後、批判はされても主題化されることが少なくなった功利主義であった。約束を守るべきといった義務の拘束性が居場所をもたない、全体の幸福の増大に偏向するあまり少数の不幸を無視することで不公正を温存する、といった批判が加え続けられた。ところが、20世紀半ば、アームソンが功利性の原理を個々の行為にではなく、一定の行為の集合体というべきルール（規則）に適用すべきと論じたことから、いわゆる行為功利主義と規則功利主義の論争がスタートした。功利主義が再び脚光を浴びることになったのである。

行為功利主義とは

　スマートらに代表される行為功利主義とは、何が善であり、正しいのかを言うためには、功利の原理に直接訴えるべきであるという立場である。すなわち、採用しうる行為のなかで、どの行為が与えられた状況下で最大の善（幸福・欲求の充足）を生み出すかを問題とする。そこでは、「この行為を選択するならば、それはおそらくつねに最大の一般的善に寄与する」といった一般的観点を必ずしも必要としない。

　たとえば、まさに医師が患者に癌の告知をするか、否かの問題にさらされたとき、真実を語るべきとは常識道徳にかなった義務としての側面をもつとはいえ、この立場からすると、患者を絶望させないために嘘をつくことは充分に支持されうる態度となる。さらには、行為功利主義においては、同等の利益（善）を実現しうる行為AとBがあり、Aには誠実さという要素が、Bには欺くという要素が含まれている場合でも、状況によってはBを選びうることを否定できない。つまり、行為功利主義では、過去の経験にもとづく道徳原則や一般的規則に従うことを前提としていないため、常識道徳に反する

判断をする可能性も残すのである。

規則功利主義とは

　この行為功利主義を改善しようとして登場したのが規則功利主義である。個別的な状況で何を行うかを知るためには、どのような行為がその状況で最善の結果をもたらすかを問うよりも、「真実を守る」「約束を守る」「人を殺さない」といった規則に訴えるべきであるという立場である。ここでは、「どの行為に最大の効用が認められるかではなく、どの規則にそれがあるのか」が問題となり、効用の評価は個々の行為にではなく、道徳・非道徳的な諸規則に適用される。

　この規則が義務論のそれと異なる点は、規則の決定にあたって、どのような規則が結果として万人に対する最大の一般的善を促進するであろうか、ということを問題視することにある。行為の集合としての「真実を語る」といった規則は第二次的原理であって、その規則の集合を基礎づける一次原理は功利性の原理というわけである。

　たとえば、医師の前に一人の脳死直前のホームレスが運ばれてきた。この医師は、ほかにも臓器移植を待つ二人の患者を抱えている。そこで医師は、ホームレスへの救命治療を放棄して、彼の臓器を他の患者へと移植するべきか。行為功利主義的には、一人の犠牲で二人の生命を救ったほうがより多くの利益が実現できると結論されうる。しかし、見殺しという間接的ではあれ殺人という行為は、それが一般的な規則として世に広まるなら、結果的に社会全体の効用を損ないかねない。よって、規則功利主義者は、臓器移植すべきでないと結論するであろう。

　規則功利主義は、常識道徳に照らしても、充分に納得できるきわめて理性的（合理的）な立場といえる。ただし、一般的な規則に縛られるあまり、個別の状況で利益の最大化を損ないかねないという別の問題を残すことになる。ある人は、「嘘をつくなかれ」という道徳規則をかたくなに守ろうとするあまり、患者に癌告知をし、その結果として患者が悲観して自殺するといったケー

スも想定される。

　ともあれ、規則功利主義によって、これまで功利主義が扱うことができないと批判されてきた問題もクリアできる。ミルは、義務に関する規則を一種の経験則として、その効用を功利性原理で計ろうとしたのであり、ブラントは、配分に関する公正のルールを効用最大化という観点から、すなわち、功利性の原理によって正当化しようとしたのである。

快楽・幸福から選好へ——選好功利主義

　功利主義の難点として、快楽・幸福を比較考量することの困難さがしばしば指摘される。

　それは、快楽や幸福というものが、真偽の判定が困難な心的事実（意識状態としての感情）へと帰せられるものだからである。この難点を克服すべく、個人の「より望ましい」という意識・選好という概念がもち出される。選好はある程度は観察・記述可能であり、場合によっては数値化可能でもあるから、比較考量を通じてどのような選好が効用の最大化につながるか判定することが可能になるのである。

　「よい」や「べき」といった価値語の意味・用法の分析を通じて、価値判断の論理的特性を明らかにしたヘアは（第Ⅰ部第6章参照）、選好と価値判断との間に密接な関係を読み込むことになる。わたしたちは日常、価値判断を行いながら、何らかの意味で選択をしながら生きている。そこでは、「Xはよい」（「Xを行うべき」）という価値判断と、YよりもXを「より好む・欲する」という選好とが強く結びついている。つまり、「Xをしたい」という選好をもつことは、価値判断に含まれる「Xをなせ」といった指令（命令）に対して同意していることにほかならないのである。さらには、客観的な価値判断を前提としている以上、選好は恣意的なものにとどまることはない。個別の判断に現れる選好は、（判断の論理的整合性を保つためにも）類似した他の状況においても当てはまらねばならず、その意味で普遍化が可能でなければならない。

こうして、いずれの選好により強い指令性が認められるのか、また、その選好は普遍的な選好として類似の状況すべてに妥当するのか、といった価値判断の論理的特性を条件として、欲求や選好間の比較考量がされることになる。ヘアによれば、こうした選好間の比較考量は、所与の（道徳）原則を暗黙のうちに正しいものとし、その原則に照らして何らかの価値判断を正当化するような直観的思考の内でなされるものではない。むしろ、複数の直観的な原則が対立する場面で、論理と事実にもとづきながら、いずれかを選ぶための基準を求めようとするような批判的思考の内でなされるのである。この批判的な（道徳的）思考により、一つの結論が導かれる。

　たとえば、ルームメイトAとBがいて、AはクラシックのCDを聞きたいと思い、Bはギターをかき鳴らしたいと考えている。ここで、相互の欲求の対立を解消すべく、A（あるいはB）は自らの選好が表す価値判断を批判的思考にさらすことになる。かりに、AがBの立場にあればどう判断するか。もっとも、たんにAの選好をBの選好と取り替えるというのではない。Bの立場で、Bの選好をもてば結論は明らかである。そうではなく、Aは自らの選好を保ちながら、Bの立場に身をおいて実際のBの選好を知ることで、自己の内部で自らの選好と獲得された選好とを比較するのである。他者の選好を自らのものと等しく扱い、自己内に取り入れるなら、当事者全体の選好を比較考量することが可能になる。ここでBの選好が強いのなら、AはBの選好を充足する判断を受け入れなければならず、これはBにおいても同様の結論となるはずである。

　このように比較考量を通じて獲得された選好の体系が築かれるならば、普遍化可能性を徐々に拡大することで、関係者すべてにおいて一致し、受容しうる選好が導き出されるはずである。とすれば、この選好を全体として最大限に充足するような行為を指令する価値判断を下せばよいということになる。これは、最大化されるものが快楽や幸福から、選好へと移っただけのことで、すぐれて功利主義的な価値判断といえるだろう。こうして批判的思考のもとで、選好の比較を通じて価値判断の正しさの基準が与えられれば、おのずと

（道徳規則を含む）直観的な諸規則の正しさも功利主義的に知られるのである。

もちろんヘアの理論は、万人がどこまでも理性的な存在であるという理想状況においてのみ可能なことである。しかしながら、（論理と事実にもとづく論証という意味で）ある程度は功利主義を理論的に基礎づけるものといえるのである。

参考文献

ベンサム、J. S. ミル『ベンサム　J. S. ミル』＜世界の名著＞、中央公論社、1979年
　ベンサムの『道徳および立法の諸原理序説』、ミルの『自由論』『代議政治論』『功利主義論』、さらには、両者に関する詳しい解説までもが収められた便利な一冊。

西尾孝司『ベンサム倫理学・教育学論集』御茶の水書房、2002年
　三部作「道徳および立法の諸原理序説」「行為動機一覧表」「義務論」の分析を通じ、ベンサムが唱えた功利主義の本質に迫る労作。

小泉仰『ミルの世界』講談社学術文庫、1988年
　思想的背景を踏まえ、ミルが唱えた功利主義倫理学の全貌を総覧できる。第三部のミルの著作紹介は補助資料として役立つ。

W. K. フランケナ（杖下隆英訳）『倫理学（改訂版）』培風館、1975年
　まさに倫理学の教科書として、倫理とは何かを知るための必携の一冊。徳倫理学、義務論、功利主義、そして、メタ倫理学と、倫理学の主要理論が網羅されている。

R. ノーマン（塚崎智ほか監訳）『道徳の哲学者たち──倫理学入門（第2版）』ナカニシヤ出版、2001年
　一章を割いて（第7章）、ミルの功利主義を批判的に検討している。多少の偏向が見受けられるので、原典を一読したうえで紐解くならば比較の楽しさを味わえる一冊。

奥野真理子『シジウィックと現代功利主義』勁草書房、1999年
　シジウィックが功利主義を構成する原理をいかに解明したか、その道筋をたどることができる良書。また、功利主義に関する現代的議論を知るにも有益である。

G. E. ムーア（深谷昭三訳）『倫理学』法政大学出版局、1977年
　自然主義的誤謬を犯すものとしてミルを批判したことで知られるムーアにより、批判的に、あるいは、メタ倫理的に功利主義論が開陳される。

R. M. ヘア（内井惣七ほか監訳）『道徳的に考えること』勁草書房、1994年
　メタ倫理学の成果をもとに、カント流の義務論を加味しながら、選好概念を用いて功利主義の新たな基礎づけを試みた野心的著作。

内井惣七『自由の法則　利害の論理』ミネルヴァ書房、1988年
　ベンサムからヘアに至るまでの功利主義の系譜をたどりながら、それぞれの論理的特徴と問題点が明らかにされる。論述の精確さと明解さは他の追随を許さない。

平尾透『功利性原理』法律文化社、1992年
　功利性の原理を普遍的な道徳そのものととらえる著者による、独特の功利主義論が展開される。倫理学の根本問題に正面から取り組む姿勢がうかがわれる一冊。

名古忠行『イギリス人の国家観・自由観』丸善ライブラリー、2005年
　功利主義を生む背景となった、イギリスにおけるコモンウェルス像、自由論が平易な形で紹介される。

松嶋敦茂『功利主義は生き残るか――経済倫理学の構築に向けて』勁草書房、2005年
　社会科学（経済学）と倫理学を結びつけ、公共哲学を構築する可能性を功利主義の内に探ろうとした論考。現代における功利主義の積極的意義をくみ取れる。

（二見千尋）

第3章
社会主義

　わたしたちは社会のなかで生きている。社会と関わりをもたずに生きていくことはできない。では、社会のなかでわたしたちはどう生きるべきか。あるいは、わたしたちにとって社会はどうあるべきか、よい社会とはどのような社会か。こうした問いに答えるのも倫理学の課題である。人間の生き方を考える倫理学は、社会のあり方も考えなければならない。社会のあり方についてはさまざまな思想があるが、ここでは、古典的な思想の一つとして、社会主義を取り上げてみたい。社会主義は、近代の市民社会に対する反省から生まれ、不平等の克服をめざした。そこで、市民社会をめぐる議論を見たうえで、社会主義の形成と展開をたどることにしよう。

第1節　市民社会の理想と現実

契約にもとづく社会
　近代初期のヨーロッパでは、社会のあり方について新しい思想が生まれた。ホッブズやロックの社会契約説である。
　ホッブズによれば、人々は、能力において平等であるから、自分の目的を達成する希望を等しくもつ。そこから競争や不信や自負が生まれ、さらに戦争が起こる。そして、共通の権力がない場合には、人々は各人の各人に対する戦争の状態にあり、そこでは何事も不正ではない。これが自然の状態である。だが、人々は死を恐れ、快適な生活に必要なものを欲する。また、理性を通じて、平和のための条項である自然法を見出す。そこで、平和の実現をめざして、自然法に従い、自然権（自分の生命を維持するためにあらゆるこ

とを行う自由）を放棄して主権者に譲渡する契約を交わす。こうして、強大な権力をもった国家（コモンウェルス）が設立される。

　他方、ロックによれば、自然状態は、自然法（理性）が支配する、自由で平等な状態である。人々は自然法によって自分の行為を律し、自分の身体や所有物を扱う。では、人々が国家を設立する目的は何か。それは所有の保護にある。人は自分の身体を所有しており、身体の労働によって自然の事物を自分の所有物にする。だが、自然状態では、所有権を侵害される恐れがつねにあり、所有をめぐる争いもけっして解決されない。そこで、所有の保護を目的として、人々は、社会に入り、国家を作ることに同意する。そして、自然権の一部を政府にゆだねてその統治に服する契約を結ぶ。ここに、市民社会が成立し、市民のための政府が誕生する。

　ホッブズとロックの議論は内容に関して大きく異なっている。ホッブズは、自然状態を戦争状態と見なし、平和の実現をめざす強権的な国家を構想した。他方、ロックは、自然状態を自由で平等な状態ととらえ、所有の保護を目的とする市民政府を提唱した。だが、そうした違いにもかかわらず、両者に共通しているのは、人々の契約にもとづく社会だけが正しい社会である、という立場である。その前提には、人間は本来、自由で平等で独立しており、等しく権利をもつ、という考えがある。こうした立場や考えが受け入れられて、社会契約説は近代の市民社会を支える思想となった。それは現代の正義論にも受け継がれている（第Ⅰ部第8章参照）。

市場としての社会

　ホッブズとロックに続いて現れたのは、ヒュームとアダム・スミスである。両者の議論は市場社会論といわれる。

　ヒュームは、社会のルールは自然に形成されると考え、その過程を次のように説明している。人々は、社会が利益をもたらすことを、また、財物が社会を混乱させることを知り、財物を安定させる必要に迫られる。そして、各人の財物を各人に所有させるのがお互いの利益になることに気づくと、その

ことを述べ合い、何らかのルールによって自分の行為を規制するようになる。この過程は、黙約（合意）と呼ぶべきものである。黙約とは、共通の利益をおたがいに意識しているということであり、約束（契約）といった性質のものではない。それゆえ、ルールは、約束ではなく黙約によって、しだいに形成されるのである。それは、言語や貨幣の場合と同じである。

　スミスは、ヒュームの考えを進めて、社会そのものが自然に形成されると主張している。人間には交換や取引をするという本性があり、そこから分業が生まれる。そして、分業が確立すると、すべての人が交換によって生活する、つまり、いわば商人になるのであり、社会は商業社会というべきものになる。この商業社会では、人々は利己心に従い、（正義の法を侵さないかぎりで）自分の利益を求めるが、そのことが、結果として、社会の利益を推し進めることになる。そして、自由な競争が実現されると、自然な秩序が形成され、自然的自由の体系が確立される。この体系にあっては、国家の役割は防衛、司法行政、公共事業に限定される。

　ホッブズとロックが論じたのは国家（政治社会）である。それに対して、ヒュームとスミスが考えたのは市場（経済社会）である。彼らは、（国家とは別の）市場という社会が存在すること、市場社会ではルールが自然に形成されること、さらに、市場社会そのものが自然に形成されることを主張した。また、ルールや社会の自然的な形成という考えは、個人の利益と社会の利益が一致する、あるいは、個人の経済活動が社会の秩序をもたらす、という考えにつながっていた。そこで、市場社会論は、人間の利己心を正当化するものとして、近代の市民社会を支える新たな思想となった。それは現代の経済的自由主義の基礎にもなっている。

市民社会を超えて

　だが、近代の市民社会では、現実には、貧富の差が広がり、深刻な問題になった。それを受けて、ルソーやヘーゲルのように、市民社会の現状を批判する思想家も現れた。

ルソーによれば、自然状態では、人々は自由で平等であった。だが、土地の耕作が始まると、人々は土地や財産をもつようになり、不平等が生まれる。そして、不平等から支配と服従が生まれ、法や国家が作られる。社会状態では、人々は自由でも平等でもない。そこで、自由で平等な社会を新たに作るには、人々は、自分の利益のために、各自の意志で契約を交わすのではなく、公共の利益をめざし、全員の意志を一つにして契約を結ばなければならない。この契約において、人々は、自分のすべてを譲り渡すことで、平等になる。そして、自ら法を立て、それに従うことで、自由になる。この契約によって、人民を主権者とする共和国が設立される。

　ヘーゲルによれば、社会は家族・市民社会・国家の順に展開する。家族は自然な愛情で結ばれた社会であり、人々は家族の一員として生きる。だが、人々のうちに個人という意識が芽生えると、家族のきずなは失われる。市民社会は個人の欲求にもとづいた社会（欲望の体系）であり、人々は独立した市民として生きる。だが、人々が競争し、不平等や対立が広がると、市民社会は危機に陥る。国家は家族と市民社会を総合した社会であり、人々は国民として生きる。そこでは、人々のきずなと独立がともに保たれる。それゆえ、国家が最高の社会である。そして、国民として生きることが、人々にとって真の生き方であり、最高の義務でもある。

　ルソーとヘーゲルはともに、当時の市民社会を批判し、国家によって市民社会の問題を克服しようとした。ルソーは、市民社会における不平等の原因を私有財産のうちに見出し、公共の利益をめざす共和国の設立を説いた。ヘーゲルは、市民社会を市場ととらえ、国家と区別した。そして、国家を市民社会の上において、国家による市民社会の統制を唱えた。彼らの議論は、市場と国家をめぐる現代の論争のさきがけといえる。また、個人と社会について、ホッブズやロック、ヒュームやスミスが個人にとっての社会のあり方について考えたのに対して、ルソーとヘーゲルはむしろ社会における個人の生き方について論じた。このことも彼らの議論に共通する点である。

第2節　社会主義の形成

社会主義とは

　市民社会における不平等が深刻になると、市民社会を批判するだけでなく、それに代わる新しい社会を提唱する思想も生まれた。その一つが社会主義である。

　では、社会主義とは何か。社会主義にはさまざまな立場があり、それらを一様に扱うことはできない。だが、一般に、以下のような主張を含んでいる思想は、社会主義のうちに入れられる。その主張とは、①生産のための手段を（個人ではなく）社会が所有すること、②（個人が競争するのではなく）集団で協同して生産すること、③経済を（市場の自由に任せるのではなく）計画的に推し進めること、④それらの方策を通して公平な分配を実現すること、である。つまるところ、社会主義とは、（私有財産と自由競争を原理とする市民社会に代えて）生産手段の共有や協同生産にもとづく社会を作り、それによって不平等の克服をめざす立場である。

　社会主義は、歴史的には、初期の社会主義、マルクスの思想、それに連なるマルクス主義、マルクス主義とは別の系統の社会主義に分けられる。このうち、マルクス主義には、第一次世界大戦を境として、それ以前の、正統派マルクス主義や修正主義、それ以後の、マルクス・レーニン主義や西欧マルクス主義などがあり、マルクス主義以外の社会主義には、イギリスのフェビアニズムやフランスのサンディカリスムなどがある。また、思想的には、社会主義は、革命主義と改良主義、共産主義と社会民主主義といった、さまざまな対立によって区分される。ここでは、マルクスを中心に、社会主義の歴史と思想について見ることにしたい。

　まず、初期の社会主義であるが、代表的な思想家として、オーウェン、サン＝シモン、フーリエ、プルードンが挙げられる。オーウェンは、人々がともに労働し生活する平等な協同体を作ろうとし、また、協同組合や労働組合

の運動を推し進めた。サン＝シモンは、産業に携わる人々が共同で管理する産業社会を考え、この産業社会への移行が歴史の流れであると論じた。フーリエは、商業における不正や虚偽、経済における労働と所有の分離を明らかにし、独自の人間観にもとづいて、新しい労働像や理想の協同社会を示した。プルードンは、市場中心主義と国家中心主義をともに退けて、労働者が地域や国家の枠を超えて連合する公正で自由な体制を求めた。

マルクスの労働論

　こうした初期社会主義者の議論を踏まえて、マルクスは体系的な理論を築いていった。彼はまず、人間の労働について考えた。

　マルクスによれば、私有財産制のもとでは、労働者が富を多く生産すれば、その生産の力と範囲が増大すれば、それだけ労働者は貧しくなる。労働者が商品を多く作れば、それだけ労働者は安い商品となる。労働の生産物は、疎遠な存在として、生産者から独立した力として、労働に対立する。つまり、労働者は自分の労働の生産物から「疎外」される。同時に、労働者は、労働そのもの（生産活動）において、自分を否定され、肉体を消耗し、精神を荒廃させる。労働は、労働者にとって、自分の本質に属さない外的なもの、自発的でなく強制的なものとなる。つまり、労働者は自分の労働からも疎外される。労働は、別のところで欲求を満足させるための手段となる。

　さらに、マルクスの考えでは、労働は人間らしさを奪う。人間は自由に、意識的に活動する。そして、自然に手を加え、ものを作り、そこに自分自身を見出す。それが人間の類的（普遍的）な性格である。だが、労働者は、自分の生産物や労働から疎外されているために、自分が類的な存在であることからも疎外される。類としての生活は、私的な生活の、個人的な生存のための手段となる。そして、人間は、自分自身と対立しているとき、他の人間とも対立している。人々は、人間的な本質から疎外され、他人からも疎外される。こうして、人間が生産物や労働や類的存在から疎外されるために、人間からの人間の疎外が生じる。

では、労働者にとって、生産物が疎遠な存在であり、また、労働が強制されたものであるならば、生産物や労働はだれに属しているのか。それらは労働者とは別の存在、労働の外部に立つ人間、すなわち、資本家に属している。じつは、労働者は、自分にとって疎遠な労働を通じて、労働しない人間が生産物や労働を支配する、という状況を生み出してしまう。それゆえ、私有財産制が労働における疎外を引き起こしたというよりもむしろ、労働が疎外される過程で私有財産制が形成され、私有財産制によって疎外が拡大したのである。とはいえ、労働における疎外が克服され、労働者が解放されるには、私有財産制が廃止される以外に道はない。

マルクスの歴史論

それでは、労働者の解放はどのようにして実現されるのか。その答えを求めて、マルクスは（エンゲルスとともに）社会の歴史について考えた。

それによれば、人間はまず物質的な生活（衣食住）を営み、そこから新たな欲求をもつようになる。同時に、社会的な関係を結び、他人とともに働くようになる。そして、そのなかで実践的な意識が生まれ、さらに純粋な意識（イデオロギー）が現れる。それゆえ、生活が意識を規定するのであって、意識が生活を規定するのではない。具体的には、物質的な生活における生産様式が、社会的・政治的・精神的な生活を制約する。生産様式は生産力と生産関係からなっており、人間は生産力に応じて生産関係を取り結ぶ。この生産関係が社会の経済的な仕組みを形作っており、それを土台として法や政治が存立し、さまざまな社会的な意識もこの土台に対応している。

では、社会はどのようにして変化するのか。マルクスの説明では、社会の物質的な生産力は、ある段階まで発展すると、それまでの生産関係と矛盾するようになる。生産関係は、生産力を発展させるものから、それを束縛するものへと転化する。このとき、社会革命が始まる。経済的な土台が変化し、それとともに、その土台の上にあるものも変革される。つまり、社会の変化は、物質的な生活における矛盾、生産力と生産関係の間の衝突によって引き

起こされるのである。マルクスは、経済が社会の土台であり、その上に法や政治などが立てられること、そして、経済が社会の歴史の原動力であることを示そうとした。この立場は唯物史観と呼ばれている。

また、マルクスは、社会の歴史が階級間の闘争の歴史でもあると主張した。有史以来、支配する階級と支配される階級はつねに対立し、闘争を行ってきた。これまでの社会はすべて、抑圧する階級と抑圧される階級の対立の上に立っている。資本主義の社会（市民社会）にあっては、資本家と労働者が対立する。資本家に対する労働者の闘争は、その存在とともに始まる。そして、資本家が、つまり資本主義が発展するにつれて、労働者も発展する。工業の発展とともに、労働者は数を増し、集団となり、力を強める。恐慌や技術革新によって生活が脅かされると、労働者は同盟を結び、資本家に対抗する。こうした闘争を通じて、労働者の団結は広がっていく。

マルクスの共産主義思想

このような歴史観にもとづいて、マルクスは、資本主義が限界にきており、社会革命も近いと考えた。

資本主義では、恐慌が示すように、生産力と生産関係の矛盾が深刻になっている。生産力は生産関係にとって強大になりすぎ、生産関係は生産力の障害になっている。生産力がこの障害を打ち破るならば、社会は混乱し、生産関係の存立も危うくなるだろう。そのとき、社会革命を起こすのは労働者である。労働者だけが（財産をもたないがゆえに）革命を実行することができる。この革命において、労働者は、これまでの生産様式を廃止し、社会の生産力を奪取する。つまり、力によって資本家を崩壊させ、政治的な支配を確立する。資本家の没落と労働者の勝利は不可避である。マルクスの考えでは、このようにして、労働者は隷属から自らを解放するのである。

では、労働者が打ち立てる社会とはどのような社会か。マルクスはそれを共産主義と呼ぶ。共産主義とは、人間の自己疎外である私有財産を乗り越える運動である。共産主義の社会では、階級の対立にもとづく私有財産や賃金

労働が廃止される。そして、すべての生産手段が労働者の国家の手に集中され、その下ですべての人が等しく労働に従事し、その労働に応じて分配される。共産主義の基礎は生産手段の共有と協業であり、個人の所有もそれにもとづいている。もっとも、マルクスによれば、これは共産主義の初期の段階にすぎない。なぜなら、労働に応じた分配という考えは、商品交換の原則に立っており、資本主義の社会の痕跡を残しているからである。

共産主義の発展した段階では、人々はその必要に応じて分配される。そして、労働は、たんに生活の手段であるだけでなく、第一の目的でもある。私有財産が完全に乗り越えられるとき、すべての人は人間的な本質を獲得する。つまり、自分の全面的な本質を、全面的な仕方で、全体的な人間として、自分のものとする。さらに、あらゆる階級が廃止され、階級差別がなくなるとき、公的な権力は政治的な性格を失う。なぜなら、政治権力はある階級が他の階級を抑圧するために組織したものだからである。こうして、階級対立にもとづく市民社会に代わって、人々が結合した協同体が生まれる。そこでは、各人の自由な発展が万人の自由な発展の条件なのである。

第3節　社会主義の展開

革命か、改革か

マルクスの思想は後世に大きな影響を与え、さまざまな論争を生んだ。その一つは、資本主義から社会主義や共産主義への移行に関する論争である。

マルクスは、労働者が社会革命を起こし、力によって共産主義を打ち立てることを主張した。それに対して、ベルンシュタインは、民主主義を通じて資本主義を改革し、漸進的・平和的に社会主義に移行することを提唱した。ベルンシュタインによれば、歴史は対立や闘争だけによって発展するのではない。さまざまな立場が協調することも重要である。また、社会主義は自然に実現するのではない。人々が倫理的な判断にもとづいて実践することも必要である。そこで、これまでの戦術を修正して、労働者が民主主義を通じて

権利を拡大し、権力を獲得する、という方法を取らなければならない。このような立場は、一般に改良主義（修正主義）と呼ばれている。

ベルンシュタインに先立って改良主義を唱えていたのは、イギリスのフェビアニズムである。フェビアニズムは、社会主義を、固定した教理ではなく、人々の必要と状況の変化に応じて解釈されるべき原理ととらえる。そして、具体的な政策を示し、議会を動かすことで、社会主義の実現をめざす。また、労働者だけでなく国民全体の立場から、社会主義の政策を立てる。さらに、社会主義を個人の能力と自由の発展のための手段と考える。フェビアニズムの思想には、イギリスの伝統である経験主義や自由主義の立場がはっきりと見出される。そして、このフェビアニズムが大きな力となって、イギリスは福祉国家への道を歩むことになった。

他方、ロシアでは、世界で最初の社会主義国家が誕生した。それを主導したのはレーニンである。マルクスは、資本主義が発展した国々がまず共産主義に移行するはずであり、その移行は同時に起こらなければならないと考えた。それに対して、レーニンは、資本主義の発展は不均等であり、資本主義は世界全体に拡大しているから、発展の程度に関わりなく、どの国でも、一国でも社会主義への移行は起こりうると論じた。その一方で、支配階級として組織された労働者の国家というマルクスの考えを継承して、労働者が独裁する国家を主張した。そして、社会主義国家がロシアで誕生すると、レーニンの思想はマルクス主義の正統と見なされるようになった。

人間の主体性をめぐって

マルクスの思想はのちに人間の主体性をめぐる論争も生んだ。その端緒とされるのは、ルカーチとグラムシの議論である。

ルカーチによれば、階級は経済生活に対応して客観的に決定されるが、階級意識は経済生活によって完全に規定されるわけではない。たとえば、すべての労働者が自分を労働者階級として意識しているとはかぎらない。そこで、革命を実現するには、労働者が自分の状況を自覚し、主体的に行動する必要

がある。また、資本主義では、人と人の関係は物と物の関係として現れるが、この物象化は意識にも影響を与える。人々は、世界を物のようにとらえ、表面的・断片的・固定的に見るだけで、その背後にある関係や歴史を知ることができない。だが、労働者は、自らが商品であるから、かえって社会の構造を認識し、物象化を克服して、革命を実現することができる。

　また、グラムシによれば、階級闘争は主導権（ヘゲモニー）をめぐる争いでもある。主導権とは、相手を指導し、相手に同意させる権力である。たとえば、資本家は、主導権を握ると、労働者に自分の世界観を教え込み、自分の特権的な地位を認めさせ、それによって、労働者を自分に従わせる。市民社会が発展したところでは、こうした支配が一般的になっている。そこで、労働者はまず、市民社会のなかで自己を知的・道徳的に改革し、自らの世界観を確立しなければならない。次に、その世界観にもとづいて集団を形成し、主導権を求めて資本家と闘争しなければならない。そして、労働者がこの闘争に勝利するとき、革命が果たされる。

　ルカーチとグラムシの議論に共通しているのは、人間の主体性の重視である。両者はともに人間の意識や実践に重要な役割を与えている。だが、こうした立場は、経済生活が社会的な意識を規定する、あるいは、経済が社会の歴史の原動力である、というマルクスの考えと矛盾するようにみえる。そのため、正統派マルクス主義から、経済的決定論に反するものとして批判された。しかし、両者の議論は、人間の主体的自由や、実践的主体としての人間を擁護するものであり、その意味で、マルクス自身の考えを継承するものであった。そして、ここから、人間の主体性をめぐる論争が生まれ、西欧マルクス主義が形成されることになった。

社会主義がもたらしたもの

　ここまで、マルクスを中心に、社会主義の歴史と思想について見てきた。最後に、社会主義がもたらしたものについて述べておきたい。

　社会主義者の予想に反して、資本主義から社会主義への移行は起こらな

かった。多くの社会主義国家が誕生したが、その大半は封建制から移行したものであった。資本主義国家は福祉国家へと変貌したのである。だが、社会保障、社会権、財政・金融政策、計画経済といった、福祉国家の基本理念は、社会主義者が唱えてきたものである。つまり、社会主義が福祉国家をもたらしたのである。しかしながら、その一方で、社会主義は全体主義をもたらした。社会主義国家では、権力が政府に集中し、個人が抑圧され、不平等が拡大した。それは、政治権力の消滅と自由で平等な社会の到来というマルクスのヴィジョンとは正反対のものであった。

　現在では、社会主義国家は姿を消しつつあり、福祉国家も存亡の危機にある。そのために、社会主義は過去の遺物のように見られることが多い。だが、社会主義の重要性は、現代においても失われていない。近年、資本主義はグローバリズムという新たな形で世界に広がり、各地で深刻な問題を引き起こしている（第II部第1・4・8・9章参照）。それを受けて、現代の社会主義者は、さまざまな角度から、資本主義に対して徹底した分析と批判を行っている。資本主義分析・批判として、社会主義は今なお重要である。さらに、現代社会主義者は、全体主義をもたらした過去を反省し、新たな社会（協同体）のあり方を模索している。

　だが、より重要なのは、人間のよき生にとって、社会関係の変革は不可欠である、という、社会主義に共通する思想である。たとえば、マルクスは、資本主義の廃止が人間の解放を可能にすると考えた。さらに、社会主義は、よき生の内実についても重要な考察を行ってきた。労働は人間的な生にとって本質的な意味をもつ、というマルクスの主張は、その一例である。そして、人間のよき生こそ倫理学の主題であるから、社会主義は——その多くは倫理をイデオロギーと見なし、過小評価していたけれども——倫理学の伝統に連なっており、それ自体、一つの倫理学をなしている。人間のよき生に関する独自の思想や考察も、社会主義がもたらしたものである。

参考文献

マルクス（城塚登、田中吉六訳）『経済学・哲学草稿』岩波文庫、1964年
 1843～45年のパリ滞在時に書かれた草稿。疎外された労働、資本と労働の対立、共産主義の発展段階についての考察がある。

マルクス、エンゲルス（廣松渉編訳、小林昌人補訳）『新編輯版　ドイツ・イデオロギー』岩波文庫、2002年
 1845～46年に共同で執筆された手稿。いわゆる唯物史観の考えが述べられている。なお、その明確な公式は、マルクス『経済学批判』序言（1859年）に見られる。

マルクス、エンゲルス（大内兵衛、向坂逸郎訳）『共産党宣言』岩波文庫、1971年
 1848年、共産主義者同盟からの委嘱により起草された宣言書。階級闘争の歴史、共産主義の立場、共産主義批判への反論、革命の方策などが記されている。

『アエラムック　マルクスがわかる。』朝日新聞社、1999年
 第一線で活躍する研究者たちが初学者のために書き下ろした、格好のマルクス入門書。主要著作の解説、キーワード集、ブックガイドも有益である。

今村仁司『マルクス入門』ちくま新書、2005年
 これまでのマルクス像を整理したうえで、それらの解釈には見られないマルクスの側面を明らかにした力作。入門書にして専門書というべき内容になっている。

城塚登編『新版　社会思想史入門』有斐閣、1987年
 定評ある教科書。社会主義に多くのページを充てて、その成立・展開・変貌について広く解説しており、社会主義の歴史と思想の概要を知るのに役立つ。

P. シンガー（重田晃一訳）『マルクス』雄松堂出版、1989年
 倫理学者による優れた入門書。マルクスの生涯をたどりながら、その思想を概説・評価しており、全体像を容易に知ることができる。

R. ノーマン（塚崎智監訳）『道徳の哲学者たち――倫理学入門』昭和堂、1988年
 一章を割いて、倫理学の立場からマルクスの思想を批判的に検討している。ただし、第二版（ナカニシヤ出版）では削除されている。

J. プラムナッツ（藤原保信ほか訳）『近代政治思想の再検討（Ⅰ～Ⅴ）』早稲田大学出版部、1975～78年
　西洋近代政治思想史の名著(原題は *Man and Society*)。ホッブズ、ロック、ヒューム、ルソー、ヘーゲル、マルクスの思想が詳細に説明されている。

的場昭弘『マルクスだったらこう考える』光文社新書、2004年
　マルクスの理論を使って、世界、民族、宗教、他者など、現代の問題について考察した書。マルクスの重要性を再認識させてくれる。

的場昭弘、内田弘、石塚正英、柴田隆行編『新マルクス学事典』弘文堂、2000年
　19世紀におけるマルクスを正確に復元することに主眼を置いた事典。同時代の理論や思想を広く取り上げている点も特長である。

マルクス・カテゴリー事典編集委員会編『マルクス・カテゴリー事典』青木書店、1998年
　マルクス自身の思想と理論を解明し、新しいマルクス像を提示することをめざした、大項目方式の事典。主要概念を（テキストとともに）詳細に学ぶことができる。

（柘植尚則）

第4章
生の哲学

第1節　生の哲学とは何か

　わたしたちはなぜ生きるのだろうか。生きる意味や目標とは何だろう。そして、わたしたちが実際に生きて生活をしている、この世界とは何だろう。
　このような根本的な問題を考えようとして、はっきりとした答えを手に入れることができる人はまれだろう。いや、むしろ考えれば考えるほどわからなくなってくるのではないか。すると、結局そのようなことを考えたところで答えは出ないと思い、考えるのをやめてしまうのではないか。どんなに考えたところで、わからないのだから。
　しかし、その前にもう一度問い直してほしい。そのように考えているとき、わたしたちは人生や世界を合理的に割り切れるものと思い込んでいないだろうか。合理的に割り切れるものと思い込んでいるがために、思い込みに反してどうしようもなく現れてくる、割り切れることができないものに、ほとんど本能的に拒絶反応を起こしているにすぎないのではないだろうか。
　生の哲学は、そのようなとらえがたい生そのものから出発する。そして、理性が作り上げた枠組みに生を閉じ込めることなく、その絶えず流動していく姿をそのままとらえようとするのである。そのため生の哲学は、合理的な面だけではなく、理屈では説明できない非合理的な面をも重視し、人の感情面をも掬い上げようとする。
　ここでは、代表的な生の哲学者を三人取り上げる。最初はショーペンハウアーである。ショーペンハウアーは、人生の苦しみから逃げることなく、そ

れどころか苦しみこそ世界そのものだとして、独自の倫理学を展開した。次にニーチェがくる。ニーチェは、人生の意味や価値を、今ある人生以外のところに求めようとせず、その人生そのものを徹底的に肯定しようとした。最後がベルクソンである。ベルクソンは道徳に、社会を維持する役割だけではなく、愛により皆をひきつけ、社会を創造していくエネルギーをも見出せると考えた。

それでは、この三人がどのようにして、非合理的な部分をも含めた世界に向き合ったうえで、生という観点からわたしたちの生き方、すなわち倫理について考えていったかを見ていきたい。

第2節　生きる苦しみと道徳──ショーペンハウアー

世界とは何か

ショーペンハウアーは、19世紀末に裕福な商人の息子としてダンツィヒに生まれるが、五歳のときに家族に連れられハンブルクに移住。ハンザ同盟に属した伝統をもつ自由都市で育った。そして十五歳のときに家族とともに、約二年間ヨーロッパを旅行した。そのときに見た世界は、ショーペンハウアーに大きな影響を与えた。過去に恐ろしい殺し合いが起こった場所を平気で歩いていく人々や、強制労働に従事させられる囚人。苦しみが当然のこととして受け流される世界、それはけっして理性で理解しきれるものではなく、不条理に満ちたものとして、若きショーペンハウアーの感受性を刺激した。哲学教育を受ける前から、ショーペンハウアーは現実から多くを学んでいた。

彼は哲学を始めたとき、世界を説明するにはどのような方法があるかをまず考えた。すると、たとえば物体の動き方などは、因果関係により説明できる。何かがこのように動くのは、その前にそれに作用を及ぼしたものがあるからだ。同様に、人間がどのように行動するのかは、その人のもつ動機により説明できる。人が何かをしようと決意するのは、その前にほかの何かを見たり聞いたりしたことが動機となって、それをしたくなったからだ、と。

しかし、この説明では、世界の出来事がどのように動いていくかがわかるだけである。そのため、もし人が、なぜ世界は動くのか、世界とはそもそも何か、わたしたちはそもそも何者なのか、と考え出すととたんに説明できなくなる。

　そこで、まずはわたしたち自身の内面をみつめてみよう。すると、わたしたちは快感や不快感、喜びや悲しみなど、さまざまな感情を感じていることがわかる。しかし、そもそも快感や喜びとは何かと問えば、それは、何かしようと意志したことが達成された感情のことではないか。そして、不快感や悲しみとは、何かしようと意志したことが満たされなかったときの感情ではないのだろうか。すると、わたしたちとはそもそも何か、わたしたちの本当の姿は何かと問われれば、「意志」であると答えられるのではないだろうか。

　わたしたちのさまざまな心の動きや活動の根底には、そうした「意志」の働きがあり、それがすべてを産み出している。ここからショーペンハウアーは次のように考える。この自然界におけるさまざまな運動や現象の根底にも、それらを産み出す「意志」がある、と類推できるのではないか、すなわち、世界の本質もまた、休むことを知らず働き続ける「意志」なのではないだろうか、と。そして彼は、わたしたちと世界の本質は「意志」である、というこの考え方にもとづき、独自の倫理学を築いていった。

生の苦しみと同情

　人の生活には苦しみがひしめいている。人の本質とは意志なのだから、つねに何かを求めようとする。しかし、求めるものを得られることは少なく、人は苦しむ。また、もし求めるものを手に入れることができたとしても、その満足は長続きしない。なぜなら、人の本質そのものが意志であるため、意志したことが一つかなえられただけでは完全に満足することはできず、次から次へと欲しいものが出てくるからである。すると不満足は避けられず、必ず苦しむことになる。そして、もし万が一、自分の欲することがすべてかなえられたとしても、そのときには幸福になれるどころか、退屈という苦しみ

に襲われるのである。

　すると、人はどんなに必死で生きても、これ以上は何も欲するものはない、といえるほどの満足に出会えることはない。むしろ人はただ生きているだけであり、不満足と苦しみをくり返しているだけなのだ。このような意志が、何か理性的でよいものであるはずがない。むしろ意志とは、いかなる最終的な目標もなしに、ただ満足を追い続けるだけのものなのである。そしてショーペンハウアーは、このことはわたしたちの本質である意志についても、世界の本質である意志についてもあてはまる、と考える。これをショーペンハウアーは「世界の本質とは盲目的な生への意志である」と表現する。

　こうして、ショーペンハウアーはすべてを意志で説明しようとする。たとえば、倫理学の中心問題である、善と悪とは何か。ふつうわたしたちは、あるものが善いと思うからそれを求め、悪だと思うからそれを避けるのだ、と考えていよう。しかしショーペンハウアーによれば逆である。意志が欲しているからこそ、あるものは善いとされるのであり、そして意志が欲していないもの、意志の欲求の実現を妨げるものが、悪いとされるのである。

　そして、善とはそのときどきの意志の欲求を満たしてくれるものだとすると、最高に善いものとは、新しい意欲がわかないほど、決定的に意志を満足させるものということになる。しかし、世界そのものが盲目的な生への意志であり、わたしたちの本質もそのような意志であるため、決定的に満足させられることなどありえない。それならば、意志を満足させるのではなく、意志の欲求を抑え、なるべく苦しまないようにするしかない。

　しかし、エゴにとらわれている人にはそれができない。エゴイストは、自分の欲求を第一に考え、他人をかえりみない。しかし、もし他の人も、自分と同じく意志するものであり、結局自分も他人も本当は同じものなのだということに気づけば、自分を特別視することがなくなる。ここに、もはや自らの欲求にとらわれるのではなく、他の人の苦しみを和らげようとする態度がきざしてくる余地がある。

　他人の苦しみを自分のものとして感じることとは、すなわち同情である、

とショーペンハウアーはいう。そして、同情とは他者との一体感を生じさせるものであるため、同情する人はもはや自らの欲求を強く追い求めることがなく、逆に他者の苦しみを和らげようとする。ショーペンハウアーは、道徳とは何か頭で考えられたことではなく、直接的に感じられる、この他者への同情という感情なのだとした。そしてこの他者への同情こそが、倫理の基礎であるとしたのである。

意志の否定

　しかし、同情により他者の苦しみを和らげるだけでは、まだ苦しみから完全に逃れることはできない。なぜなら、世界そのものが意志であるため、いくら苦しみを取り除こうとしても、世界から、また自分から、苦しみがなくなることはないからである。そのため、もし真に苦しみから逃れようとするなら、この世界そのもの、つまり意志を否定するしかない。だが「意志の否定」とは、意志を否定しようと意志することではないし、また自殺することでもない。なぜなら両者とも、意志を否定しようとする、積極的で意志的な行為だからだ。

　そうではなく、「意志の否定」とは、意志の働きが自然と弱まり、休止することを待つことなのだ。それは、もはや何も意欲せず、したがって苦しみもない状態になることである。意志を否定した人の例としては、インドの聖者などが挙げられる。このような人は、もはや何ものも意志しようとせず、生きることすら望まない。そのため食事すらすることなく、生きようとする努力を一切せず、心を乱すことなく飢え死にするのを待つのである。このような人にとっては、現実の世界などは何ら興味を引くものではなく、無となる。そのため、もはや欲求が満たされないということはなく、苦しむこともなくなるのである。

第3節　人生の徹底的肯定——ニーチェ

力のせめぎ合いとしての世界

　ニーチェの作品は、哲学書とは思えないほど色彩豊かである。彼は、アフォリズムといわれる簡潔で鋭い文章形式を多用する。また、作中にはギリシア神話や聖書のパロディ、古代宗教などが出てくる。そして、その内容も過激で、キリスト教を厳しく批判し、神に頼らない人間像を打ちたてようとした。

　ニーチェはプロイセンに生まれ、信心深い家庭に育ち、幼い頃は純粋すぎるほどの信仰をもっていた。しかし、同時に高い教育を受け、優れた知性を発揮していた。そのためニーチェは、理由もなく神を信じることに疑いをもち、世界で生じる矛盾に対して目を向けるようになっていった。

　大学で勉強を始めた頃のニーチェに、大きな出来事が二つ起こった。一つは病気にかかったことである。これにより、ニーチェは生涯病気と闘いながら哲学を続けることになる。もう一つは、ショーペンハウアーの本に出会ったことである。ニーチェは、ショーペンハウアーを夢中になって読み、そのとりこになった。

　しかし、ニーチェはショーペンハウアーの説を、全面的に受け入れたわけではない。ショーペンハウアーは、生きることとは苦しみの連続であり、それから完全に逃れることができるのは、生きる意志が弱まり、否定されるときだけだ、と言った。しかし、世界そのものが意志だとしたら、意志の否定などできるだろうか。人間は自らを否定しなくてはいけないのだろうか。このような悲観的な考えをニーチェは乗り越えようとした。

　ニーチェは、いかにして悲観主義を乗り越えられるだろうかと考えた。もし世界の本質が「生への意志」だとしたら、たとえばわたしたち人間のような生きているものは、生きているというだけで、もうすでに意志が満足させられていることになる。しかし実際、わたしたちはつねに何かを求め続けているではないか。すでに生きているものは、生きていることだけに満足して

いるわけではない。そうではなく、生きているものはさらに強くなろうとして、果てしなく力を求めていくのだ。世界は力と力のせめぎあいである。そして、これが世界であり、わたしたち自身でもあるのだ。わたしたちの本質は「生への意志」ではなく、「力への意志」なのだ。

キリスト教道徳批判

　ニーチェは、わたしたちの本質は「力への意志」である、ということから出発して、ショーペンハウアーの倫理学のみならず、キリスト教の道徳をも乗り越えようとした。

　ショーペンハウアーは同情を道徳の基礎とした。これをニーチェは批判する。同情とは、悩み苦しむ人を見て、その苦しみをわかったつもりになることだ。そして、苦しむ人のことはすぐに助け、苦しみを取り除くのが一番いいことだ、と人は思いがちである。しかしそれは、その人が本来もっていた価値観や意志をなきものとすることではないだろうか。

　そしてショーペンハウアーの唱えた「意志の否定」も批判する。わたしたちの本質が意志なのだとしたら、どのようにして意志そのものを否定することができるだろうか。むしろ、人はどうしても何かを欲せずにはいられないような存在なのである。

　そしてまたキリスト教道徳も批判する。キリスト教が現れる前は、力に満ち、自分の能力をいかんなく発揮する高貴な人々は、自己の強さにもとづいた道徳をもっていた。そのような人々にとっては、善悪とは優れているか、劣っているかを意味していた。このような、人をねたむことなく優れたものに向かう態度を、ニーチェは「君主道徳」と呼んだ。

　しかし弱者は、自分よりも優れたこうした人々に対し恨みを抱くことがある。ところが、弱者は強者にはかなわない。そのため、力のない人々は、強いということは悪いことで、弱いことが善いことなのだと主張するようになった。キリスト教は、このような屈折した感情から生まれた、とニーチェはいう。このような弱い人々は、強い人々をどうにかして非難して、自らの

弱さを正当化しようとしたのである。そのためキリスト教は、強さではなく隣人愛を重んじる。しかし、こうして隣人愛を過剰に重視することの根底には、優れたものをおとしめ、生の喜びを否定しようという底意がある、そうニーチェは考える。

このような態度は、弱者が強者に対して抱く復讐感情に由来するものにすぎない、とニーチェは批判する。そして、この感情を「ルサンチマン」と名づけ、このような人々が掲げる道徳を「奴隷道徳」と呼んだ。

新しい価値の創造

ニーチェはこのようにして、キリスト教を乗り越え、自身の哲学によって新たな理想を打ちたてようとした。

ニーチェのいう「力への意志」とは、絶えず前へと押し進み、とどまることなく広がっていくものである。そして人間は、今の自分を絶えず乗り越えていくことができる。絶えず乗り越えつつある者を、ニーチェは「超人」と名づけ、人間の可能性を発揮しつくそうとしている理想的人間像とした。

しかし、今の状態を乗り越えていくだけでは、結局今よりも良い状態である未来に興味が集中する。しかし、未来はまだないものである。すると、今あるものを存分に味わうことなく、まだないものに価値を置くこととなる。現在や過去とはしょせん、乗り越えられていくだけのものになってしまう。これでは生の肯定は不十分であり、今生きている現実が空しいものになってしまうのではないか。

では、現実を空しいものとしないためにはどうすればよいだろうか。ここで、世界の出来事はすべて、その場かぎりで過ぎ去ってしまうのではなく、何度となく繰り返される、と考えてみよう。つまり、現在の出来事は、未来には存在しなくなってしまうのではなく、また再び、何度でも現れる、としてみるわけである。こうなると人は、現在を少しでも否定してはいけないことになる。今の出来事が受け入れられなくては、その不満足はいつまでも永遠に生じてくるからだ。現実を肯定するためには、この出来事がたとえ何度

自分にふりかかってきてもこれを受け入れるのだ、という態度を取らなくてはならない。この態度を可能にする、以上のような思想を、ニーチェは「永遠回帰」と名づけた。

ニーチェは「神は死んだ」と高らかに宣言する。キリスト教的な考えだと、価値は現実世界ではなく、天国にあることになる。そう思うことで、人は現実にある価値を否定してしまい、天国というここにはないところ、いやどこにもないところに価値を置く。それにより、現実世界が無価値となってしまったのだ。しかし、人は今や自分の足で立ち、キリスト教的な道徳的価値を破壊し、場合によっては、それまで禁止されてきた事柄をも肯定して、新たな価値を創造しなくてはならない。神ではなく、人間が価値を創造していくものとなるのだ。

結局これまで人々は現実の価値を肯定できず、価値のない世界に生きてきた、とニーチェはいう。人々の態度は、本当に価値あるものから逃げ、たんに受動的に生きるという、「ニヒリズム」だったのである。しかし、以上のような考え方のもとに生きるならば、人々は無価値な世界を生きるのではなくなる。今まで価値あるとされてきたものを積極的に破壊さえして、この現実そのものを素晴らしいものとして受け止めることができるようになるだろう。価値が破壊されたあとで、無価値の世界をそのまま全面的に肯定する。このような形において、「ニヒリズム」は能動的になる。そして、このようなことを成しとげるのが、「力への意志」そのものである生なのだ。

ニーチェはこのような思想を、病気からくる頭痛に必死に耐えながら作り上げた。何日もベッドから離れられない日が続き、痛みのため夜も眠れないこともあった。そして、ついにそのときがきた。1889年、ニーチェは倒れる。そして11年間家族のもとで、創作活動が一切できないまま生活をして、1900年、世紀の変わり目に死ぬのである。

第4節　生命の躍動——ベルクソン

真の時間と生命の哲学

　ベルクソンはさまざまな問題を論じている。自由や道徳、あるいは精神と身体の関係といった伝統的な問題や、当時の新しいテーマであった進化論の問題などである。そして彼は、それらの問題について、できるかぎり実証的に、科学の知見や経験と粘り強く対話しながら論じた。そのようにして彼は、事実に密着した哲学を展開しようとしていたのである。

　ベルクソンはまず、時間とは何かという問題を取り上げた。ベルクソンは、わたしたちがふだん、時間だと思っているものは、じつは空間的なものなのではないか、と考える（この考えの背後には、科学が採用している時間概念についての詳細な検討がある）。わたしたちは、一時間という時間の流れを感じるが、実際に暮らしているときには、そして時間について哲学的に考えるときでさえ、時計の針の動きのような空間的なイメージで時間をとらえてしまっているのではないだろうか。ここでは、時間は空間のようなものとなってしまっており、わたしたちが感じている時間の流れが無視されているのである。

　時間における本質的なものとは空間的なイメージで表せるものではなく、実際に感じることのできる時間の流れのことではないだろうか。そこでベルクソンは、わたしたちが実際に感じているこの時間のことを、空間のイメージが入った時間と区別して、「持続」と呼ぶことにした。そして「持続」とは、過去の心理状態が現在の状態と相互に浸透し合い、質的な展開をなしていくもので、これこそがわたしたちの心理的生の真の姿であるとした。そして、多くの哲学的問題も、この絶えざる変化としての「持続」を空間のイメージでとらえてしまうことからくるのではないかと考えた。

　そして、「持続」が質的な展開を遂げるという考えを、ベルクソンはさらに押し進め、生命の進化にも適用しようとした。わたしたちだけでなく、世界

全体を見てみると、そこには多くの生物と、生物でないものがいる。また、生物でないものには進化があるようにはみえないが、生物は進化を続けてきた。

　こうして生物が進化するのは、環境の影響によって説明できるようなことではない。ベルクソンは、生命そのものが進化するエネルギーをもつ、と考える。だが、すべての生物がこのエネルギーによって進化するのではなく、途中で進化を止めてしまった生物もいる。そうした生物は、さらに進化することはもはやない。しかし、進化を止めなかった生物のうちの一部は、このエネルギーによって、人間へと進化してきた。それも、環境の影響でただ形を変えたというだけではない。それまでに存在していたものからは説明できない、真に新しいものを創造する、という仕方で、生命は進化してきたのである。こうした創造的な進化を産み出す根本的なエネルギーを、ベルクソンは「生の躍動」と呼んだ。

　そして、この創造的生命エネルギーを感じとり、それと一致することにこそ、わたしたちの人生がより豊かで、力強く、喜びに満ちたものになる可能性がある、とベルクソンは考えていた。

道徳の源泉

　生命は自由をめざす。そして、あらゆる生物のうちで最も自由に活動しているのは人間である。この意味において、人間は生命の進化の頂点にいる。では、その人間において、なお進化を見出すことはできるのか。また、そうした進化を生命や人類に促しているのは何なのか。こうした問題から、ベルクソンは道徳についての考察へと導かれていった。

　ベルクソンは道徳的な生を意志の活動と考える。では、意志を道徳的生へと駆り立てる原動力は何であろうか。それは理性である、という考え方を、彼は「主知主義」の誤りとして退ける。では、何が道徳的生の原動力なのか。「習慣」と「情動」が、わたしたちの意志に直接働きかけて、道徳的生へと駆り立てるのだ、というのが彼の考えだった。

道徳の源泉には習慣と情動とがある。しかし、それらは、同じ一つの道徳的生に通ずる二つのルートのようなものではない。習慣と情動とでは、形成される道徳的生の質がまるきり異なるのである。
　習慣によって形成される道徳的生は、ある社会の慣習・しきたりというものが一般にローカルな性格をもっていることからも推測されるように、社会に一定の輪郭とまとまりを与え、それを他の社会から区別するものである。しかし、このように引かれる社会習慣上の境界線は、じつは、異質な慣習・しきたりを受け入れているものを忌避し、排除する境界線としても機能している。習慣性をベースとする道徳的生は、どれほど大きな社会をカバーできるものになっても、自らに対して異他的な存在（個人や集団）に対して「閉じて」いるのである。こうした道徳的生が担う道徳を、ベルクソンは「閉じた道徳」と呼び、閉じた道徳によって形成・維持される社会を「閉じた社会」と呼ぶ。
　しかし、人類の長い歴史のうちには、このような境界線を軽々と乗り越え、すべての人への愛に至る、あるいはそこに至る途上にある情動を抱いた人々が見出せる。それは、ギリシアの賢者、イスラエルの預言者、キリスト教の聖者たちなどである。
　このような情動を抱いた人々は、全人類愛へと至るエネルギーをもつ。ベルクソンはこの種のエネルギーを「愛の躍動」と呼び、この躍動に貫かれる人々を「神秘家」と呼ぶ。愛の情動によって形成される彼らの道徳的生は、すべての人に対して「開かれて」いる。こうした道徳的生が担う道徳が「開かれた道徳」であり、そして、開いた道徳が形成する、あるいは形成をめざす社会が「開いた社会」である。
　「愛の躍動」によって駆り立てられた人々は、他の人々に道徳を強制したり、勧告したりしない。彼らはたんに存在するだけで、みなが彼らに魅せられ、彼らと同じようになりたいとあこがれるのである。ここが、情動にもとづく道徳的生の最も特異な点である。
　以上がベルクソンの道徳論の概要であるが、彼の道徳論には、道徳的生に

おける理性の本当の役割、「閉じたもの」と「開いたもの」の相互影響、神秘的生と科学技術（第Ⅱ部第5章参照）の関係など、微妙で興味深い論点も多いことを注意しておきたい。

第5節　生の哲学が現代に対してもつ意義

　一般にわたしたちの社会では、とかく理性的であることを求め、論理的であることをよしとする傾向がある。しかしそのような傾向は、何も現代から始まったのではなく、長い時間をかけて作り上げられてきたものなのである。
　中世においては、人々の考え方は、何といっても教会により支配されてきた。人々は、神の御心にかなうように行為することが義務づけられ、そして行為の善悪を判定するのは教会であった。
　しかし、権威的な教会に反旗をひるがえし、それぞれの人間がもつ理性により行為を基礎づけようとする傾向が芽生え始めた。それが17世紀から始まり、とくにカント（第Ⅰ部第1章参照）に代表される、啓蒙思想である。また、近代科学の飛躍的発展も、人々を宗教から引き離す大きな要因となった。このようにして、もはや宗教に頼ることなく、理性により自らの行為を決めていく、自律した人間像が形成されていった。そして、このような人間像は、現代に至るまで理想とされている。つまり、啓蒙思想と科学が、わたしたちの思考法の土台となっているといっていい。
　しかし、理性的思考法が力を増し、それが文化を形成する力となっていくなかで、理性そのものの根源が問われることはなかった。また、科学的な思考法に影響されて、人間の精神的活動をも身体の生理的な作用に還元して理解しようとする傾向が優位を占めてきた。しかし、当然人間は理性以外の面をもち、物理的には説明できない側面もあるはずである。それをすべて理性的・科学的にとらえてしまう傾向への批判は、今日まで続いている。
　生の哲学は、理性中心主義への反動であるロマン主義や、あるいは体験や直観を重視する神秘主義の流れをくみ、理性ではとらえきれない生の奥底ま

で見通そうとした。そして生そのものを、それ以上他の何かに還元できない究極的な実在とし、その根源的な生から出発して理性をはじめとする精神活動をとらえ直そうとしたのである。それゆえ生の哲学は、自然科学や科学技術が無批判に受け入れられている現代においてこそ、大きな意味をもちうるはずである。

参考文献

ショーペンハウアー（西尾幹二責任編集）『ショーペンハウアー』〈世界の名著〉、中央公論社、1980年
　ショーペンハウアーの基本的思想のほとんどすべてを知ることができる。西尾による序文は、その生涯と思想への格好の入門書。

ショーペンハウアー（斎藤信治訳）『自殺について　他四篇』岩波文庫、1952年
　単なる自殺礼賛に陥ることなく、人生について、そして人生の苦悩について徹底的に考察する。

ニーチェ（氷上英廣訳）『ツァラトゥストラはこう言った（上・下）』岩波文庫、1967、1970年
　ニーチェ自身が「およそこの世にある最高の書」と呼んだ作品。比喩や寓意を豊富に用い、神なき人間の、あるがままの生き方を探求していく。

ニーチェ（木場深定訳）『道徳の系譜』岩波文庫、1940年
　君主道徳・奴隷道徳、善悪と優劣など、ヨーロッパにおける道徳の発展を、ニーチェが鋭く批判する。

永井均『これがニーチェだ』講談社現代新書、1998年
　ニーチェの生涯を紹介しつつ、彼の哲学が発した道徳への問いを丹念にたどり直す。入門書にして独創的な哲学書。とくにニヒリズムの説明は秀逸。

ベルクソン（真方敬道訳）『創造的進化』岩波文庫、1979年
　進化論についての著。ベルクソンの代表作とされる。知性ではとらえられない、

創造的エネルギーを進化の現象にみる。

ベルクソン（平山高次訳）『道徳と宗教の二源泉』岩波文庫、1953年
ベルクソン晩年の作。道徳と宗教を、社会の維持機能を果たすものと、愛の躍動によるものとに分け、独自の倫理学を展開していく。

市川浩『ベルクソン』講談社学術文庫、1991年
ベルクソンの生涯と思想を解説する。ベルクソンの全体像を知ることができる。著作抜粋ならびに年表・文献案内付き。

ジンメル（茅野良男訳）『ジンメル著作集9 生の哲学』白水社、1994年
ショーペンハウアー、ニーチェ、ベルクソンの影響を受けた生の哲学者、ジンメルの著作。「形式」という観点から独自の「生」の概念を展開する。

菅野仁『ジンメル――つながりの哲学』＜NHKブックス＞、日本放送出版協会、2003年
ジンメル入門書。人々が現実の社会においてどのように関係しあっているかを、ジンメル理論を用いて解説し、実際の生活における倫理を考える。

（遠藤義人）

第5章
実存主義

　わたしたちはだれもが、取り替えの利かない一回限りの人生を生きている。そこでのわたしの力など、ごく限られたものでしかない。どのような社会・環境に生まれ、どのような人と出会い、どのようなことに巻き込まれていくのか。こうしたことのほとんどが、わたしの力の及ばないものなのだ。だがわたしは、そうした限界はありつつもやはり自由であり、どのような人間であるのかを選び取っていくことができる、そう感じてもいる。

　しかし、わたしはどこまで自分のことを知っているのだろうか。かくありたい、あるべきと思う姿を、自分でどれだけ分かっているのだろうか。ここでもまた、わたしは自分の限界に突き当たる。だが、そこで歩みを止めてはならないのではないか。わたしは、自分の限界と向き合ったうえで、「これこそがわたしの生を導く真理である」と言うことのできる何かを求めていくべきではないのだろうか。──ここに、実存主義の出発点がある。

第1節　実存主義とは何か

「実存」という語のもともとの意味

　実存とは、他人によっては代理されえない「わたし」の具体的なあり方を表す言葉である。そして、この「実存」こそが第一に思索されるべきだ、と実存主義は主張する。こうした主張がなされるときに「実存」と対比されているのは「(人間の)本質」である。この対比の意味を理解するために、実存という語の歴史的背景を少し振り返っておこう。

　実存の語源であるラテン語「エクシステンティア」を、明確な意味をもっ

た用語として用い始めたのは、13世紀の哲学者トマス・アクィナスとその学派に属する人々である。彼らは、存在するものすべてをあわせて「エッセ」と呼び、エッセを「エッセ・エッセンティア（本質存在）」と「エッセ・エクシステンティア（現実存在）」に分ける。本質存在とはたとえば「犬の本質」や「人間の本質」などのことであり、現実存在とは、現に存在している「この犬」や「この人間」のことである。彼らによれば、学問としての哲学が探求すべきは個々の犬や個々の人間の特徴ではなく、犬が犬であるかぎり、人間が人間であるかぎりもたざるをえない根本的な性質（＝本質）である。本質存在の認識こそが学問の目的なのだ。

　そしてまた、プラトン以来、本質的なものと現実的なものとの関係については次のような考え方がある。すなわち、犬や人間の本質存在があるからこそ「この犬」や「この人間」は存在することができている。まず最初に存在しているのは本質存在のほうであり、それが具体化したのが現実存在なのだ。こうした二つの考え方のもと、哲学が主題とすべきは現実存在ではなく、（その元にあり、普遍的な学問的認識の対象ともなる）本質存在のほうだ、ということになっていったのである。

「このわたし」の実存こそが重要である——キルケゴール

　この考え方に反旗をひるがえし、何よりもまず「わたし」の現実存在こそが考察されるべきだと主張したのが、19世紀デンマークのキルケゴールである。エクシステンティアという語を、個々の人間の具体的なあり方、すなわち「実存」という意味において用いたのも、彼が最初である（なお、「実存」は「現実存在」を短縮して作られた語である）。

　彼は、当時支配的であったヘーゲルの哲学への反発・批判を通じて自らの哲学を作り上げていった。ヘーゲルは次のように言う。現実に存在するものはすべて、それがどのようなものであり、なぜ存在しているのかを、理性によって理解することができる。哲学のなすべき仕事は、存在するものすべての本質を理性によって把握すること、そしてそのことを通じて、この現実の

あり方を合理的に説明することなのだ。

これに対してキルケゴールは次のように考える。一人ひとりの具体的な人間、すなわち実存は、理性では割り切ることのできない主体的な情熱を抱えて生きている。人間一般についてその本質を理解したところで、実存を把握することはできないのだ。

そしてまた、たとえば人間について、理性を用いて客観的な認識を得たとしても、その認識がただ冷静に受け取られてしまうだけでは何の意味もない。わたしたちが求めるべきなのは、それを認識した者の生き方を変えてしまうような真理、「それのために生き、そして死にたいと思うような理念」なのだ。このような真理を、主体的に選び取られた真理という意味で、キルケゴールは「主体的真理」と呼ぶ。

こうした基本的な考え方のもと、キルケゴールは実存について考察していく。

彼によれば、ふだんのわたしたちは真剣に自らの実存と向き合おうとしておらず、それゆえ主体的真理を獲得できてもいない。この状態を彼は「絶望」と呼ぶ。たとえばわたしたちは、ときには快楽を求めて享楽的に生きる。しかし人間の飽くなき欲望はけっして完全に満たされることはない。わたしたちは結局、自分が本当は何を欲しているのかも分からず、いかなる満足も得ることができないままに、虚しさに襲われ、絶望へと至るのである。

では、欲を抑えて社会秩序に従い、社会的な義務（働き、結婚し、子供を生み……）を果たして生きるならばどうだろうか。たしかにその場合、安心を得て円熟した人生を送ることもできよう。だが、真に道徳的に生きると、人は、良心の痛みがしだいに強く感じられるようになり、後悔の念に苦しめられるようになっていく。道徳的に生きたとしても、最後に待っているのは、果てしない後悔と、自らの不完全さの自覚でしかないのである。

絶望から癒されうる最後の道を、彼はキリスト教の信仰に求める。キリスト教の教義には、理性にとっては矛盾でしかないものが含まれる。だが、そうした矛盾・逆説をあえて真理として受け容れ、わたしを創造した神に自ら

の身を委ねなくてはならない。そのようにして、自分一人で神の前に「単独者」として立つことによってこそ、人は真の意味で主体となり、主体的真理を獲得することができる、そうキルケゴールは考えたのである。

実存主義の基本的な特徴

　このキルケゴールの影響のもとに実存主義が誕生する。実存主義の出発点にあるのは、①理性だけでは実存を理解しつくすことはできない、という反合理主義と、②真であると自らが確信できる真理こそが重要である、という主体的真理の重視である（こうした点が共通するとされて、ときにニーチェも実存主義の先駆者とみなされる。第Ⅰ部第4章参照）。そして、この出発点から実存を考えるとき、さらに次の三つの特徴が導き出されてくる。

　③「他者」との関係や「状況」の重視。主体的真理は、それを選び取るわたしたちの具体的なあり方と切り離して考えることはできない。そして、わたしたちの具体的なあり方は、周囲の状況や、わたしたちがともに生きている人々と不可分なものなのだ。

　④「本来性」と「非本来性」の区別。主体的真理という考え方によって、それを求めて努力している状態と、（日常生活への埋没、ないし怠慢から）主体的真理がありうることなど忘れ、まったく求めようとしていない状態との区別がなされるようになるのである。

　⑤自己の認識しがたさを前面に押し出す態度。主体的真理は、求めたらすぐに獲得できるというものではない。それはつまり、わたしは何であるのか、そして何を求めているのか、わたしは知らない、ということでもあるのだ。だが、自己認識がもつこうした有限性は、積極的なものとしてとらえ返されるならば、自分では気付いていない新たな可能性をつねに秘めている人間、という考え方に通じていくことにもなるであろう。

　つまり実存主義とは、合理的には理解できない自らのあり方、そしてその自分がもつ限界と向き合ったうえで、わたしはいかに生きるべきなのか、わたしの真に主体的なあり方はどのようなものなのか、といった問題を探求す

る哲学のことである。次節では、実存主義に属するとされる四人の代表的な哲学者を取り上げ、その思想を見ていくことにしよう。

第2節　実存主義の展開

実存のよりいっそうの自由を求めて──ヤスパース

　キルケゴールの著作は、20世紀に入ってから相次いでドイツ語に翻訳され、多くの読者を生む。その一人が、自らの哲学を「実存哲学」と呼ぶヤスパースである。

　キルケゴールと同じく、ヤスパースもまた、実存をとらえるためには科学のような客観的な認識では不十分である、という問題意識から出発する。重要なのは、実存への探求を通じて自由を自覚することである。わたしたちは、自分の自由を自覚し、その自由を責任をもって引き受けたうえで、自分のもつ可能性を展開させていかなくてはならないのだ。このような意味をこめて、ヤスパースは実存への探求を「実存開明」と名づける。

　さて、その実存開明において、実存はどのようなものとして現れてくるのか。まず何よりも実存は、豊かな可能性に満ちた自由なものである。それゆえ、あらゆる種類の決定論はしりぞけられねばならない。そしてまた、単なる気まぐれも自由とは呼べない。具体的な状況に根差した、実存がもつ可能性の展開こそが、自由と呼ばれるべきだからである。

　しかし実存は無制限に自由なわけではない。実存は、選択の余地のないさまざまな制約（現に置かれている状況、死、周囲の人々との争い、だれかに責めを負っていること、など）を課せられてもいるのだ。わたしたちの自由に制限を加えるこうした制約を、ヤスパースは「限界状況」と呼ぶ。わたしたちは、限界状況と向き合い、自らの責任において引き受けたうえで、それが自分にとってもつ意味を決定していかなくてはならないのである。

　限界状況に争いや責めが入っていることからも分かるように、わたしたちは他者との交流の内にある。だが交流といってもそのあり方はさまざまであ

る。日常生活での社交・交流においては、ときに小さな衝突やいさかいが生じるとしても、たいていの場合、真理や本当の生き方をめぐって争いが生じたりはしないだろう。しかしわたしたちはだれもが、客観的な情報としては伝達しえない個人的・実存的な確信を抱いて生きている。それゆえわたしたちは、自らの確信の正しさを証明するため、ときには他者と争わねばならないのだ。

　だが、これは勝利をめざす争いとなってはならない。争いの当事者たちは、たがいに自らの確信を主張しつつ、同時に相手を尊重し、相手に対して開かれた態度を取らなくてはならないのだ。互いへの信頼に基礎をもつこうした争いを、ヤスパースは「実存的交わり」と呼ぶ。実存的交わりにおいてこそ、争いの当事者たちはたがいに相手の人格そのものへと迫り、相手を深く知ることができるだろうし、そのことを通じて自らの可能性をよりいっそう展開させ、よりいっそう本来の自己を知ることができるのだ。

　さて、実存開明がこうして進められていくと、実存は「超越者（神）」の存在について確信をもつようになる、とヤスパースは考える。なぜなら、実存が自由なものとして存在していることそれ自体は、実存によって可能になっているわけではないからである。超越者についての意識なしに自らを自由であると感じることは、自らの限界を忘れることでしかない。それは、自分は完全に自由であると感じてしまう思い上がりにほかならない。

　だが、超越者を探求しようとしても、超越者はそのままの姿でこの世界に存在してはいない。それゆえ、超越者の探求（これをヤスパースは「形而上学」と呼ぶ）は、超越者がたしかに存在すると告げるしるし＝「暗号」の中に超越者の存在を読み取る試みとして、行われることになる。そのしるしとはたとえば、人間は自然の一部であるにもかかわらず、同時に、自然を超えた自由な存在だ、ということである。わたしたちは、自由になればなるほど、超越者をまざまざと感じることになる。そして逆に、超越者をまざまざと感じるほどに、わたしたちはよりいっそう自由となり、真の自己を見出すことができるのである。

実存開明や形而上学といった営みは、たしかに科学のような客観性・普遍性を欠いてはいるが、しかし一人一人の実存にとってはきわめて重要なものであるとヤスパースは考える。ここにこそ、真に哲学が、そしてわたしたち人間が探求すべき主題があるのだ。

「実存」を考えることを通じて「存在」を考える──ハイデガー

　ヤスパースと同時期に、同じくキルケゴールに影響を受けつつ自らの哲学を形成したのが、ドイツの哲学者ハイデガーである。
　ハイデガーにとって、哲学の根本問題は「存在への問い」（存在とは何か、なぜ無ではなく何ものかが存在しているのか）である。だがこの問いはきわめて漠然としており、それ自体ではとても扱いにくい。そこでハイデガーが注目するのが、わたしたち人間は（ほかの物や動物と違って）存在していることについて意識している、ということである。この意味における人間をハイデガーは「現存在」と呼ぶ。現存在は存在について、そして自らの実存について、どのように理解しているのか。このような実存への問いを手がかりに、ハイデガーは、存在とは何かという存在論の問題に迫ろうとするのである。
　ハイデガーはまず、周囲の物や人とわたしたちとの関わり方を分析する。彼によれば、わたしたちはふだん、周囲の人々とのさまざまな交渉に明け暮れ、その中に埋没している。その結果、この世界に存在する物を何らかの目的への手段・道具として見ることにわたしたちは慣れ切っている。それらがそもそも存在していることの不思議をわたしたちは見失っているのだ。さらにわたしたちは、自分が存在していることの不思議、そして自らがやがて死すべきものであることも忘れてしまっている。自らの本来性を失ったこうしたあり方は「ひと（世人）」と呼ばれる。自らの本来性を見出すためには、わたしたちは自己の無を、すなわち死を直視し、その視点から自らの実存をとらえ直さなくてはならないのだ。
　では、死とは何か。それは、わたしが存在することをやめ、あらゆる可能

性が奪われてしまうということである。ということは逆に言えば、実存とは何よりもまず可能性（「〜できる」ということ）なのだ。だが、わたしたちは日々の雑事に追われていて、ふだんはこのことをはっきりと意識できていない。だからわたしたちは、自らが「死すべき存在」だということにしっかり向き合い、自分が固有の歴史をもった独自な存在であることに気付かなくてはならない。そしてそのうえで、自分に固有の可能性に目覚め、自分の可能性を未来へと投げかけていかなくてはならない。そこにこそ、実存の本来のあり方があるのだ。

　先述のように、ハイデガーの最終目的は存在論であり、上のような実存の分析はその準備にすぎない。ハイデガー自身、自らが実存主義に組み入れられることを強く拒否している。だが、個々の実存における具体的なあり方や本来のあり方を主題とする、これまで見てきた分析は、十分に実存主義と呼ばれるにふさわしいものである。

実存は自由であることしかできない——サルトル

　ハイデガーの影響のもと、フランスで独自の哲学を展開し、のちに実存主義の旗手とみなされるに至ったのが、サルトルである。彼にとっても、出発点は人間の自由である。だが、たとえばヤスパースが、超越者（神）がいるから人間は自由なのだ、と言うのに対して、自らを無神論的実存主義者と呼ぶサルトルは、神がいないから人間は自由なのだ、と言う。

　このことをサルトルは「実存が本質に先立つ」と表現する。ハサミや机といった製作物であれば、現実に存在する前に、その本質（用途や作り方）は人間によってあらかじめ決定されている。それらの場合は「本質が現実存在に先立つ」のだ。しかし、神がいないのだとしたら、人間の本質を前もって決めるものなどない。人間はまず存在し、そのあとで、行為を通じて、自らの具体的なあり方＝本質を主体的に選択していく。人間は根本的に自由であることしかできない。人間は、自分の本質を自由に作り上げていくものなのだ。

しかし、人間は他者とともに生きている。それゆえ事情はもう少し複雑である。自分がどのようなものであるのかを自由に決定していたわたしは、他者が登場し、他者の「まなざし」にとらえられてしまうと、他者から、お前は〜である、ということを決めつけられてしまうのだ。そうなると、わたしは完全に自由だというわけではなくなってしまう。そこでわたしは他者にまなざしを送り返し、相手の自由を奪おうと試みる。そのようにして、この世界の意味やわたしの本質を決定する主導権を奪い返そうとするのだ。こうして、たがいにまなざしを送りあい、相手を縛り付けようとする相克のドラマが始まる、とサルトルは言う。サルトルにとって、他者との関係の根本的なあり方は「相克」なのである。

　だが、人と人の関わりについてのサルトルの考え方はこれに尽きるものではない。サルトルは、実存主義にもとづいてどのような道徳が可能となるのかを論じてもいる。

　人間は自らのあり方を自分で選ぶ、と先に述べた。そしてサルトルは、自分で選んだ以上、人間は自らのあり方に責任がある、と言う。彼はさらに、わたしたちは自分自身についてのみならず、あらゆる人間のあり方についても責任がある、と主張する。なぜか。

　サルトルは二つの理由を挙げる。第一に、わたしたちは自ら好んで悪をなすことはできない。何かをなすということは、それは価値あることだと認めることなのだ。第二に、何かが（道徳的に）よいものでありうるとしたら、それは「だれかにとって」ではなく「だれもにとって」でなくてはならない。ここからサルトルは次のように結論する。わたしたちは、行為するときはいつも、「もしだれもが同じようにしたら」ということを自問しなければならない（ここにはカントの影響がある。第Ⅰ部第1章参照）。わたしたちが自らのあり方を選択するということは、人間のあるべき姿を選択するということなのである。

　自らが行うすべての選択において、あらゆる人間について責任を負うというのは、きわめて重圧のかかることである。それゆえわたしたちは、しばし

ば自らの自由に目をつぶり、責任から逃げようとしてしまう。しかし他方で、わたしたちは否応なく状況（社会）に巻き込まれてしまっており、責任を負わないでいることはできない。この、否応なく状況に巻き込まれているというあり方を、サルトルは「アンガージュマン」（自らを賭けること、抵当に入れること、拘束すること）と呼ぶ。そしてサルトルは、人はアンガージュマンを自覚的に引き受けて社会に参加するべきだと考え、自らも政治問題に対してつねに積極的に参加・発言していた。そうした社会参加も、サルトルの活動の重要な一面をなしている。

「もつ」ことと「ある」こと——マルセル

　キルケゴールから、そしてこれまで挙げてきた哲学者たちからも独立に思索を進め、のちに実存主義を代表する一人と目されるようになったのが、フランスのマルセルである。

　彼もまた、ふだんのわたしたちは真の自己を見失い、自由を失った状態にあると考える。そうした状態を、彼は「所有」という言葉を用いて描き出す。所有物とは、わたしたちが自由に扱えるもののことである。そしてわたしたちは、さまざまなもの（財産、知識、権利、地位……）を所有しなければこの社会で生きていくことができない。しかし、あるものを所有した人は、その所有物に執着し、ひいては、それを所有している自己へと執着するようになる。また、所有物についての心配につねに支配されてしまうことにもなる。所有に過剰に執着することは、自己への執着と自由の喪失しか生まないのである。当初は自由を意味していた所有が、最終的にはわたしを拘束し、わたしの自由を奪ってしまうのだ。

　そうした境遇から逃れるためには、ただ所有をめざすのではなく、自分が存在しているという不思議、そもそも何かが「存在」しているという「神秘」へと目を向けなくてはならない、とマルセルは考える。しかし、存在という神秘を考えるとき、それを「問題」として扱ってはならない。問題を立て、それを解くことは、ある対象について、だれにとっても共通の価値をもつ客

観的な認識を獲得しようとすることである。それは結局は、対象についての知識を通じて、対象を自由に扱おうとすること、つまりは対象を所有しようとすることでしかない。これではわたしたちは所有に対する執着へと逆戻りしてしまう。

　存在は「超問題的なもの」として扱われなくてはならない、そうマルセルは言う。たとえば、わたしの存在＝実存に関わる「わたしとは何であるか」という問いは、そこで問うている「わたし」を巻き込んでいる。こうして、この問いは問う人によって違った意味をもつため、客観的な解答などありえない。しかし同時にこの問いは、問わずにはいられないものでもある。存在に関わる問いはすべて、わたし自身が巻き込まれているため客観的には解決不可能だが、考えずにはいられない、という性格をもっているのだ。

　わたしたちは、この「超問題的なもの」を通じて、わたしたちを存在させている神がいることを感じ取ることができる。そしてまた、すべて自分の思い通りになるという考えを捨て去ることもできる。そのように神を感じ、虚心に存在を享受することによってこそ、わたしたちは自己への執着や所有の束縛を逃れ、真に自由となることができるのだ。

　他者もまた存在を通じてとらえ直される。わたしは他者を、だれでもよい匿名の人としてではなく、ともに存在の神秘に参与している相手として感じ取ることがあろう。そのときにこそ、その人はかけがえのない「あなた」として現れてくる。また、その出会いを通じてこそ、わたしもまた自らをかけがえのない存在として感じることができるのだ。

　マルセルはキリスト教的実存主義者と呼ばれたが、彼自身はその呼称を拒否する。当時、実存主義は無神論とほぼ同義であり、そして、「主義」という語は（硬直した考え方という意味をもつので）実存についての思索にふさわしくないと彼は考えたためである。

第3節　現代を生きる実存主義

実存主義と社会

　これまで見てきたように、「このわたし」はいかに生きるべきか、という問題を実存主義は最も重要視する。しかし、実存主義は個人のあり方にだけ目を向けているわけではない。実存主義は人間を具体的な状況の中で考える。そして、この「状況」にはもちろん社会も含まれる。個人は社会にどう関わるべきか、個々人がよき生を送るためには社会はどうあるべきか、といった問題も、実存主義は論じているのだ。実存主義は社会とどのような関わりをもち、社会についてどのように考えていたのかを、ここで述べておこう。

　そもそも実存主義には、ある社会状況の中で生じてきた問題に答えるために生まれた、という側面がある。19世紀のキルケゴールから20世紀の前半に至る、実存主義が誕生し、展開した時代は、社会の近代化・合理化が急速に進み、資本主義が発達していった時代でもある。こうした時代の流れの中で生きるとき、人は、他者との交流や仕事に充実感を覚えられなくなったり、自らが社会の歯車でしかないと感じてしまったりしがちになるだろう（第I部第3・7・10章参照）。そうした社会状況においてこそ、自己のかけがえのなさを、そして自己と他者との関係の重要性を強調する実存主義は生まれたのである。

　そしてまた、20世紀の前半とは、二つの世界大戦が起こった時代である。世界的な規模での戦争（とりわけ敗戦）は、それまで従うべきとされていた権威の力を失わせ、生きていく指針を見失わせてしまうことにもなるだろう。そうした社会状況の中でこそ、自分の責任で決断することを促す実存主義が、人々に広く受け入れられていったのである。

　では、こうした背景をもつ実存主義は、個人と社会の関係をどう考えたのか。たとえばサルトルは、マルクス主義（第I部第3章参照）にもとづいてこそ理想的な社会・道徳が可能になると考えた。そして彼は、変革を推し進め

るためには、皆が主体的に社会に参加（アンガージュマン）し、連帯して既成の権力に立ち向かうことが必要だと論じる。実際サルトルは、晩年に至るまで、植民地解放などの政治運動に積極的に参加し、発言していた。

　ヤスパースは国家と個人の関係について考察した。彼は、人々が自由と責任をもって協力しあう可能性のある民主主義こそが最良の政治形態だと考えた。また、個人は国家に守られている以上、国家の犯した罪の責任も取るべきだと考え、第二次世界大戦の直後に、ドイツの戦争責任を国民も引き受けるべきだと主張している。植民地問題や戦争責任、世界平和など、彼らが論じた問題の多くはいまなお未解決であり（第II部第9章参照）、国家・社会と個人の関係をめぐる彼らの考察は、いまなおその意義を失っていない。

実存主義とわたしたち

　最後に、実存主義を考えるうえで重要な二つのテーマについて述べておきたい。

　第一には宗教（キリスト教）との関わりである。これまで紹介してきた哲学者たちは皆、肯定的にであれ否定的にであれ、キリスト教と深い関わりをもっている。「超越者」や「哲学的信仰」について語るヤスパース。神学者として研究生活を始めたハイデガー。カトリックの敬虔な信者であったマルセル。そして、無神論的実存主義者を自称するサルトル。特定の宗教的な背景をもつことが少ないわたしたち日本人にしてみれば、彼らの思想においては特定の宗教が意識され過ぎている、とみえることがあろう。そしてまたそのことが、彼らの思想がときに哲学的には物足りないと感じられる原因なのかもしれない。

　だが他方で、「いかに生きるべきか」という問いに向き合ったとき、わたしたちも多かれ少なかれ神や宗教について考えるはずである。この問いに宗教はどのような答えを示しうるのか。宗教なしにその問いを考えるとき、どのような答えがありうるのか。実存主義はこうした問題についてさまざまな示唆を与えてくれている。そして、それをどう評価し、どう受けとめるかとい

うことは、今度はわたしたち自身が考えるべき問題なのである。

　第二のテーマは、実存主義がもつ独特の「近さ」と「遠さ」である。実存主義は、わたしたちのふだんの実感にとてもしっくり当てはまる部分をもっている（それはまた、はっきり意識されないほどに、実存主義の考え方がわたしたちに浸透している、ということでもあろう）。たとえばわたしたちは、ある人の主張と実際の行動とが食い違っているとき、その人のことを思わず非難したくなってしまう。こうした思いは、実存主義の言う「主体的真理」という考え方（自らが主張することは、同時に、自らの生き方を導くものでなくてはならない）につながるものである。実存主義はわたしたちに「近い」思想なのだ。

　しかし他方で、実存主義の思想はとても厳しく、わたしたちにとって「遠い」ものでもある。人はふだんは本来の自己を見失っているといった、とても激しいメッセージを、実存主義はわたしたちに送ってくる。ときとして、彼らの言うことが、人間はかくあるべきだ、という説教のように聞こえてしまうことがあるのも、そのせいなのかもしれない。

　だが、それを何らかの従うべき教えとみなしてはならないだろう。そもそも、人から聞いた教えを、心から「真理だ」と実感することなしに受け取るような態度こそ、実存主義が最も批判していたものなのだから。実存主義は、人間のあるべき姿についての教えではない。それは、真の自己に目覚めることへの呼びかけであり、真の自由への誘いなのである。この呼びかけ、この誘いこそが、実存主義がもつ魅力の中核をなしている。

参考文献

キルケゴール（枡田啓三郎訳）『死に至る病　現代の批判』中公クラシックス、2003年

　人間のあり方を「絶望」と規定し、絶望とは何か、人はいかにして絶望から救わ

れうるのかを考察した、主著『死に至る病』を収める。

小川圭治『キルケゴール』＜人類の知的遺産＞、講談社、1979年
　キルケゴールの生涯についての記述と、主要著作の解説、ならびに著作からの抜粋が収録されており、全体像を知るのに好適。

P. ガーディナー『キェルケゴール』＜コンパクト評伝シリーズ＞、教文館、1996年
　主要テーマごとにキルケゴールの思考の理路を丁寧にたどり、思想史上の彼の独自性を浮き彫りにする。キルケゴールに冷静に取り組みたい人に。

ヤスパース（松浪信三郎訳）『哲学の学校』河出書房新社、1996年
　1964年の連続テレビ講演の記録。平易かつ簡潔な言葉で、哲学の中心テーマが語られていく。ヤスパースによる哲学入門にしてヤスパース入門。

ヤスパース（橋本文夫訳）『戦争の罪を問う』平凡社ライブラリー、1998年
　原著は第二次世界大戦でのドイツ敗戦直後に出版。国家の戦争責任を国民はどう引き受け、償っていくべきかを考察する、政治哲学の書。

J. エルシュ（北野裕通、佐藤幸治訳）『カール・ヤスパース――その生涯と全仕事』行路社、1986年
　ヤスパースの思想の主要なトピックを解説したうえで、原著から重要な箇所の抜粋を多く載せている。全体像を知るのに格好の書。

『ヤスパース、マルセル』＜世界の名著＞、中央公論社、1980年
　ヤスパースの主著『哲学』の一部と、マルセルの主著『存在と所有』の一部（日記の部分）を収める。両者の生涯と思想の解説もある。

マルセル（信太正三他訳）『マルセル著作集　第二巻　存在と所有　現存と不滅』春秋社、1971年
　『存在と所有』の全部（日記のほかに、三つの講演と一つの書評）を収める。講演「所有の形而上学素描」は簡潔にまとまっており、読みやすい。

竹下敬次、広瀬京一郎『マルセルの哲学』弘文堂、1964年
　マルセルの思想の主要なテーマの解説。第一部「近代文明批判」では、マルセルの技術論、科学論、政治論なども紹介されている。

ハイデガー（原佑、渡邊二郎訳）『存在と時間（Ⅰ～Ⅲ）』中公クラシックス、2003年

主著の全訳。冒頭部分が難しく感じられる場合は、実存主義に関わりの深い第一編第四章から、または第二編第一章から読むとよい。

高田珠樹『ハイデガー――存在の歴史』〈現代思想の冒険者たち〉、講談社、1996年
　ハイデガーの前半生の経歴と『存在と時間』の内容を軸に、後期も射程に収めて生涯と思想が丁寧に解説されている。巻末にブックガイドを付す。

サルトル（伊吹武彦訳）『実存主義とは何か』人文書院、1996年
　1945年に行われた講演と質疑応答の記録。実存主義の基本的な考え方と、それにもとづく道徳が、サルトル自身によって平明に語られている。

サルトル（安堂信也訳）『ユダヤ人』岩波新書、1956年
　ヨーロッパに根深いユダヤ人問題（ひいては人種差別問題）の本質を考察したもの。政治的にラディカルなサルトルの姿を知ることができる。

澤田直『新・サルトル講義――未完の思想、実存から倫理へ』平凡社新書、2002年
　生涯と著作の解説。遺稿を用いて知られざるサルトルの倫理思想を論じるなど、いわゆる「実存主義」の枠をはみだす新鮮なサルトル像を提示。

海老坂武『サルトル――「人間」の思想の可能性』岩波新書、2005年
　小説から哲学論文、文学評論、政治論までに至る幅広いサルトルの仕事が、サルトルと同時代を生きた著者によってバランスよく紹介されている。

　　　　　　　　　　　　　　　　　　　　　　　　　　　　　（村山達也）

第6章
メタ倫理学

　義務論にせよ、功利主義にせよ、規範倫理学が提示してきたのは、道徳的に何が正しく、善く、義務であるかといったことを判断する基準であった(第Ⅰ部第1・2章参照)。しかし、いかなる基準が示されようと、道徳は、それ自体の根拠へのさらなる問いを免れることはできない(「なぜ道徳的であるべきか」)。そこで、規範倫理学を基礎づけるためにも、わたしたちが道徳的判断で用いる「善い」「正しい」という言葉がどのような意味をもち、そこにどのような論理が働いているのか、それをまず明らかにしなければならない。こうして、言語哲学の影響のもと、20世紀半ば、道徳規範を批判的なレベルで基礎づけようとする「メタ倫理学」が登場した。

第1節　メタ倫理学以前

事実の認識にもとづく道徳的信念は可能か
　メタ倫理学の萌芽は、すでに古代ギリシアに認められる。所属する共同体や時代によって道徳規範の内容が異なるという観点から、道徳的信念など存在しえないことを訴える人々がいた。まったく同じ事実を対象としながら、それに対する道徳的判断が異なる事態をどのように説明するのか。事実判断と（道徳的）価値判断の間には、通常の因果的関係を認めることはできないのではないか。のちに、こうした観点を顕在化させた問いとして提出したのがヒュームであった。
　道徳とは、実際に行為を生み出す情念にもとづくものである。表象された観念をもとに推論を通じて何らかの信念へと到達する理性は、この情念を前

にしては無力である。したがって、道徳の規則は理性の決定ではないことになり、そこから真偽を問題とするような道徳的認識など成り立たないことになる。こうしてヒュームは、「である」で結ばれる観察可能な事実を記述する言明と、「べき」で結ばれる価値判断を示す（評価的な）言明との間に非連続性を認め、前者からただちに後者を導き出すことに疑問を呈する。ヒュームのねらいは、当時の道徳論が「である」と「べき」を混同していることから、その理論の正当性自体が疑わしいと批判することにあった。だが、この論点は、その後、事実から価値（当為）を論理的に導くことが可能か否かをめぐる論争へと発展していくのである。

「自然主義的誤謬」が提起した問題

このヒュームの問いかけは、やがて、「善は定義できない」というテーゼとともにムーアにも受け継がれる。事実判断と価値判断との区別の問題が、ここにメタ倫理学の主要なテーマとなるのである。

ムーアによれば、これまでの規範倫理学は、道徳について真なる結論に達することが可能であることを前提としていた。その結論は人間の本性、すなわち、人間の心理と社会生活にまつわる事実から導くことができる。このように事実にもとづく善の定義に訴えて実質的な道徳的結論を導き出そうとする立場は、倫理学的自然主義と呼ばれる。

だが、そこで規範倫理学は、善を経験の対象ととらえ、自然科学や心理学が取り扱う自然的性質と等しいものと見なしてしまうという誤謬を犯している。こうした誤りを、ムーアは「自然主義的誤謬」と呼んで批判した（第Ⅰ部第2章参照）。そもそも善は自然的性質ではなく、単純で分析不可能な非自然的性質である。このことは、開かれた問いにさらせばより明らかになる。「幸福を最大化することは善いことか」「義務を守ることは善いことか」という「善さそのもの」への問いは、未解決の疑問として絶えず開かれている。こうして、ムーアによって、自然主義と非自然主義の対立が鮮明化されるのである。

メタ倫理学の方向性

　初期のメタ倫理学において提示される理論はけっして一様ではなく、さまざまな分類の枠を設けることができる。最も一般的（かつ便宜的）なのは、認識主義と非認識主義とに分けるやり方である。認識主義とは、「Xは善い」といった道徳的価値判断は、自然的性質そのものを記述するものではないが、そこでは何らかの客観的な事実について語られているのであり、よって、真偽を争いうるものであるとする立場である。一方、非認識主義とは、道徳的価値判断というものは、自然的事実に還元されない判断者の態度の表明を含み、よって、事実に即した形でその真偽を争うことはできないとする立場である。そして、この二つの立場は、さらに以下のようにそれぞれ二つの立場へと区分される。

認識主義
(1) 自然主義：道徳的判断と事実判断との間に質的な差異はなく、前者は後者に還元しうるとする立場。
(2) 直観主義：道徳的判断が記述する事実は、知覚を通じた自然的事実と類比的に、直観を通じて確かめられる独特な種類の事実であるとする立場。

非認識主義
(1) 情動主義：道徳的判断とは、判断者に生じた情緒（態度）を表明したり、聞き手に類似の情緒を喚起したりするものであると主張する立場。
(2) 指令主義：道徳的判断においては、ある行為を導くことの（普遍化可能な）指令がなされているとする立場。

　事実と価値とを区別すべきか否かという点からすると、自然主義は前者から後者を導き出せるとするが、あとの三つの立場は、両者の間になにがしかの区別を設けている。

第2節　メタ倫理学の展開

道徳の自然的事実への還元──自然主義

　自然主義の基本的主張は、道徳的価値判断に現れる言語（「善い」「正しい」）を道徳外的な言語によって定義することで、道徳的言明を道徳外の自然的性質を記述する言明へと翻訳することが可能になるというものである。道徳（価値）は何か特殊な存在などではなく、自然的事実と同じレベルで存在する。よって、道徳的判断にしても、自然的な記述を通じて経験的に認識されうることになる。

　自然主義においては、たとえば、「Aが善い」ということは「Aが好意的関心（欲求）の対象である」ことに置き換えられ、また、「Bが正しい」ということは、「Bが調和のとれた幸福をもたらす」ことを意味することになる。善さや正しさが、欲求の対象となるか否かという心理的事実や、幸福をもたらすか否かという社会的事実に還元され、善さや正しさの内容が経験的に明らかにされるのである。これは、善さや正しさの内容が、判断の対象がもつ何らかの属性によって定義されることを意味する。

　「Aは善い」と言うとき、たしかに「Aが好意的関心の対象である」という属性をもつことにわたしたちは同意できるだろう。しかし、なぜこの属性をもつことが善いのかということは必ずしも自明ではない。そこで、この属性による善さの定義が正当化されるためには、あらかじめ「好意的関心がもたれるものを善いとする」といった何らかの原則が前提とされていなければならない。ところが、この原則そのものは、自然的事実などではなく、価値判断にほかならない。すると、価値判断の一切は自然的事実に還元しうるという自然主義的テーゼが、再び価値判断によって正当化されるという矛盾を招くことになる。

　結局のところ、自然主義が行おうとしたことは善さの定義ではないのであり、善さが付随する自然的事実を記述し、説明しているにすぎないのである。

自然的事実への還元によって明らかになるのは、あくまで道徳的価値判断における記述可能な事実的側面のみなのである。なにより、他者との信頼関係を維持することへの関心という事実を認め、そして、それが約束を守るべき根拠であるとは知りつつ、それでもなお、充分な理由をもって約束に従うべきでないと判断することができる状況はありふれている。「知る」ことが「行う」ことにつながらないこうした事態を、自然主義者はどのように説明するのだろうか。

直観によって知られる善と正——直観主義

　直観主義（直覚主義）者のムーアによれば、行為の正しさの基準は可能なかぎり善い結果をもたらすことに求められるが、そこでまず、予想される結果が善いと知られなければならない。こうしてムーアにとっては、善とは何かという問いに答えることが先決となる。善いとは、「黄色」に似て、単一にして分析不可能なものである。黄色は光の波長など自然的性質と対応させられるが、それらの性質が黄色そのものを意味するわけではない。同様に、善いとされるものの性質を列挙しても、それらは善さそのものではない。しかし、どれだけ定義が不確かでも、わたしたちは善いことを見分けることができる。善とは、何ものとも等置されず、事物の諸性質に付随する内在的価値としてたしかに存在している。ここから、善は直観によって直知するしかないものとなる。この直観によって形成される信念は、善そのものについての、それ自体で明証的な信念である。こうして善とは何かが明らかになることで、それにもとづく正しさの基準が導かれるのである。

　直観主義者のなかには、善のみならず、行為の正しさもまた、それ自体で明証的なものとして直知されると考える者がいた。プリチャードは、行為の正しさは「義務の感覚」によって個別に知られるのであって、何か一般的な基準から論証を通じて判定されるものではないとする。行為の結果としてもたらされる善の大きさとは独立に、いずれの義務がより大きな義務であるかを直知することで、行為の正しさも知られるのである。

プリチャードに続くロスも、善のみならず、正しさも非自然的な性質と見なす。ロスによれば、行為の正しさは、動機の善さとも、結果の善さとも直結されることはない。どこまでもそれ自体で正しいのである。たとえば、「約束を守るべき（守ることは正しい）」とは、だれもが自明なものとして知っていることである。そこから、状況によっては他の義務との衝突により変更せざるをえないとしても、基本的に従わざるをえない義務、すなわち、一応の義務があるとする（第Ⅰ部第1・2章参照）。

　ムーアやロスは、「善い」や「正しい」が自然的事実の記述から論理的に導かれるものではないと考え、善さや正しさは自明なものとして直知されると考えた。しかしながら、この立場は、先の自然主義と共通の難点を内包している。直観主義では、「Xが善い（正しい）」という場合、このXは自然的事実とは異質なものでありながら、真偽を問題にできる事実としての善さ（正しさ）をもつことになる。しかも、この善さ自体はそれ以上の定義を斥けるというのであれば、この善さを知ることだけでは少しも行為へと動機づけられない。つまり、自然主義と同様に直観主義も、行為の善さ（正しさ）を知る根拠は示しても、善い（正しい）ことを行うように動機づける根拠は何も与えないのである。

態度表明としての価値判断――情動主義
　認識主義は、自然的事実に還元する形であれ、直観にもとづくものであれ、道徳的判断を一つの事実とみなし、そこに客観性が成立するとみなした。それに対するアンチテーゼとして情動主義は生まれた。
　エイヤーは、道徳的言明「Xは正しい」が自然的事実言明「Xは一般に是認されている」に還元されるという見解に反対し、Xは一般に是認されているが、正しくはないと言うことにまったく矛盾を認めない。そもそも、「正しい」と「是認する」とは論理的に等値ではないのだから、道徳的言明を事実言明へと還元することはできないのである。また、「善い（正しい）」とはそれ自体分析不可能な性質ではあるが、それは道徳的表現として言明に現れて

も、その言明に含まれる事実内容にほとんど変更を加えることのない「類似概念」にすぎない。「きみが盗むのは悪い」という判断は、「きみが盗んだ」という事実を述べるものと大差なく、せいぜいそれに盗みに対する嫌悪の感情がつけ加わっているだけのものである。要するに、道徳的価値判断とは、発話者の道徳的心情(承認・否認の感情)を表現しているにすぎず、したがって、それをめぐって真偽を争うことに意味はないのである。

　スティーヴンソンによれば、道徳的判断とは、自然科学のように事実(自然的性質)を記述し、指し示すことが主要な目的ではない。「Xが善い」とは、たんにXがもつ「善さ」についての事実を示しているのではなく、Xに対する発話者の感情や態度(情動)を表明するとともに、それによって聞き手における行動の傾向に影響を与えることをめざすものである。そこから、道徳的判断には、自然的事実を示し、それにもとづく信念を伝える記述的意味と、発話者の感情や態度を表明し、聞き手の感情や態度を喚起するという情動的意味とが併存することになる。

　ただし、道徳的判断のねらいは、この後者の意味作用によって何らかの因果的影響を及ぼすこと、つまり、聞き手(他者)の感情を操作し、説得し、実際に何らかの行動の傾向を形成しようと意図することにある。それゆえに、客観的事実についての信念という点では一致しながらも、それに対する態度においては一致しないという事態が生じる可能性があるのである。道徳的判断が情動的意味作用に重心を置いた主観的なものであるなら、ある価値判断の対立とは、心理的事実としての主観が相互に衝突しているだけのことである。事実をめぐっては、本質的な不一致など存在しえない。

　スティーヴンソンが説いたこの情動的意味により、道徳的判断のうちに行為を動機づける要素がその居場所を見出したと思われる。いわば、「知る」ことと「行う」ことをつなぐ舞台が図らずも設定されたのである。しかし、情動主義が示したのは、道徳的判断が感情や態度の操作という非理性的な働きをもつことにすぎない。道徳に固有な善さ・正しさへの問い、道徳的判断に固有な論理的特性への問いは、手つかずのまま放置されたのである。

指令としての道徳的価値判断——指令主義

　「困っている人を助けることは善い」という判断が適切に成り立つとすれば、わたしたちは、この判断によって人を助けることの善さを知ると同時に、実際に助けるという行為が命ぜられて（指令されて）いることを理解することになる。指令（指図）主義によれば、道徳的判断が何らかの選択や行為を促すものであるということは、この判断に同意するだけではなく、そこから下される命令（指令）にも同意することを意味している。「困っている人を助けるべき」との判断に同意して、なおかつ、「助けろ」という（他者からの・自己への）指令に従わないことは不合理なことである。

　ヘアによれば、道徳的判断における指令性という特性は、自然的な事実判断からのみ導き出されるものではない。たとえば、「人種的偏見を抱くべきではない」という判断は、「偏見を抱くな」という指令的意味をもつが、これは「偏見は人々に多大な苦しみをもたらしている」「偏見にさらされた人がいる」といった事実からのみ帰結されるわけではない。道徳的判断が一つの指令的な力を得るには、その前提として少なくとも一つは指令性をもつ前提（「人に苦しみをもたらすべきではない」）が存在していなくてはならない。ここからヘアは、道徳的判断に二つの意味作用を認める。一つは、「現に行う」ことを勧め、促し、指令するという評価的意味作用であり、もう一つは、命ぜられる行為を「善い」「べき」ものとするような一定の自然的性質を示す記述的意味作用である。

　また、道徳的判断における指令に同意するというからには、類似の状況が再現されたなら、そこでは同様の判断が下す同様の指令に同意しなければならない。ここで以前とは異なる判断をしたり、異なる指令に同意するならば、論理的な不整合が生じてしまうからである。そこで、指令性とともに道徳判断の不可欠な論理的要素として挙げられるのが、普遍化可能性である。「人を助けるべき」という判断は、判断主体の個別性を問わず、類似した状況においては、「だれでも・いつでも・どこでも」そうすべきであるという普遍化可能性を要請する。それはつまり、指令としての道徳的判断を下すにあたって、

何らかの普遍化可能な原則（基準）にコミットしていることを意味する。こうして、指令は個別者への指示という限定的命令の地位を脱し、普遍化可能性に裏づけられた指令となるのである。

　ヘアは、道徳的価値判断が、自然的な事実やほかの何か特別な種類の事実へと還元されるという立場を拒否する。つまり、ヘアが、事実から価値判断（当為）を導き出せないと主張するのは、道徳的判断が指令的特性をもつかぎり、世界（自然）に関する事実から直接導き出されることはないという意味においてである。道徳的判断の記述的意味作用によって、わたしたちは、どのような事実をめぐってその判断がなされているのかを知ることができる。そのうえで、判断の評価的意味作用の働きによって（指令的特性に従って）、わたしたちは行為の実践へと動機づけられるのである。道徳的判断の本意が、普遍化可能な原則への言及を伴う自己（他者）への普遍化可能な指令である以上、その意味が自然的事実によってくみ尽くされることはない。「善い」「べき」という判断は、過去の事実を反復的に認定するものではなく、きたるべき行為を志向するものとして存在するのである。

第3節　「知る」ことと「行う」ことの関係

知ることと行うことの分離は可能か
　事実と価値の区別の問題は、価値をめぐって何らかの信念が成立することと、この信念が示すものを実際に行うこととが区別・分離できるかという問題でもある。これまでメタ倫理学は、この問題を解決しようとしてきた。しかし、その分析が言語の形式的な論理に依存したものであるために、大事な論点を見逃してきた。そもそも、ある道徳的判断が妥当であるか否かという問題は、事実と価値の区別の問題のみに帰せられない。道徳的判断でなされる推論が、適切な理由をもって妥当なものと認められるか否かは、道徳というゲームが創られた目的を基準とすれば明らかになるのではなかろうか。

　こうした観点から、トゥールミンは、事実と価値の区別そのものを断ち切

ろうとする。道徳的判断は、客観的、主観的、あるいは、指令的な性質のいずれにも還元できない。むしろ、道徳はそれ自体で自律的である。行為の道徳的正しさは、道徳それ自体の目的を基準とすることで、「適切な理由」を得ることができる。道徳の目的は、わたしたちの感情と行動を相関せしめて、すべての人の目標と欲求の実現をできるかぎり並立可能にすることである。つまり、それは社会の調和・秩序の維持にほかならないのである。

　トゥールミンは、道徳的推論の妥当性をその目的に求めることで、正しい行為の理由づけを行おうとした。その試みとは、道徳における知ること（善や正しさに関する信念の形成）が、どのようにして行うこと（正しき行為の実践）へと結びつくのかということを、行為の理由という概念によって説明しようとしたものである。道徳的推論においては、演繹的な論証によってその推論の妥当性を導き出せるような原則・原理は存在しない。そこで、道徳の目的に照らして行為の正しさに理由を与えることで、推論を妥当的にして合理的なものとすることが可能になる。また、目的に即した理由づけというからには、行為の動機や意図に言及することが不可避となる以上、まさにこの理由づけによって、正しさを知ることと、正しいとされることを実践することとがつながるのである。

道徳は実在するのか
　メタ倫理学では、道徳的信念の形成をめぐって、道徳的信念を真とする客観的なものが存在するかということも問題となる。それは、実在論対反実在論の論争として現れた。
　実在論とは、善や正といったものを一つの特性と見なし、外的に実在するものと考える立場である。実在する特性である以上、それによってわたしたちは善や正に関する信念（知識）を形成でき、その信念の真偽は客観的な特性によって判定される。実在論によれば、道徳的な特性は自然的なものだが、けっして道徳外的な自然的性質と同一化されず、非還元的（自然的性質に置き換える形ではない）仕方で、その特性が規定できるとする。たとえば、小

犬をいじめている人を見て、「Aは邪悪な人間だ」という判断が形成されることを説明するには、虐待という行為の邪悪さという道徳的特性に訴える必要がある。この特性がなければ虐待も存在せず、虐待がなければ邪悪であるとも判断されないからである。邪悪さといった道徳特性の存在によって、虐待といった行為や出来事の意味が説明できるのであり、同時に、邪悪さに対するわたしたちの信念も正当化されるのである。

　反実在論は、善や正といったものを意識とは独立に、客観的に実在するものとはとらえず、また、実在する特性の描写ともとらえない。道徳的判断が欲求・態度・情緒・指令の表明を本意とする以上、それはすでに存在するものを発見するものではなく、いまだなきものを構成しようとする営みである（マッキーは、道徳的判断におけるこの営みを、価値の創造と表現する）。ここでの「善い・正しい・べき」という信念の形成は、価値を実現すべしという要請を、あるいは、そうしなければならない理由（動機）をすでに担うものであり、それはすでに真偽を争う必要のないものである。

　たとえば、「約束を守るべき（守ることが善い）」というのは、約束を守ることを命じる客観的で、指令的な道徳的事実が存在するということを伝えるものではない。「守るべき」ということで、約束を守らなければならない充分な理由（「守ることが社会の調和的関係を保つのだから、約束は守られねばならない」という道徳原則など）があることを述べるとともに、その理由を引き受けることへの同意を表明しているのである。

信念は行為を動機づけるのか

　客観的な道徳的事実の実在を認めることは、世界の他の自然的事物と異質でありながら、それと同じように客観的な事実であるものが実在することを、さらには、その事実がわたしたちの行為を動機づけることを認めるということである。実在論を認めれば、こうした奇妙な事態を招くとマッキーは批判する。実在論にとっての難点は、道徳の事実の認識が、行為を導く（動機づける）ような規範性をもちうるかという点にある。これは、知ること（信念）

が行うこと（行為）を動機づけるかという問題であり、ここから内在主義と外在主義という二つの立場が登場する。

　内在主義とは、道徳的判断の内容には指令的作用が本質的に含まれているのであり、ひとたび道徳的認識が成立すれば、それは人を行為へと動機づけることになるとする立場である。外在主義とは、道徳的認識の成立が行為の動機づけにただちに結びつくものではなく、行為者を動機づけるのは、欲求のような道徳外的な要素であるとする立場である。

　外在主義的実在論に立てば、「嘘をつくことは悪い」という道徳的判断を可能にするのは、「嘘をつくことの悪さ」という道徳的特性の存在である。この特性に依拠して、「嘘をつくことは他者の不利益につながる」や「嘘は自他の信頼関係を損なう」といった道徳的信念が形成されるのであり、こうした信念から合理的に道徳的判断が導かれることになる。ここでは、道徳的特性や信念を理由として、「嘘は悪い」という判断の正当性が説明されるだけであり、「嘘をつかない」という行為が正当化され、その行為へと動機づけられるわけではない。嘘の悪さや信頼関係を損なうことが、嘘をつかない行為を因果的に引き起こすのではない。したがって、実際に「嘘をつかない」という行為へと動機づけられるには、「信頼関係を壊したくない」のような行為者の欲求という別個の要素が必要になるのである。

　内在主義的実在論では、事実を知ることと行為へと動機づけられることとの間に因果的関係を読み込むことになる。「コップが割れたのは、Aが落としたから」を「落としたことがコップの割れを引き起こした」へと変換するのと類比的に、「人種差別を行うのは、人が人種的偏見という邪悪さをもっているから」を「邪悪さという特性が差別を引き起こした」と読み換えるのである。しかし、偏見という「悪さ」をもちながら差別を行わないことも、また、悪さに無関心（無知）のまま差別を行うことすら現実にはありうる。とすれば、悪さを実現するから差別を行うべきではないという判断が正当化されても、実際に差別をする／しないはまた別の問題となりはしないだろうか。

　こうなると、行為の動機づけに有効な説明としては、内在主義的反実在論

の立場が妥当であるだろう。実在論的には、社会全体の利害の調整であれ、偏見を持たないことの善性であれ、「人種差別を行うべきでない」理由として挙げられるものが正当化しているのは、「人種差別を行わない」こと自体ではなく、「理由となる事実からの推論によって、差別を行うべきでないとの帰結に至る」という信念である。「差別を行うべきでない」との信念が正当化されることは、「現に差別を行わない」ことを正当化する直接の理由とはならない。信念と行為のギャップを埋めるためには、以下のような形で、動機づけの要素が内在的に連動しなければならないのである。

(a) 人々に多くの苦しみをもたらす行為は避ける「べき」である
(b) 偏見にもとづく差別は、人々の間に不平等や多大な苦しみをもたらす
(c) 差別行為をするべきではない

(b)という事実によって、差別をしないことの理由が知られる。この理由が、たんに(c)という行為についての信念を正当化するだけでなく、現にそれを行うように動機づけられるためには、大前提として(a)のような道徳原則への同意が不可欠である。前提とされるこの道徳原則にもとづいて、差別を行うことは悪いという信念が正当化され、現に差別行為をしないことが正当化される。実際に人を行為へと動機づけるのは、そして、信念がまさに行為の理由となることを保証するのは、信念における事実性でなく、信念形成の前提となる道徳原則への同意なのである。

　上述のように、実在論・反実在論、外在主義・内在主義は相互に掛け合わされ、多様な立場を生み出している。そして現在もなお、それらの立場は、道徳的信念の形成や動機づけの問題をめぐり激しい論戦を繰り広げているのである。

参考文献

G. E. ムーア（深谷昭三訳）『倫理学原理』三和書房、1973年
　メタ倫理学の原点とも言うべき論考。善や正義の定義をめぐり、倫理的推論がいかなる基本的原理に貫かれているか、論理的分析が展開されている。

A. C. ユーイング（竹尾治一郎ほか訳）『倫理学』法律文化社、1977年
　倫理学入門書として定評ある一冊。規範倫理学とメタ倫理学を相互に比較し、検討を行うにあたっておおいに参考になる。

R. M. ヘア（小泉仰ほか訳）『道徳の言語』勁草書房、1982年
　メタ倫理学における指令主義の代表的著作。道徳的概念を表す言語の論理的特性についての明晰な分析が展開されている。

J. L. マッキー（加藤尚武監訳）『倫理学――道徳を創造する』晢書房、1990年
　道徳的価値の客観説に対する反論を基調として、反実在論的立場から道徳の特異性を訴えるユニークな論考。この一冊にメタ倫理学の問題が集約されている。

G. ハーマン（大庭健ほか訳）『哲学的倫理学序説――道徳の"本性"の"自然"主義的解明』産業図書、1988年
　道徳的価値や義務といったものを「観察によるテスト」に取り込み、道徳的判断が真偽を争いうるような自然的世界に位置づけられるかを問うている。

R. ノーマン（塚崎智ほか訳）『道徳の哲学者たち――倫理学入門（第2版）』ナカニシヤ出版、2001年
　第10章と第12章において、メタ倫理学の議論が紹介されている。ただし、実在論・反実在論と内在主義・外在主義の議論は錯綜しており、初学者には不親切。

F. カウルバッハ（有福孝岳ほか訳）「倫理学とメタ倫理学」（A. バルッツィほか『倫理学の根本問題』＜現代哲学の根本問題＞、晃洋書房、1980年、所収）
　ドイツ超越論的哲学の立場から、英米のメタ倫理学がどのように理解されているのかを知ることができる貴重な論考。

大森荘蔵ほか編『哲学的諸問題の現在――哲学の歴史3』＜新・岩波講座哲学＞、岩波書店、1986年

第Ⅱ部第 8 章「行為と倫理」（土屋純一著）において、メタ倫理学の展開、および、その後の動向が紹介される。的確にして明解な論述である。

山内友三郎『相手の立場に立つ』勁草書房、1991 年
　丁寧な解説により、ヘアの道徳理論の全体像がわかる秀逸な一冊。メタ倫理学と実践的な道徳的問題の関係を考える手がかりにもなる。

成田和信『責任と自由』＜双書エニグマ＞、勁草書房、2004 年
　道徳的価値判断がいかにして行為の動機づけに結びつくかという問題が、道徳的コンテクストには欠かせない責任と自由という概念をもとに考察される。

菅豊彦『道徳的実在論の擁護』＜双書エニグマ＞、勁草書房、2004 年
　道徳における反実在論の優勢に抗い、反実在論を批判し、後期ウィトゲンシュタインの言語観にもとづく価値の実在性が主張される。

戸田山和久『科学哲学の冒険』＜NHK ブックス＞、日本放送出版協会、2005 年
　実在論・反実在論は倫理学固有のテーマではない。本書は、科学哲学における実在論・反実在論の問題をじつにわかりやすく教えてくれる。

（二見千尋）

第7章
討議倫理学

第1節　討議倫理学の成り立ち

近代啓蒙の理念

　討議倫理学の内容にふれるまえに、まずは近代という言葉の意味を確認しておこう。というのも、そもそも討議倫理学は近代への反省をきっかけとして生まれたものだからである。

　ルネサンスを契機として始まる時代区分としての近代（モダン）は、おなじみのものである。だが、モダンという語の起源をさかのぼってみると、モデルン（現代的）という言葉は、すでに5世紀後半のキリスト教によって用いられていたようである。これは、キリスト教の刷新された世界観を、それまでローマを支配していた異教から区別するために使われたものらしい。とすれば、モダンという語のもとの意味は、既存の社会から自己を相対化する人間の意識のあり方そのものであった、ということができる。

　過去の伝統や習慣に無批判に従う受動的な態度とは異なり、モダンな人間は、社会に流通する常識からひとたび距離をおいて、これを客観的に眺めなおすことができる。つまり、自分の納得のいく理由によってそれが成り立っているものかどうかを問うことができる。また、納得のいくように（もちろん自分勝手にではないが）常識を作り直すこともできる。

　自らの従うルールの決定権を自分自身がもち、その決定の理由を自らの思考の能力（理性）のうちに求める、という合理主義を、近代人は自らの行動の原理としているのである。そして、こうした考え方が最も先鋭な形で現れ

ているのが、いわゆる近代啓蒙思想である。この「啓蒙」は、一般に17世紀末から18世紀後半にかけてヨーロッパに起こった知的運動を指すのに用いられることが多いが、のちに見るように、現代の討議倫理学もじつはこの啓蒙の系譜に連なるものなのである。

社会の合理化と道徳

　近代合理主義の主役とされたのは理性であるが、その理性についての考えは少しずつ変容していく。その経緯を見ながら、討議倫理学が誕生するまでの道をたどってみよう。

　神話や宗教による先入見に代わって、あらゆる知識の源泉として新たに認知された理性は、歴史的・地理的制約を受けないという強みによって確固たる地歩を占めた。そして、理性が獲得した知識を広く共有して仕事の効率を高め、応用によって拡大するという社会の合理化が、強力に推し進められたのである。技術の進歩に象徴される自然支配と物質文明の繁栄が、近代人に理性万能への夢も抱かせる。

　ところで、理性の行使をその本分とする学問（サイエンス）とは、近代合理主義の観点からすれば、法則や関係性といった客観的で普遍的な事柄を発見していく営みのことである。そこでは、もっぱら出来事の原因や理由を説明すること、そして次に起こる出来事を計算し予測することが仕事となる。およそ社会生活を営むうえで必要と思われる多くの事柄に関して、学問の果たす役割は決定的であるようにみえる。では、わたしたちの道徳に関してはどうであろうか。近代の学問は、これまで神話と宗教の占有物であった道徳を合理的に説明することができるのであろうか。

　社会学者のマックス・ウェーバーは、道徳と学問との関係、道徳と理性との関係について以下のように考察している。ある行為が「どうあるべきか」という問題は、究極的にはそれを判断する当事者の信仰に帰される事柄であり、人がいかなる究極的価値を信じるのかをめぐる対立は、不毛な「神々の争い」であるにすぎない、と。

ウェーバーによれば、何をなすべきかという問いに合理的に答えうるのは、行為者が何らかの目的に応じて選択した手段が、行為の結果に照らして適切であったかどうかの判断についてのみである。人間の行為一般について学問が説明できるのは、こうした目的―手段の関係の適切性の判断、すなわち「目的合理性」に適合する部分に限られる。学問は、行為者の心の中の動機や信念の善し悪しを問題にすることはできない。むしろ彼は、学問の名において人々を特定の道徳的価値観へと先導することの危険性のほうを強調するのである。

近代への不信

　理性は万能ではない。道徳をめぐる議論は、これまで社会の合理化を推し進めてきた啓蒙的理性の限界というものを人々に意識させ始める。同時に、啓蒙の光の奥に潜んでいた問題が、わたしたちの目に見える形で浮かび上がってくることになる。ウェーバーは、近代化のありさまを目的合理性による人間の生活全般の支配の過程として記述した。そして、近代化の本質を社会のあらゆる領域における官僚制化にあるとした。

　国家をはじめとする近代的組織は、さまざまな機能の専門分化を必要とする。組織を効率的に稼動させることだけを考えるとすれば、特殊な技能・知識について個別的な訓練をうけた専門家による仕事の分担、トップダウン式のすみやかな指揮命令系統や完全に管理された規則体系、組織構成員によるそれらの順守などを人々はひたすら追求する。こうした官僚制は、国家行政のみならず、軍隊、政党、企業、学校など、人々が集団で目的を追求する場所ならばどこでも有効である。官僚制的な機能分化は、社会が享受する技術が高度で複雑になるにつれてますます重要になり、社会の規模の拡大と同時に、人々は巨大なシステムに組み込まれたより小さな歯車になっていくのである。

　ウェーバーが指摘するのは、社会の合理化が進むのに比例して一つの不条理が頭をもたげてくるという問題である。本来は、たとえば幸福になる「た

めに」目的合理的な制度を作っていたものが、いつしか、合理的である「ために」合理性をめざすという倒錯した事態に至ってしまうのである。だがウェーバーは、これを近代社会にとって避けることのできない宿命であるとする。社会が発展すれば、それだけ官僚制は不可欠のものとして支配力を強める。発展が続くかぎり、こうした事態には終わりがない。このような不条理を受け入れながら生きることが、近代人が文明の享受に対して支払う代価なのである。

啓蒙的理性の再吟味

　ウェーバーと同じ反省を出発点として近代を考察する現代ドイツの代表的な哲学者に、ユルゲン・ハーバーマスがいる。彼は近代の問題を、人々の交流の場——人々はそこで働くことや生きることの意味を創造する——が官僚制と市場経済という強力な目的合理的原理へと不断にすり替わっていく事態としてとらえている。彼はそれを「生活世界の植民地化」と呼ぶ。人々は、この植民地化の結果として、機械的管理のもとで快適な消費生活を享受する一方で、文化を受け継ぐこともなく、たがいに協力することもなく、自分のしたことに責任をもつこともなくなってしまう。

　だが、近代に対するこうした批判的態度において、ハーバーマスは、彼の先達とは異なり、啓蒙の理念への信頼を捨ててしまうわけではない。それは、彼にとって、産湯とともに赤ん坊まで流してしまうようなものである。たしかに、目的合理性の過剰は憂慮すべきことである。しかし、そうした知のあり方が社会の発展に寄与してきたポジティブな側面も評価しないわけにはいかない。

　ハーバーマスの思想の最も際立った点は、それまで狭くとらえられてきた啓蒙的理性の射程をより広い視点からとらえなおしていることである。理性の可能性をさらに追求することによってのみ、わたしたちは近代合理主義の抱える問題を解決することができる、ということをハーバーマスは確信している。彼は、わたしたちが理性という名のもとでとらえるべき知のあり方を、

目的合理性のみにはとどまらない、より豊かな内容をもつものであると主張する。

　理性のこれまで見過ごされてきた側面を、ハーバーマスは人間のコミュニケーションという行為のうちに描き出す。そして、ハーバーマスによれば、生活世界の植民地化という問題は、専門分化の進展の中で貧しくなっていく自由な対話の機会を取り戻し、人々がお互いの行為に対する合理的な説明を求め合うことによって乗り越えられるのである。

第2節　コミュニケーションの構造

言語と行為

　ハーバーマスは、20世紀の言語哲学の成果を批判的に摂取しながら、自身の理論を構築していく。この試みを通じて、討議倫理学の基礎となるコミュニケーション概念ができあがるのである。ここでは、言葉についてのわたしたち自身の経験を頼りに、このコミュニケーション概念に近づくことにしたい。

　まず、言語とその使用との関係を考察するならば、言葉はたんに対象を記述するための記号や文法の集まりなのではない、ということが分かる。すべての言葉は行為なのである。それも言葉を発する当事者一人きりで完結する行為ではない。独り言ですら厳密には自分一人の行為ではないだろう。

　言葉＝行為というと、人にものを頼んだり命令したりするときのことは比較的想像しやすい。このような場面でのセリフは、事実をただ記述するのではなく、「～して下さい」という形をとる。このことからも、言葉が一つの行為であることは明瞭である。

　それに比べると、「～である」という普通の文まで行為であるということを理解するのは難しいかもしれない。言語の何かを「記述・描写」するという機能に視野を限ってしまうと、このことは見逃されてしまう。だが、わたしたちは、事態がどのようであるかを語るためだけにわざわざ言葉を発するの

ではない。「発話」は、言われたことをだれかに理解させ同意を得ようとする行為なのである。こうした言語使用の性格に注意を向けることではじめて、コミュニケーションの条件がみえてくる。

　ある事態を記述するために言葉を発する必要はそもそもない。だれかに話す代わりに、心の中で「～である」ことをただ思うこともできる。これに対して、発話はつねに、語りかける相手の存在を前提する「対話」なのである。発話には、複数の対話者がたがいに何かについて話しているという状況がすでに含まれている。言葉があらかじめ備えていなくてはならないこうした状況を、ハーバーマスは「発話状況」と呼ぶ。

　たとえば、話の途中で相手の言うことが理解できなかったり意見が食い違ったりする場面もある。それでもわたしたちは相手の真意をさらに尋ねたり反論したりして話を続けられる。意見の違いに先立って、お互いが何らかの合意に向かって対話しているということを、わたしたちは（発話状況の中で）少なくとも分かりあっているのである。

真理は合意によって作られる

　以上を踏まえて、普通の文を発話状況の中に置き直してみると、たんに「～である」と言うことも、じつは「～であることは真である」さらには「～であると言うことには根拠がある」という了解を聞き手に求め、自分の正しさを確認するという行為になるのである。普通の文は、聞き手に事実の記述の確かさを確認する、発言の真理性の「妥当請求」であると規定される。

　この請求によって、聞き手は、発言に対してイエスかノーかの態度決定を迫られていることになるから、これに応えようとすれば、言明の意味と妥当性についての交渉（対話）が行われる。だが、聞き手が相手の発言を理解できるのは、その言明が真であるといえる根拠を聞き手自身が説明できる程度に応じてでしかない。聞き手も言明の観察者というような特権的な立場に立つことはできないのである。言明の真偽について、ここでは聞き手は話し手と対等な地位に立つことを承認していることになる。そして、発話状況の中

である言明について対等な立場でなされる対話が「コミュニケーション」なのである。

　ある文の確かさが承認されるのは、このコミュニケーションのうちにおいてほかはない。換言すれば、コミュニケーションの実践に先立つ真理というものは存在しないことになる。言明の真偽が対話における合意によって決定されるという考えを、ハーバーマスは「真理の合意説」と呼ぶ。一方で、事実との一致をもって言明の真偽が決定されるという素朴な言語理解（これは伝統的に「真理の一致説」と呼ばれる）は否定される。言明の真偽は事実と記述を照らし合わせることによって決定されるのではないのである。

　ある発言に含まれる真理性の妥当請求は、（真理の一致説のように）事実の観察だけで確かめられるものではない。しかし、対話におけるわたしたちの言明の確かさについての判断が、観察によって得た情報とまったく関わりがないということはありえない。合意によって白いものを黒にすることができるわけではもちろんない。真理性の妥当請求の判断も、やはり何らかの仕方で事実の観察にもとづいてはいるのである。

　ただ、真理の合意説によれば、言明と事実の観察との関係は、両者の一致にではなく不一致のほうに起点が置かれることになる。というのは、ある言明をわざわざ発話しなければならなくなるのは、日常的経験の中で通用していた事柄に疑いが生じたときだからである。「〜は真である」ことをだれかに確認せねばならないのは、それまであえて意識する必要のなかった当たり前の感覚に不安が生じたときなのである。発話をするのは、その不安を解消するため、だれかに合意を取りつけようと思うからである。

　したがって、何人（なんびと）も絶対の真理はこれだと言い切ることはできない。真理の合意説は、人間の知識は誤りやすいがゆえに、つねに他人からの批判にさらされる必要があるという「可謬主義」の態度を取るのである。そもそも言葉は多様な文脈の中で使用されるから、そのたびに言葉の意味自体も変化する。その点、そのときどきになされる合意というものは対話の文脈にある程度依存せざるをえない。だが、そこから客観的真理は存在しないとする相対

主義へと短絡してはならない。

　通常のコミュニケーションにおいて素朴に了解されていた妥当請求が疑わしいものになったとき、わたしたちは客観的な真理をめざして「討議」を開始する。問題となった妥当請求は、討議を通じて合意が得られた時点で真理として了解され、問題として意識されることはなくなる。だが、それが疑わしくなれば、またただちに新たな討議が行われることになるのである。

道徳の合理性

　ところで、わたしたちの日常会話は、以上のように簡略化して説明されたものよりも、はるかに複雑で入り組んだものである。事実の真理性をめぐる言明ばかりでなく、行為の正しさやその基準、評価をめぐる道徳の言明などが、一つの主題の中でとくに区別なく渾然一体となって取り交わされている。一般に言語能力をもつというのは、そのような会話を支障なくこなせることなのであって、実際には言明の種類（事実や道徳、美的評価）の区別などはさして問題にならない。そこでわたしたちが半ば習慣的に行っている言葉の解釈は、たんなる事実確認の真理性に関わる発話に対するものよりも、幅広く豊かな営みである。

　「～すべきである」という形をとる道徳の言明の正しさが、「～である」という事実の言明がもつ正しさとは性質が異なっていること、これはわたしたちのだれもが認めることであろう。だが、それが、道徳についての正や不正を客観的に判断できるという可能性を否定する根拠とはならない。そこにはやはり、対話における妥当請求という見地から、道徳における合理性を解明する余地が残されているのである。ハーバーマスはあらゆる種類の言明をただ一つの合理性にあえて還元しようとはしない。事実についての確かさとは別の仕方で、道徳における正しさが固有の合理性というものをもっていると考える。

　発話状況において、話し手が「～すべきである」とわざわざ言うのも、この道徳の言明に妥当請求を結びつけ、自分の主張の正しさを聞き手の批判か

ら防衛しようとするからである。「～すべきである」と言うことは「～するに足る根拠がある」という主張、すなわち行為の正しさ（正当性）の妥当請求をしていることになる。「何をなすべきか？」という道徳的（実践的）な問いを発するときにも、わたしたちは基本的には正当な行為を不当なものから区別しうると信じているのである。

　自分の従うルール（規範）を選択するとき、あるいはルールに従って行為を選択するとき、わたしたちは当の選択がその他のものよりも優れている、あるいは悪くないと判断しているはずである。この判断が他人からの批判に対して弁明をするときにわたしたちがよって立つ理由となるのである。このことが、なにより道徳的言明にも批判的吟味に服する十分な根拠があるということを示している。

　ここで、真理の合意説における発話と日常的経験との関係を思い起こすならば、話し手が自身の道徳的主張に正当性があると自負するとき（「～すべきである」とわざわざ言うとき）、その主張が前提する根拠は、ルールがたんに生活上の習慣として従われているという経験以上の理由を含むものでなければならない。わたしたちが道徳をめぐる対話において自身の信念を述べるときに依拠する妥当請求は、そのつどの規範がもつさまざまな現実的制約を越えたもの、つまり普遍性を志向しているのである。この普遍性への志向こそが、わたしたちがルールに従うときに働く強制力を、たんなる暴力から区別する。

第3節　討議倫理学の射程

討議とは何か

　以上、コミュニケーション概念を通して道徳の合理性へのアプローチの概要を見てきた。ハーバーマスはこれを土台にして討議倫理学を立ち上げる。倫理学といっても、コミュニケーション論を基礎に据えるとき、これがもはや人間の「いかに生きるべきか」の意味に一義的な答えを与えうるものでは

ないことは明らかである。討議倫理学はむしろ、何が善いことであるのかという価値追求を万人にとって可能なものとする条件を提示しようとするものである。

　これは、現代社会における文化的多様性という現実に適合する構想でもある。この構想の先に、わたしたちは個人の生き方と社会的な決定とのあいだの関係について、より鮮明な像を結ぶことができるようになるであろう。それでは討議倫理学の基本的な内容を見ていくことにしよう。

　討議は、日常的コミュニケーションにおいて前提されていた妥当請求のあいだに衝突が起こったときに、論証によって合意の再構築をめざすものとして開始される。討議は、ひとたび滞った対話を再び円滑なものにするための特殊な対話であるともいえる。討議倫理学は、討議をコミュニケーションの自己反省的な実践として定義する。そこでは、発話主体が日常的対話から討議へと移行するために、ある態度変更を行うのである。

　討議においては、妥当請求それ自体が主題として取り上げられることになる。わたしたちは妥当請求とそれへの応答を繰り返しながら、自分の行為をある特定の規範に沿うものとして方向づけているが、これらが問題なく遂行されているかぎりその規範の正当性もさしあたって問題のないものとみなされていることになる。だが、ある文脈において妥当性に疑いが生じると、コミュニケーションの流れは一時的に中断される。妥当請求を掲げられた相手がそれに納得しないときには、「なぜ〜すべきなのか」、「〜すべきであると言うことはなぜ正しいのか」についての討議が必要となる。そこでさまざまな理由が提示され吟味されることによって、より正しいとみなされた理由が新たな妥当請求の根拠とならねばならない。

　ある規範の妥当性を討議の対象とする、ということは、その規範が正しいかどうかを未決定の状態におくことである。この未決定状態、いわば「仮説的態度」が、討議を特殊なコミュニケーションたらしめている。討議の参加者は、ある妥当請求についての自身の解釈を防衛するという状態から、他者の批判に対して開かれた状態へと身を移す。そして、参加者が論じ合うなか

ではじめて、ある規範が承認するに値するかどうかが決まるのである。こうして、討議の参加者は、通常のコミュニケーションより一段深い、理由の競合の場へと身を移す。

討議倫理学の形式

　討議においてその正当性が争われる「理由」には、少なくとも、人にそれをもっともなものとして納得させるだけの力が備わっていなければならない。では、理由のもっともらしさとは何か。複数の対立・競合する理由のうちで、どれがより正しい理由であるのか。多くの異なる利害が交錯し、物理的強制力が多かれ少なかれ入り混じるような状況に依存して成立するさまざまな合意の中から、純粋に理性的合意であると言いうるものをどのように区別すればよいのか。

　こうした問題への回答は、討議の「手続き」の分析によって求められることになる。ハーバーマスは、討議プロセスの理想的形態を先取りして描写することによって、わたしたちが実際に討議をするときに人を納得させる究極の条件が何であるかを提示する。

　討議による理想的な合意形成というものがあるとすれば、それは争点とされた妥当性について、すべての人の賛同を得ることができる、ということになる。現実には、特定の時間や場所で討議に携わることのできる人間は限られており、そこでの賛否を手がかりにしてわたしたちは争点とされた妥当請求をチェックすることができるにすぎない。しかし、この理想的な合意の想定は、あらゆる討議においてわたしたちが必ず従わなければならない条件を明らかにする。すなわち、討議において掲げられる「理由」は、あらゆる批判に耐えうる、という主張を最低限、前提していなければならない。

　ある規範に影響を受けるすべての当事者は、だれにも妨害されることなく、対等の立場で討議に参加し意見を表明する資格をもつ。ハーバーマスは、これを討議倫理学の第一の原則として掲げている。だが、理想的な合意の条件は、ただ自己の利益を追求するチャンスが討議において平等に分配されてい

るということとは異なる。ある決定によってたとえ自分が不利益をこうむる立場になったとしてもそれを受容する理由は何か、すべての人にとって受け容れることのできる理由は何か。これこそが討議において追求されるものである。したがって、討議においてめざされるべき合意の条件には、（だれもが受け容れうるという）普遍化の原則が加えられることになる。

　ハーバーマスは以上の原則を満たす討議を「理想的発話状況」として措定するが、これは、文字通り討議のめざされるべき理想の姿を示すものであると同時に、個別の討議において主張される「理由」が吟味されるときにパスしなければならないテストとしての強い拘束力をもっている。このことがとくに重要である。理想的発話状況は、合意のなされた規範が暴力なしに従われるための、討議の根本的なルールを示すのである。

　理想的発話状況のもとで達成される合意のすべては、理性的合意として妥当しうる。批判的吟味による試行錯誤を通じた討議が、理想的合意への接近を実際に志向するかぎりで、理想的発話状況を先取りした構想は、実際に合意を得た規範に、理性的（合理的）道徳という名前を結びつけることを保証する。

討議倫理学の課題

　さて、ハーバーマスの提起する討議倫理学の基本的な主張を見たが、これらに内在する根本的問題をめぐって、哲学者の間で議論が交わされている。わたしたちが発展的に考えるヒントとしてその一つを紹介したい。

　倫理学の根本に関わるものとして、討議の参加者としての資格が問題となる。理想的発話状況が規定している、討議に参加可能なすべての当事者とは、発話能力をもつすべての存在者と同義であることになる。討議倫理学は主体を定義するさいに、語り行為する能力を前提する。もちろん、発話能力というのは、話すことや書くことによる意思表示の行為だけに包摂されるものではないが、それでも、こうした能力をもたない者は合意の影響を受けながらも討議からは排除されてしまう可能性がある。

また、生物学上のヒトと倫理的主体とは必ずしも一致しない。これはもっぱら生命倫理の問題とリンクしている。さらに、まだこの世界に存在しない者、すなわち未来世代の人間も現在の決定の影響を受ける可能性があるが、討議からは排除されている。こちらは世代間倫理の領域に関連するだろう。討議倫理学は、このような課題に応答しながら理論を補強し、その普遍妥当性を拡充していく必要がある。

　こうした人々の意見を実際の討議の中に反映することはいかにして可能となるのであろうか。ハーバーマスにとって、討議は実際に行われてはじめて規範が正当化される不可欠の条件を成している。これに対して、たとえば、カール・オットー・アーペルは、実際の討議の代わりに声なき者の意思を代弁する「思考実験」の可能性に言及している。

　とはいえ、解決すべき課題を含みつつも、討議倫理学は、やはり近代の理念の追求に不可欠な条件として位置づけられる。討議という方法は、ほかならぬ「わたし」自身が主体的に構成する社会という考え方を可能にする。あらゆる公共的決定が討議の原理にもとづいてなされるとすれば、わたしたちは、そこではじめて、自分の従うルールを自分で決めるという自己決定の自由を経験することができるであろう。そして、その決定について「なぜそれを選んだのか」の説明責任の重みというものも、わたしたちは身をもって知ることになるであろう。討議倫理学は近代啓蒙の原点に立ち戻って、その理念を継承し発展させる試みなのである。

参考文献

カント（篠田英雄訳）『啓蒙とは何か』岩波文庫、1950年
　表題論文（1784年）は近代啓蒙の理念を簡潔に説いたもの。啓蒙の精神を未成年状態からの脱却にたとえ、人々の自律を促す啓蒙書。

マックス・ヴェーバー（尾高邦雄訳）『職業としての学問』岩波文庫、1936年

1919年の講演。客観的な事実の認識を道徳から厳格に区別し、学問が特定の価値判断から自由である必要を説く。

マックス・ヴェーバー（脇圭平訳）『職業としての政治』岩波文庫、1980年
同じく、1919年の講演。政治的行為は、動機によって評価されるものではなく、結果責任を問う「責任倫理」の対象であると説く。

ユルゲン・ハーバーマス（細谷貞雄、山田正行訳）『公共性の構造転換（第2版）』未来社、1994年
原書は1962年、新版は1990年。ヨーロッパ近代社会における市民的公共圏の成立史を記述。現代大衆民主主義の批判に至る。

J. ハーバーマス（三島憲一編訳）『近代――未完のプロジェクト』岩波現代文庫、2000年
1981～1993年の間に書かれた小論を収録。本章に関係の深いものとしては表題論文「近代――未完のプロジェクト」。

ユルゲン・ハーバマス（森元孝、干川剛史訳）『意識論から言語論へ――社会学の言語論的基礎に関する講義（1970/1971）』マルジュ社、1990年
原書は1984年。ハーバーマスの大著『コミュニケイション的行為の理論』を理解するための予備的考察を提供する短い論説。

ユルゲン・ハーバーマス（清水多吉、朝倉輝一訳）『討議倫理』法政大学出版局、2005年
原書は1991年。長大なものの多いハーバーマスの作品群の中で、討議倫理学の構想が比較的コンパクトにまとめられているもの。

中岡成文『ハーバーマス――コミュニケーション行為』講談社、1995年
多くの論争を経て形成されたハーバーマスの思想の全体像と、現代思想における位置づけがわかる、コンパクトで密度の高い入門書。

入江幸男、霜田求編『コミュニケーション理論の射程』ナカニシヤ出版、2000年
討議倫理学をはじめ、コミュニケーション理論を軸とする哲学を幅広く紹介する一冊。関連諸領域への理論の応用可能性を探求する。

朝倉輝一『討議倫理学の意義と可能性』法政大学出版局、2003年

討議倫理学の形成過程を丹念に解説。そして医療倫理、正義とケアの問題といった現代倫理学の重要な問いに討議倫理の観点を導入する。

（佐藤真之）

第8章
正義論

第1節　正義とは何か

正義と「正義の味方」

　かつて子供向けのテレビ番組が「正義の味方」に満ちあふれていた時代があった。怪獣を怪光線で焼き殺したり、悪人を蹴り殺したりするのが仕事だった。

　彼らは正義そのものではなく、あくまで正義の「味方」だった。正義に味方するというふれこみがなければ、彼らのやっていることはただの乱暴者と変わらない。彼らの「正しさ」は、彼らが味方する正義に左右される。これに対して正義そのものは、あるいはその正しさは、実際に何人の味方に守られているかに左右されることはない。つまり正義の正しさの根拠は、味方の数とは別のところに求められなければならない。正義あってこその正義の味方であり、その逆ではないのである。

　社会の決まりにも同じことがいえる。なんとなく昔からある決まりでも、あらためて国が制定した決まりでも、社会の決まりはその時々の多数派の意見に大きく影響される。しかし、多くの人々に支持されている意見が必ずしも正しいとは限らない。多数派の私利私欲を満たすためだけに作られた決まりは、たとえどんなに多くの人々に支持されても、正義にもとるという批判を免れないだろう。多数決は民主主義の社会を運営するために欠かせない道具だが、多数決そのものは正義の決め手にはならない。

　またテレビでは、正義の味方は強いもの、つまり暴力に秀でているものと

相場が決まっている。しかし暴力の強弱も正義の根拠にはなりえないだろう。たまにウルトラマンが怪獣に敗れるからといって、たまに怪獣がウルトラマンに代わって正義の味方になるわけではない。裏を返せば、ウルトラマンがほぼ毎回怪獣に勝つからといって、ほぼ確実に正義の味方であるという証明にはならない。この点社会も同様である。国際社会に軍事的影響力を行使できない国が必ずしも正義にもとるとは限らないし、どこと戦争をしても勝てる超大国が必ずしも正義の味方だという保証はない。

　味方の数も力もあてにならないとすると、正義と不正義を見分ける基準はいったいどこに求めたらよいのだろうか。

相対主義の可能性

　じつのところ、表向きは正義を振りかざしながら、裏では数や暴力に頼って相手を圧倒しようとする人々（国々）は跡を絶たない。そこでは、それぞれ好き勝手なことが正義の名において主張されているようにもみえる。こうした実情を目の当たりにして、だれもが納得できる正不正の基準など存在しないのではないか、と考えた人々もいた。このような立場を相対主義という。相対主義にはおもに二つの形がある。一つは、正義は存在しないという立場であり、もう一つは、たとえ存在していても見分けられないという立場である。

　前者の歴史は長い。すでにプラトンの作品には、正義の存在を認めない人物が時々登場する。彼らはみな、法は正義を追求するようにみえて「じつは」多数派を占める弱者の自己防衛の道具にすぎないとか（『ゴルギアス』のカリクレス）、反対に正義とは「じつは」強者の利益になることの言い換えにすぎないとか（『国家』のトラシュマコス）、正義の「化けの皮をはいで」何か別のものに還元しようとする。近代に入り、西欧市民社会のキリスト教的な善悪の尺度を「じつは」弱者の逆恨み（ルサンチマン）の産物にすぎないとして厳しく批判したニーチェ（第Ⅰ部第4章参照）の思想も、厳密な相対主義かどうかはともかく、こういう観点から理解できるだろう。

後者は不可知論とも言われ、やはり長い歴史をもつが、ここではいわゆる法実証主義の旗手として20世紀の法学に大きな影響を与えたケルゼンを挙げておく。法実証主義とは要するに、法の解釈に倫理の問題をもち込むなという立場である。ある法律の「正しさ」は整合性（条文同士の間に矛盾はないか、また他の法律、とくに憲法と矛盾しないか）のみによって量られるべきで、そこに勝手な価値判断を加えてはならないという。
　よく、法は正義にもとづくべきだと言われるが、ケルゼンに言わせるとこれほど安易で危険な主張はない。古来無数の倫理学者たちが正義の基準を論じてきたが、一人として満足な基準を示すのに成功したものはない。そんな不確かな基準を法律論議にもち込んでは、法律学は学問としてやっていけないとケルゼンは考える。このようにケルゼンの法実証主義は、正義についての強烈な不可知論に支えられている。
　この理屈では、徹底的な人種差別や思想統制を意図したナチスの法体系なども全体として辻褄が合わせてあれば「正しい」とされそうだが、ケルゼンはそうは考えない。何が本当に「正しい」か分からないからこそ、だれもが自由にものを考え、生きたいように生きる権利を（他人の同様の権利を侵さない限りで）もつはずであり、勝手な価値観にもとづいて人々からこうした権利を奪おうとする法・政治体制は望ましくないという。こうしてケルゼンは、自由を最大限尊重する（はずの）民主主義体制の熱烈な擁護者となる。

正義の基準を求めて
　相対主義にきちんと反論するのは容易ではないが、一つだけ指摘しておこう。正義が私利私欲の隠れ蓑に利用されるのは、そもそも私利私欲があからさまにできないものだからである。どんなに利己的な人々（国々）でも、ふつう「わたし（わが国）は私利私欲を暴力で押し通そうとしています」とは宣言しない。たとえ実際には暴力に頼っていても、彼らは必ず、自らの行いが正義にかなっていると「見せかけ」ようとするだろう。
　これは、意見や利害の対立はむき出しの暴力だけでは解決できないことを、

じつはだれもが知っているからである。暴力はいつも、納得しない相手を納得しないままの状態で無理矢理動かすためにふるわれる。そこで相手から得られるのは、せいぜい脅迫による瞬間的な同意で、納得ずくの継続的な同意ではない。つまり暴力だけに頼るかぎり、相手との対立は理論上永遠に残る（相手を全滅させてしまえば別だが）。

　人（国）同士の関係であれ、政府と国民の関係であれ、納得ずくの協力関係を築くためには、対立を調停するためのだれもが納得する「正しい」基準を探す（少なくとも、探しているように見せかける）必要がある。暴力的な敵対関係をどちらかが全滅するまで続けようとするのでないかぎり、ひとは何が正しくて何が正しくないかという問題、つまり「正義」について、問わないわけにはいかなくなるのである。

　もちろん、現実の力関係にゆがめられた正義の基準が採用される危険はおおいにある。しかし、いくら相対主義者がそうした見せかけの正義の存在を指摘しても、見せかけでない正義が存在しないという証明はできない。また先のケルゼンの場合、不可知論を唱えながら、やはりそこから一種の正義の基準を導き出しているように思われる。不可知論を認めず一つの価値観を国民に押しつける国家体制と、不可知論を認めて多様な価値観の共存をめざす国家体制は、ケルゼンにとってけっして同じくらい望ましいものではないからである。

　正しい（あるいは「望ましい」）社会とそうでない社会を分ける基準としての正義、つまり社会正義の問題は、さまざまな立場の倫理学が取り上げてきた。こうしたなかで、メタ倫理学（第Ⅰ部第6章参照）が圧倒的に優勢な20世紀の英米圏では、社会正義についての実質的な議論はなかなか活発にならなかった。ところが1970年代、この状況がロールズの登場とともに一変する。

第2節　ロールズの社会正義論

功利主義との対決

　それまでの英米圏の伝統で、望ましい社会についての基準として広く認知されていたのは、何といっても功利主義である（第Ⅰ部第2章参照）。功利主義は社会制度の良し悪しを「最大多数の最大幸福」を実現するのに向いているかどうかで判断する。ロールズも自分自身の社会正義論を組み立てるうえで、この功利主義と真剣に取り組まざるをえなかった。

　ところで、人生の目的もそれを実現するために必要な手段もひとそれぞれ違うのに、どうやって「幸福」を割り出すのだろうか。ロールズは「社会的基本財」を尺度にすることを提案する。

　世の中にはどんな人生計画をもとうと、だれもが必ず求めざるをえないもの（基本財）が存在する。生きるため欠かせない基本的権利、思い通りに生きるため欠かせない基本的自由、思い通りの地位や職業につく機会、計画を実行するため必要な経済力などがそれである。これらの「基本財」がどのくらい得られるかは、その社会の仕組み（基本構造）に左右される。だから「社会的」基本財と呼ばれるのである。一般に、ある社会である人が獲得する社会的基本財が多ければ多いほど、その人は「幸福」だと考えられる。

　これに従えば、功利主義とは、できるだけ多くの人々にできるだけ多くの社会的基本財を獲得させるような社会の仕組み＝基本構造を望ましいとする立場である。そしてこの「できるだけ多く」をどう解釈するかで、功利主義は二つに区分される。一つは、社会にある基本財の総量を重視する立場であり、もう一つはむしろ、その社会で一人あたりが獲得する基本財の平均値（平均効用）を重視する立場である。

　二つを単純に比較すれば後者のほうが優れているようにみえる。前者では、たとえば同じ総量100の基本財を100人で分けている社会と10000人で分けている社会はうまく比べられない。しかしロールズによると、後者の平均効用

重視型の功利主義すら、社会正義の基準にはなりえないという。基本財が社会構成員の間に比較的平等に行き渡っている社会と、一握りの特権階級に独占されている社会の違いは、一人あたりの平均をとって比べても分からない。功利主義は、人々の間に生じる不平等の問題をうまく扱えないのである。

正義の二原理

　同じ社会的基本財を尺度として採用しながら、ロールズは功利主義に替えて、次のような独自の社会正義の基準を提案する。これは二つの基準の組み合わせで表されていることから、一般に「正義の二原理」と呼ばれている。

1. だれもが平等な基本的自由を求める権利をもつ。その自由は、他のすべての人々の同様の自由と両立する限りで、できるだけ広い範囲にわたるものでなければならない。
2. 社会的・経済的不平等は、以下の二つの条件を満たしていなければならない。
    (a) だれに対しても開かれている役職や地位に伴うものであること。ただし、公正な機会均等が保証されていることが前提である。
    (b) その社会で最も不利な境遇に置かれた構成員に、最大の便益をもたらすこと。

　両者はただ並べられているのではない。ロールズによれば、原理1は原理2に絶対的に優先する。社会的基本財の中でも基本的自由は別格で、それ以外の基本財、たとえば社会的便益や経済効率と引き換えに犠牲にすることが許されない。いくら結果的に経済成長や生活水準の向上をもたらしても、基本的自由を尊重しない独裁政治はけっして正義にかなっているとはいえないだろう。ここはロールズ自身認めるように、他の目的（利益）のために相対化することを許されない無条件の義務の存在を説いたカントの影響が大きい（第Ⅰ部第1章参照）。基本的自由はだれにも無条件で平等に保証されなけれ

ばならないのである。

　原理1が平等（な基本的自由）を扱ったのに対し、原理2は不平等の問題を扱う。そもそも一つのケーキを分けるときのように、分け方をどう工夫しても総量が変化しないなら、同じ大きさに切り分けるのが一番である。しかしたいていの社会的基本財は、ケーキと違い、社会の仕組みによって質量とも大きく変動するようになっている。たとえばだれでも勝手に医者になれる社会より、選ばれて専門教育を受けた人だけがなれる社会のほうが、医師免許の配分は不平等でも、医療サービスという基本財は格段に充実するだろう。このように、社会の仕組みにある種の不平等を認めれば、基本財の産出力が向上する場合もある。

　不平等は、おもに職業や地位で決まる。たとえば医師という職業には、比較的高額の診療報酬に加え、医師にしか許されない権限（必要なら外科手術を施す、劇薬を投与する、など）が伴う。また大企業の部長という地位には、比較的高額の役員手当に加え、部長にしか許されない権限（部下の勤務評定を下す、など）が伴う。こうした職業や地位はだれにでも開かれていなければならない、というのが原理2の前半部(a)の主張である。それにつきたいと望むすべての人々に、他の希望者との競争に参加する機会が均等に与えられなければならない。職業や地位が性別や人種や家柄で決まってしまう社会は、この点で正義にかなわない。

　もちろん、万人に参加資格を与えるだけでは十分ではなく、競争そのものが「公正（フェア）に」行われる必要がある。医学部の受験資格が均等に与えられても、特殊な受験対策のため多額の費用がかかるなら、また合格しても多額の学費がかかるなら、実質的には裕福な家庭の出身者しか医師になる機会はないだろう。そのような競争は形だけ見ればだれにでも開かれているようだが、けっしてフェアではない。

　ロールズが「公正な機会均等」の保証にこだわるのはこのためである。あらゆる社会は、特定の職業や地位をめぐる競争に、望むならだれでも、しかもフェアな条件で参加できるような仕組みを整える必要があるとロールズは

言う。自分の才能を伸ばしてくれる有利な境遇に「たまたま」生まれついた人々しか競争に勝てない仕組み、そして「たまたま」不利な境遇に生まれた人々が思うように才能を伸ばせず、社会の底辺に追いやられてしまうような仕組みになっていたら、そうした社会は正義にかなっているとはいえないのである。

　原理2の後半部(b)は、その内容から「格差原理」とも呼ばれている。たとえ公正な機会均等が実現されても、競争に有利な条件の持ち主たちと、そういう条件に恵まれない人々の間には、やはり競争の結果に応じて収入その他の「格差」がつくことになる。社会の仕組みによっては、「有能な」人々が際限なく多くの社会的基本財を獲得していく一方、そうでない人々が基本財の極度の不足に苦しむような、極端な格差も生じうる。

　ロールズによると、社会的・経済的格差＝不平等が正当化されるのは、その社会の中で最も不利な境遇に置かれた人々に最大限の便益をもたらす場合、つまり他のどういう仕組みの社会でも彼らがそれ以上の便益を得られない場合に限られる。格差が許される唯一の基準は、社会全体の基本財の総量でも、一人当たりの平均獲得量でもない(「功利主義との対決」参照)。格差関係の中で最も不遇な位置を占めている人たち自身が、そういう関係(をもたらす社会の仕組み)を積極的に選び取ると考えられるかどうかが基準になるのである。

「原初状態」と「無知のヴェール」

　ロールズはいろいろな角度から議論を進め、正義の二原理に説得力をもたせようとする。なかでも有名なのが、いわゆる社会契約説(第Ⅰ部第3章参照)の手法を生かした議論である。

　自分たちの社会の仕組みをどのような原理原則に従って整えていくか、今からみんなで選ぶとしよう。この仮定された状況を「原初状態」と呼ぶことにする。さらにロールズは、原初状態で社会の原則を選ぼうとしている人々には「無知のヴェール」がかかっていると想定する。これから選ぶ原理によってどういう社会ができあがるかについては、だれもがかなり具体的なところ

まで知っている。しかし、できあがった社会のどの辺りに自分が位置することになるかは知らないというのである。自分が男性か女性か、白人か黒人かアジア系か、どの宗教の信者か、どんな才能があるか、両親がどの程度裕福か、原初状態にいる人にはまったく知らされない。

　自分の個人的な境遇についての情報が「無知のヴェール」によって遮断されたこのような状況では、ひとは必ず、どのような境遇に生まれ育ってもそれなりに満足できるような仕組みの社会を選ぼうとする。具体的には、性別や人種や宗教によって差別されない社会、どんな境遇に生まれても才能を伸ばす（形式的でなく実質的な）機会が保証される社会、そしてたとえ特殊な才能に恵まれなくても「才能ある」人々の苛烈な権益追求の犠牲になる危険がない社会が選ばれるだろう。このような社会の仕組みを作るのに一番適しているのは、正義の二原理である。したがって、原初状態では二原理が満場一致で選ばれることになるとロールズは主張する。

　ひとの才能というのは文字通り「恵まれた」もの、つまり当人の努力と関係なく「たまたま」与えられたものといえる。だからその才能を濫用し、たまたま才能に恵まれなかった隣人を犠牲にして無制限に肥え太る権限はだれにもない。原初状態と無知のヴェールのもとでは、ほかならぬ自分自身が、そうした無制限の権益追求の犠牲者の立場に身を置いて考えざるをえなくなるから、このことはいっそうはっきりする。しかしこうした議論の進め方は、さまざまな、ロールズに必ずしも好意的ではない論議を巻き起こした。次節ではロールズに刺激されて登場したそうした批判的な立場のうち、二つを紹介する。

第3節　批判と応答

自由至上主義の立場から

　一つ目は自由至上主義（リバタリアニズム）と呼ばれる立場である。この立場もロールズと同じく基本的自由を重視するが、その内容は大きく異なっ

ている。ここでは最も代表的な自由至上主義の論客であるノージックの意見を紹介しておこう。

　ノージックによれば、自由とは何よりもまず身体の自由である。ひとは自分の身体を思うように扱う自由をもっていて、この自由は（他人の同様の自由を傷つけないかぎり）絶対に尊重されなければならず、どんな一見もっともな理由（たとえば社会的・経済的便益）をつけても侵すことは許されない。ここまでのノージックの主張は、ロールズの原理1に通じるものが多いようにみえる。しかし問題はここからである。

　ノージックはこの身体の自由を起点に、ひとが自分の身体を用いて獲得したものは、すべて（獲得過程で他人の自由を侵していないかぎり）その人の正当な所有物（財産）だと考える。つまり身体の自由のみならず、その延長としての所有権＝財産権も絶対なのである。国家の存在意義は、何よりもこうした個人の財産の保護にあり、たとえば財産の一部を再び吸い上げて「恵まれない人々」に再分配する権利はない。こうしてノージックは、ロールズの原理2を私有財産への、ひいては自由への不当な介入として全面否定する。ここにはモノに対する所有権が身体による「労働の投下」を通じて発生すると考え、国家設立の目的をこの所有権の保護に見ようとした、ロックの影響が大きい（第Ⅰ部第3章参照）。

　こうしてノージックは、国家による比較的大がかりな福祉政策の必要性を認めていたロールズに対し、自由の障害を取り払うことのみを目的とする「小さな政府」のほうが正義にかなうと主張する。この考えは、自由放任の市場経済を好む経済学者たちからも、別の理由で支持された。たとえばハイエクは、意図的かつ強権的に計画された秩序（たとえば社会主義政権下の計画経済）よりも、人々の試行錯誤から自然発生的に形成された「自生的秩序」（たとえば資本主義市場）のほうが遥かに機能的・効率的だという主張を通じて、社会正義論としての自由至上主義に実利主義的なてこ入れを施すことになった。

共同体主義の立場から

　二つ目は、共同体主義（コミュニタリアニズム）と呼ばれる立場からの批判である。この立場は内容的に次章の「徳倫理学」と重なりがちなので、詳しい扱いはそちらに譲る（第Ⅰ部第9章参照）。ここでは共同体主義者たちの中でも、はっきり名指しでロールズを批判したサンデルの主張を紹介しておく。

　サンデルはとりわけ、ロールズの議論の非現実性を強調する。そもそも、ひとは必ず何らかの共同体（コミュニティ）に「居場所を与えられた自我」として、共同体内の価値観や伝統に応じて、その人固有の人格を形成していく。だから共同体のしがらみを離れた裸の個人など存在しない。ところがロールズのいう原初状態は、まさにこのありえないもの（サンデルは「何も背負っていない自我＝負荷なき自我」と呼ぶ）を前提しているという。

　「無知のヴェール」によって自分自身の境遇についての情報を根こそぎ遮断されたら、つまり「何も背負っていなかったら」、ひとは正義の原理を選択するどころか、何かを選択する能力そのものを奪われてしまうとサンデルは考える。というのも、共同体の中で何か特定の境遇を背負っていてこそ、そこに初めて何かを選ぶ動機も生まれるのであって、何も背負っていない原初状態では動機が生まれないから何も選べない。だから原初状態の当事者は、じつは何かを本当に自ら選んでいるのではなく、自分本来の関心から離れた「正義の二原理」という選択肢を、巧みな情報統制によって押しつけられているにすぎないという。

　一般に共同体主義は、共同体の枠を越えて普遍的に通用する正義の基準など存在しないか、あっても十分に根拠づけられないという、きわめて相対主義的な立場から議論を進めることが多い。だから共同体とは、いわば種の異なる生物のように、歴史的・文化的背景に応じてさまざまな形をとるのが当然と考えられている。それをロールズのように「普遍的な」基準を引き合いに出して評価しようとすれば、各共同体の「生きた」特殊性を一つの同じ鋳型に押し込めて殺しかねないというのである。この点だけ見れば、かつてカントの義務論的倫理学に「生の哲学」から寄せられた批判（第Ⅰ部第4章参照）

にも似ている。

　こうした事情から、サンデルも倫理学（それをそもそも「倫理学」と呼んでよいなら）の役割を、それぞれの共同体の伝統的価値観（共通善）を掘り起こしてはっきりさせ、その共同体の構成員が取るべき「生き方」を歴史的・文化的背景に応じて再構成することに限定する。共同体主義の倫理は、無条件の義務ではなく、特定の共同体の一員として時と場合に応じて求められる「公共の責務」のみを語ることになるのである。

残された課題

　これらの批判がロールズのその後の思索にどう生かされたか、簡単ではあるが最後に見ておくことにしよう。

　ノージックの批判は、とくに「格差原理」に集中していた。そこでは格差原理は、ひとが正当な生産活動や納得ずくの取引によって獲得した財産を強権的に没収し、そのつど「貧民」にばらまくような政策として描かれる。これはロールズによれば、ひどい曲解である。正義の二原理は、あくまで社会の仕組み＝基本構造を決める基準であって、人々の活動への個別的介入が目的ではない。したがって格差原理も、すでに獲得された財産を直接どうこうするためではなく、むしろ「財産」の獲得される仕組みそのものを評価・修正するための基準と考える必要がある。

　じつはノージックの主張する絶対的な所有・財産権は、自分の身体を自分の所有する「財産」として自由に処分できる権利（自己所有権）の延長線上に初めて成り立つ。しかしこの自己所有権も、ノージックやほかの多くの自由至上主義者が考えるほど自明ではない。ひとの身体から当人が嫌がっているのに無理矢理腎臓を摘出して売り払えばたしかに不正だが、だからといって当人に自分の腎臓を売り払う権利（自由）があるとは必ずしも結論できない。

　ロールズが一見ノージックと似た仕方で身体の自由を擁護するのは（原理1）、むしろ身体と人格がきわめて特殊な形で結びついていて、身体への干渉

が人格の侵害に直結すると考えているからだろう。しかし「所有物」一般をこれと同じ論理で見る必要はない。だから社会の仕組みを調整して財産の取得・拡張に一定の制約を課すことは（原理2）、ロールズの立場からすれば、自由至上主義者の言うような権利侵害には必ずしも結びつかない。

　さて自由至上主義、とくにノージックのそれとは、社会正義論という同じ土俵で正面からぶつかり合い、どちらの基準に普遍性があるか明らかにすればよかった。これに対して共同体主義は、この土俵そのものを否定し、普遍的な正義の基準を求めること自体を拒絶することが多い。相手に正義の基準を選択する気がそもそもないのだから、原初状態や無知のヴェールといった想定も、共同体主義者を説得するのには使いにくい。

　こうした事情から、後半生のロールズは、これらの想定になるべく頼らずに正義の二原理に説得力を与えるため「重なり合う合意」という考えを強調した。現代は多くの思想、宗教、価値観がせめぎ合う多元的な世界だが、それでも多くの民主的な政体の間には、そうした違いを越えて「重なり合う」共通見解＝合意がすでに成立しているとロールズは指摘する。具体的には、多くの国の憲法で認められた基本的人権についての考えなどがそれにあたる。正義の二原理はこうした合意を共有した共同体ならどこであれ、たとえ原初状態などの特殊な想定を受け入れなくても、無理なく支持されるはずだとロールズは言う。

　では、これらの想定はいらなくなったのかというと、そうではない。正義の問題には、世界各地に残る人権侵害や、国や地域ごとの生活水準の格差といった、国と国の枠を越えた取り組みが求められるものもある。ロールズはこうした問題意識を受け、晩年になってからそれまでの（一社会の内部の問題に的を絞った）自説をいわば拡張し、正義にかなう国際関係の基準を提示しようとした。そこでは再び「原初状態」と「無知のヴェール」を頼りに、どのような社会の代表者にも歴史的・文化的背景の違いにかかわりなく満場一致で選ばれるであろう「万民の法」が導き出されるのである。

　近年ではロールズの正義論を、本人とは別の仕方で国際社会の倫理基準と

して応用しようとする試みすら見られる。たとえば格差原理を国家間の経済格差問題に直接適用して、国際市場における自由競争の拡大に一定の歯止めを設けたり、いわゆる最貧国に対する国際支援義務を導き出したりしようとする議論（ロールズ自身はこれに慎重であった）などがそれである。このようにロールズの正義論は、ときには当人の思惑を越えた共感や批判を呼ぶことで、正義が問題にされるさまざまな領域への関心をかきたてた。今後その遺産を個々の問題領域でどう生かすかは、わたしたち一人ひとりに残された課題といえるだろう。

参考文献

ロールズ（矢島鈞次監訳）『正義論』紀伊國屋書店、1979年
　主著の邦訳。必ずしも読み易くない大著を初めて日本語に直した功績は少なくないが、高価なうえに訳語訳文とも問題が多く、新訳が待ち望まれている。

ロールズほか（松田、中島訳）『人権について』みすず書房、1998年
　正義にかなう国際関係について発言した講演『万民の法』を収録。これをふくらませた同名の単行本も存在するが、未訳。

ロールズ（ケリー編、田中ほか訳）『公正としての正義　再説』岩波書店、2004年
　生前最後の著作。本章で紹介した正義の二原理は、ロールズ自身がこの本で行った修正をふまえたうえ、内容を損なわない範囲で簡略化したものである。

川本隆史『ロールズ――正義の原理』〈現代思想の冒険者たち〉、講談社、1997年
　基本事項をもれなく、しかもかなり平易に解説してくれている達意の入門書。なお、本章の専門用語の訳は川本案に負うところが大きい。

クカサス、ペティット（山田、嶋津訳）『ロールズ――「正義論」とその批判者たち』勁草書房、1996年
　さまざまな立場からのロールズ批判の試みや、それをふまえた『正義論』以後のロールズの思想の変化をうまくまとめてある。肝心な箇所の訳文が少し読みにく

いのは残念。

ノージック（嶋津格訳）『アナーキー・国家・ユートピア』木鐸社、2002年（合本版）
　自由至上主義（リバタリアニズム）を宣言した記念碑的著作。全体の構成にややまとまりを欠くものの、流暢な文章と巧みなたとえ話で読者を飽きさせない。

森村進『自由はどこまで可能か』講談社現代新書、2001年
　大胆な「国家最小化論」を展開している、日本における代表的な自由至上主義者（リバタリアン）が書いた入門書。すこぶる挑発的な議論が多く、いろいろな意味で面白い。

森村進編『リバタリアニズム読本』勁草書房、2005年
　拾い読みに便利な一冊。さまざまな主題についての典型的あるいは代表的な自由至上主義者たちの考えが一目で分かる。

菊池理夫『現代のコミュニタリアニズムと「第三の道」』風行社、2004年
　見渡しにくい現代アメリカの共同体主義者（コミュニタリアン）たちの主張を、思想家ごとの細かい違いまで詳しくまとめてあって便利。

佐伯啓思『現代日本のリベラリズム』講談社、1997年
　行き過ぎの自由主義（リベラリズム）を日本社会堕落の元凶として激しく批判、「公共性」の復権を提唱する。問題点も含めて、和製共同体主義者の典型的主張を知るのに最適。

藤原保信『自由主義の再検討』岩波新書、1993年
　自由主義の成り立ちを歴史的にたどりながら、その行き詰まりを共同体主義によって打開しようとする。初学者への配慮が行き届いた平易な一冊。

（吉田量彦）

第 9 章
徳倫理学

第 1 節　徳倫理学の端緒

徳が問われる場

　「あの人は立派だ」「それは善い行いだ」とわたしたちは他者とその行為について日常的に評価する。そのような評価をせずして、わたしたちは他者と関わっていくことはできない。一方、わたしたちはみな、そのような評価に値する「立派な」人になりたい、「善い」行いをしたいと思っている。西洋倫理学は、そのような「立派さ」や「善さ」を伝統的に「徳（virtue）」と呼んできた。つまり、立派な人は「徳ある人」であり、善い行いは「徳ある行為」なのである。

　しかし、「立派な人とはどのような人なのか」「善い行いとはどのような行いなのか」と問うものなら、たちまち多くの答えが返ってくることだろう。つまり「徳とは何か」という問いに対する答えはさまざまである。では、そこに何か共有すべき答えがあるのだろうか。もしそのような答えがあるならば、それは、わたしたちがいかに生きるべきかを示す指針になるであろう。

　このように徳について考えることは、義務論（第Ⅰ部第 1 章参照）が登場するまで西洋倫理学の中心課題であった。つまり、人間の生き方について考える倫理学は、長きに渡って実質的には徳について考える徳倫理学だったのである。ここでは、古典的かつ原理的思想の一つとして、徳倫理学を取り上げてみたい。それはソクラテスに始まり、アリストテレスにおいて確立し、現代にまた新たな形で復活している。以上のような歴史的変遷を軸にして、徳

倫理学の形成と展開をたどることにしよう。

原点としてのソクラテス
　ソクラテスが西洋倫理思想における原点であり、プラトンがその対話篇で報告する彼の生き方こそわたしたちがつねにそこへ立ち返るべき原点であることはだれも否定できない。その原点としてわたしたちが最初に想起すべきソクラテスの言葉は、「魂に配慮せよ」ということであった。それは『ソクラテスの弁明』の中で彼がアテナイ市民に問いかけた言葉である。ソクラテスによれば、徳とは、魂への配慮にほかならない。
　魂に配慮するとはどういうことであろうか。それは金を気にかけることではない。名誉を気にかけることでもない。もちろんそれらを気にかけること自体が批判されるべきというのではない。ソクラテスが批判するのは、それらを気にかけることによって、自らの魂のあり方を気にかけなくなってしまうことである。つまり名誉や金を気にかけるあまり、自分の知らない何か善いことについて「知っていると思う」という「思いちがい」は、自らの魂が善いあり方をするように配慮しないということであり、それゆえ最大の無知と言わざるをえない。
　だから「知らない」という単なる不知ならば何ら非難されるに値しない。非難されるべきは「知らないのに知っていると思う」ことであり、賞賛されるべきは「知らないことはその通り知らないと思う」ことである。この「不知の自覚」こそ、「無知の知」と通称されているものである（この通称は後世作られたものである）。
　ソクラテスは、けっして何も知らなかったのではない。彼は「不正はすべきではない」ということについては、『ソクラテスの弁明』の中で決然と知を表明しているし、その姉妹編と言うべき『クリトン』では、不正をすれば魂が傷つけられるとすら語っている。ゆえに、「魂への配慮」としての徳とは、魂の内面において、「知っていること」と「知らないこと」の違いに気づき、両者を厳格に区別する「人間並みの知恵」のことである。

人間がそのような知恵をもつ存在であるとすれば、徳について「知」という観点からソクラテスが厳しい要求を課したことも当然であったろう。プラトンがソクラテスとソフィストとの対話をリアルに描いた対話篇『プロタゴラス』において、ソクラテスはこのように言う。何か善いことを知りながら、快楽や苦痛に負けてそれを行わない、いわば「知っているのにできない」(「無抑制」と呼ばれる)ということは本来ありえない。善いことが「できない」のは、そもそもそれを「知らない」からにすぎない。
　たとえば、勇気が何であるか知りながら、勇気ある行為ができないということはありえない。かりに「勇気」が「恐れるべきものについての知」であるとするならば、真に恐れるべきもの——つまり悪しきこと——を知っていれば、人は、これを自らすすんでなすことなどありえず、必ず勇気をふるって善いことをなすはずである。しかしこの知を欠けば、恐れるべきでないものを恐れることになり、それは臆病という名の無知でしかない。だから、徳ある行為をするには、徳を知っていれば必要十分である。この意味で、徳は知なのである。

ソクラテスの継承者としてのプラトン
　しかし、そのような知は、神ならぬ人間にとっては、ほとんど実現不可能と言ってよい。徳が知ならば、それは教え学ぶことができるはずだから、徳の教師がいてよいはずだが、そんな人はいない。人間はそんな知に「憧れながら及ばない」存在なのである。
　その「及ばなさ」を作っているものは何か、ここでは二つ挙げることができる。
　第一に、それは魂の中にある「思いなし」であり、プラトンが対話篇『メノン』において問題にしたことであった。人間は「徳そのもの」を知ることは難しくても、「徳らしきもの」について思いをなすことはできる。勇気が何であるか知らなくとも、勇気がどのようなものであるかについて思いなしがあれば、人は「勇気あるらしき」行為をすることはできる。

しかしそれが本当に勇気ある行為であるという保証はない。それはちょうど目的地へ行く道筋をたまたま勘で当てたようなものであるから、別の機会には勘が外れて勇気なき行為をする可能性もあるし、また、それはつねに批判・吟味にさらされ、勇気なき行為であると判定される可能性もある。このように、ちょうど「縛りつけ」と表現されるような安定性・持続性を欠いているかぎり、それは勇気に関する知とはいえず、真なる思いなし、つまり暫定的な把握にとどまる。

第二に、それは魂の中の快楽や苦痛といった情念であり、プラトンの主著と言うべき対話篇『国家』において問題にされたことであった。プラトンは、人間の魂において、いかに情念が強烈な力をもっているか、そしてこれをどのようにして支配するかが人間にとってきわめて重要な問題であると考えた。ちょうど、人間の同じ手が弓を引きながら同時に押すことはできないから、右手で引き左手で押さえなければならないように、同じ魂が魂自身を同時に支配しかつ支配されることはできないから、人間の魂には、支配する部分（理性）と支配される部分（欲望）があると想定するほかはない。さらに、理性と欲望を媒介する中間の部分（気概）がある（「魂の三分説」と呼ばれる）。

この魂の三分説によれば、理性は徳について知り、この知にもとづいた命令を気概に伝えることによって、欲望を支配しようとするが、理性が徳が何であるか知らず、思いなすかあるいは暫定的に把握している段階にとどまっていれば、情念によって反乱を起こされ、負けてしまうことになる。プラトンはそのような状態を現実として認めている。

しかし、徳ある行為をするためには、徳を知っていれば必要十分であるというソクラテス以来の立場にはいささかの変更もない。なぜなら、理性が徳を知っていれば、欲望も気概も完全に統御できるはずであり、理性には知恵が、欲望には節制が、気概には勇気が宿っているはずだからである。このとき、魂の中において内乱が生じるはずはなく、調和が生じているはずである。このときにプラトンは知恵、節制、勇気という三つの徳が正義という徳をなしていると考える（これらは「四元徳」と総称される）。

ではそうした知恵を保証する究極の根拠は何か。それを知れば、理性が気概と欲望を完全に統御し、人に必ず善き行為をさせるところのもの、それこそがプラトン言うところの「学ぶべき最大のもの」、すなわち善のイデアである。

ただし、『国家』における「魂の三分説」が、たんに魂の内側における支配という観点だけでなく、国家における支配という共同体的観点からも考えられていることに注意すべきである。国家において、理性に類比される者は哲学者であり、気概に類比される者は軍人であり、欲望に類比される者は庶民であるから、哲学者による軍人と庶民の支配が崩れたとき、魂と同様、国家においても、あの最も災いの大きい内乱が生じるのである。ゆえに、善のイデアとは、人間の魂の中でのレベルにとどまるのではなく、つまり国家レベルでの徳を実現する根拠であり、したがって、治国の術でもあったことを忘れるべきではない。

第2節　徳倫理学の確立——アリストテレス倫理学

善の多義性

わたしたちが「徳倫理」と呼ぶべきものの原点がソクラテスであるとしたら、「徳倫理学」と呼ぶべきものを確立したのはアリストテレスである。彼の強い学問的意識とその方法への自覚は『ニコマコス倫理学』において明確に読み取られるのであり、それゆえ、肯定されるにせよ否定されるにせよ、西洋倫理学の基礎となっている。

では、アリストテレスの学問的意識と方法への自覚とは何か。それはまず、学問のあり方は、対象のあり方によって規定されるということである。倫理、広く言って人間の行為・実践についての探求は、存在や自然や神についての理論的な探求とは、その対象を異にするから、学問として厳格に区別されるべきである。前者の対象は「他の仕方でありうるもの」と呼ばれ、後者の対象は「他の仕方ではありえないもの」と呼ばれる。

「他の仕方でありうるもの」とは、要するに、数学のように答えが一つに決まるものではなく、さまざまな可能性を含むものである。『ニコマコス倫理学』が次のような事実の確認から始まることに注目してみよう。だれもが善いことを求める。人間の営みは、技術であれ、研究であれ、必ず善を求める。しかし、善が人それぞれであることもまた事実である。善は、プラトンが考えた善のイデアのように一つではないし、個々の人間の個々の営みから遊離したものでもない。善は、人間が求める目的であるが、個別的で多様な諸目的であることがわたしたちにとって明らかな経験的事実である。

徳と幸福と魂

わたしたちにとって明らかな経験的事実を認めながら、そこから出発して、事柄の本来的なあり方を明らかにしようとするのが、アリストテレスの探求方法の特徴である。善を「イデア」としてではなく、「目的」としてアリストテレスがとらえ直したことによって明らかになったあり方の一つは、人間の個々の営みが求める諸目的の間には、一種の秩序、階層関係があるということである。

善は多様であるが、まったく無秩序なのではない。人々が求める目的が多様であるとしても、幸福という目的を求めない人はいない。むろん、幸福の中身もさまざまであり、わたしたちは、金銭、名誉などのようなさまざまなものを幸福だと考える。しかし、アリストテレスによれば、幸福とはそのようなものではない。なぜなら、わたしたちにとって、幸福とは、それだけで求められるに値する(「自足的」と表現される)目的であり、他のさまざまな諸目的のために求められるのではなく、むしろ、諸目的は幸福という目的のためにあるからである。

ではその幸福とはいったい何か。それは、「善い」ということが、何かにとって固有の働きについて語られることに注目すればわかるとアリストテレスは考えた。固有の働きとは、その何かでなければ実現できない目的を実現する働きである。たとえば、「このハンマーは善い」と語るとき、それはたとえば

「杭を打ち込む」というようなハンマー固有の目的を最大限に実現するように働く場合である。「この笛吹きは善い」と語るとき、それは「麗しい笛の音を奏でる」という笛吹き固有の目的を最大限に実現するように働く場合である。

ならば、「この人間は善い」と語るとき、それは人間固有の目的を最大限に実現するように働く場合である。その固有の働きとは、栄養摂取ではない（植物も栄養摂取をするから）。感覚でもない（動物も感覚をするから）。残るは、何らかの形で理性が関わる活動しかない。このような人間固有の働きを最大限に発揮することをアリストテレスは「徳に即した活動」と呼び、これこそすべての人間がめざす最高善、すなわち幸福にほかならないと考えた。

ではその「徳に即した魂の活動」とはいかなることであろうか。アリストテレスによれば、それは魂において、非理性が理性に従うようしつけるということである。彼はプラトンと同じく、人が感情や欲望などの非理性的なものに負けて理性のもつ知識に反した行為をすることを認める。しかし、プラトンと異なるのは、徳があるかないかは、理性の問題というよりもむしろ、理性と非理性の関わり方の問題だと考えていることである。

とりわけアリストテレスが重視したのは、非理性的な情念との関わり方である。というのも、そのつど生起し、不安定な情念にたえず突き動かされる人間をわたしたちは「善い」とは評価しないのであり、むしろ、そのような情念が理性に従うことによって、安定したあり方をしている人間を「善い」と評価するからである。アリストテレスは、そのような人間の性格（人柄、人となり）は善い状態にあると考え、これを「性格的徳」と呼ぶ。

中庸としての徳

ではその性格的徳とは具体的にはいかなるものか。人間の情念は、快楽を求め、苦痛を避けるという単純な原則に従って動き、人間の行為もそれに大きく左右される。しかし、人間の魂は情念だけからなるのではない。かりに情念だけからなるならば、病気を治すために苦い薬を飲むことも痛い注射を

打つことも、人間にとってはありえないはずである。むしろ、情念は、ちょうど線分のようなあり方をしており、そのままでは両極端に向きがちであるが、理性に導かれれば、線分の真中にとどまる。そのような「中庸」が実現したときに、人間は善い状態にあり、性格的徳が宿るというのがアリストテレスの洞察である。

　たとえば節制があるかどうかは、食欲をどの程度感じるかの問題であり、食欲の命ずるままに食物を無際限に求めれば、それは食べすぎという名の放埓となるであろう。一方、食欲を感じず食物を求めなければ、小食（拒食？）という名の無感覚となるであろう。ゆえに、食欲の善きあり方とは、いずれにも陥らない適量を理性が判断し、その通りに食欲を発揮することである。これが節制という徳である。

　一方、勇気あるかどうかは、恐怖をどの程度感じるかの問題であり、恐怖をまったく感じない人は異常であり、いざというときになって恐怖を抑えがたい人は臆病である。ゆえに、恐怖の善きあり方とは、過多でも過少でもない適量の恐怖が、行動を妨げず、慎重かつ機敏な行動を促すことである。これが勇気という徳である。病気を恐れず暴飲暴食する人は、恐怖も食欲も抑えられていないのだから、勇気も節制も欠いているのである。

　このような中庸の徳は、たんに「当たり障りのない」生き方をするというような大衆道徳と理解されることがあるが、それは誤解である。たとえば、怒るにしても、「ほどほどに」怒るというのではない。もし目の前に不正な行為が行われれば、理性はその行為に対して、激しく怒ることを推奨し、やめさせるようにわたしたちを導くであろう。

　むしろ、アリストテレスが強調することは、中庸としての徳は、行為の対象、目的、状況などを考慮しなければ決まらないということであり、これらを考慮する理性が、「しかるべき」目的を「願望」し、そのための「しかるべき」手だてを「思量」し「選択」したときに、「思慮」（アリストテレスはこれを「理性的徳」の一つとみなす）となり、これに、情念があたかも「父の言葉を聞くように」従うということである。

しかし、わたしたちが思慮をもち、情念がこれに従うことによって、徳ある行為をしたとしても、次の機会にそれをするとは限らない。人間は徳ある行為をするが、しない可能性にもつねにつきまとわれているという不安定さをもつ。そこでアリストテレスは、「状態」という名の持続性を要求し、徳が安定的に宿る人を想定する。徳ある人は、徳ある行為を持続的に何度もできる安定した状態にあるはずである。アリストテレスはこの「状態」と対比的であるということを強調するとき、行為を「活動」と呼ぶ。したがって、徳には、「状態」としてのそれ、「活動」としてのそれ、という二つがあることになる。

ゆえに、状態としての徳は、情念を理性に何度も従わせることによって、徳ある活動を何度も行うことからしか生まれない。その「何度も行う」ことをアリストテレスは「習慣づけ」と呼ぶ。勇気ある人は、いざというときになって恐怖に左右されなくてもすむように、あらかじめ訓練によって習慣づけ、恐怖の感情を手なずけることに成功した人である。

徳への習慣づけと共同体

このようなアリストテレスの考え方に対して、それは「堂々めぐり」ではないかという批判がある。つまり、徳ある活動が、繰り返され習慣づけられて、徳ある状態が形成されるが、その徳ある活動は、ほかならぬ徳ある状態を前提している。ならば、わたしたちが徳ある人になるそもそもの始まりは、見出されないことになってしまうのではなかろうか。

これに対してアリストテレスが強調するのは、共同体、とりわけ国家による習慣づけの役割である。じつは、アリストテレスは徳についての自らの考察を「倫理学」とは呼んでいない。彼があくまで学として認めているのは、「政治学（国家についての学問）」である。善がさまざまであっても、そのなかでも求められるべき最高の善、つまり幸福は、本来、国家の中でめざされるべきいわば共通善なのであり、これを探求するのは、政治学の仕事であるとアリストテレスは『ニコマコス倫理学』の中で明言している。しかも、そ

の仕事の目標は、徳とは何かを知ることではなく、わたしたちが実際に徳ある人になることなのである。

しかし、それは単なる旧来の伝統的道徳の一方的教化ではない。勇気に関してならば、共同体は、たとえば『イリアス』中のトロイア軍の勇士ヘクトルのように勇気ある人物の例を規範として教えることによって、勇気ある行為の手がかりを教え、そのように行為するように人々を習慣づけようとするであろう。しかし、そのように教えられたからといって、そのような「市民的」徳がつねに正しいとは限らない。そこで人々の思慮は、市民的徳に対する健全な疑いや意見を提出するであろう。

こうした疑いや意見を、新たな徳を生む母体である共通見解としてとらえ、これについて検討するのが、アリストテレスの考える政治学という営みであり、この営みによって、共同体の徳は更新され、また習慣づけられていくのである。このとき人々の間には、おたがいに善き人間たらんことを願う徳(「友愛」と呼ばれる)と、おたがいに正しい関係を成立させようとする徳(「正義」と呼ばれる)が成立しているはずである。

第3節　徳倫理学の展開

近代倫理学への批判

前節までに述べたように、徳についてのソクラテスの問題意識は、プラトンに継承され展開されたが、アリストテレスはその問題意識をプラトンと共有しながらも、プラトンに批判的な立場でこれを展開し、異なった結論に到達した。このアリストテレスの徳倫理学はトマス・アクィナスを代表とする中世スコラ哲学に受け継がれ、キリスト教の影響下でさかんに論じられたが、近代における義務論(第Ⅰ部第1章参照)と功利主義(第Ⅰ部第2章参照)の登場以降は、西洋倫理思想の表舞台からは姿を消したといえよう。

しかし、20世紀に入ってから、アリストテレス研究者を中心にして徳倫理学を復活させようとする動きが起こり始めた。その論点は多岐にわたってい

るが、大勢において一致しているのは、義務論や功利主義は、倫理に関して「わたしたちはそもそも何をなすべきか、なすべきでないか」という一般的・普遍的原則にこだわるあまり、重要なことを見落としているということにある。それは以下の二つに整理できよう。

　第一は、行為をする人の性格（人柄・人となり）である。つまり、義務論や功利主義は、善いか悪いかを、行為だけについて語っていて、その行為をなす人の性格について語ってはいない。しかし、人の善き性格を離れた善き行為ははたしてありうるのであろうか。「徳ある行為」という評価は、「徳ある人」を想定して初めて意味があるのではなかろうか。

　第二は、共同体の個人に対する影響である。つまり、義務論や功利主義は、人間は何ものにも拘束されない自由な個人であり、共同体からは独立したものだという人間観を前提し、共同体からのいわば負荷のない自我を想定している。しかし、そのような自我は現実には存在しない。ゆえに、徳に関して、共同体から自由な個人ではなく、共同体から教わったり拘束されたりしている個人を想定しなければならない。

アリストテレス的徳倫理学の再生

　以上を踏まえて、アリストテレス的徳倫理学は、行為を起こす人やその行為が起こる状況から離れた、普遍的な行為を想定しないところから出発する。人にしても、その人が帰属する共同体なしにはありえないし、その人の行う行為にしても、その行為が行われる個別的状況を離れてはありえない。だから、徳ある行為とは、徳ある人、つまり「有徳な行為者」が、それが属する共同体の中で、個別的状況において行うであろう行為である。

　しかし、共同体や個別的状況を考慮に入れれば入れるほど、徳は共同体ごとに違う、その時々で違う、というように徳は断片化していき、場合によっては徳が別の徳と相反することすらありえるように、徳は一般性・普遍性を失ってしまうことになりはしないか。徳倫理学への批判は、この点に集中しているといっても過言ではない。

これに対して、アリストテレス的徳倫理学は、徳は、人間の本性にもとづく限りで普遍的であることを認める。つまり、理性が情念を支配し、両者が調和するという、人間固有の本性的働きにもとづいた目的を認め、これを志向し、実現すること（徳倫理学者はこれを flourishing「繁栄・開花」と呼ぶ）を徳とみなす。この限りで、徳は一般性・普遍性をもつ。
　しかし、理性がその時々においてどのように判断し、どのように情念を制御し、どのように行為すべきであるかについては、個別的状況ごとに異なる。だからこそ、アリストテレス自身は、『ニコマコス倫理学』の中で、個別的状況をできるかぎり想定しながら、勇気や節制などの諸徳について記述したのであり、現代徳倫理学は、これに現代的文脈の中で改めて行おうとする試みであるといえよう。ここではその代表者として、現代アメリカの哲学者マッキンタイアがその著『美徳なき時代』において展開した考え方を紹介しておこう。
　アリストテレスの現代的復活を公言してはばからない彼が唱えるのは「人生の統一性」という考え方である。一人の人（かりにA氏としよう）が求める目的は、その人生の経過に伴って変化する。しかし、A氏が人生全体において探求し実現する目的は、まったくばらばらのままに終始するとはいえない。なぜなら、人間は本性的に、あたかも「物語」を語るように人生を統一的な視点からとらえようとする動物だからであり、A氏の理性の判断とそれによる行為は、個々においては相反するようにみえても、人生全体では統一性を有する可能性をもっている。もしその可能性が実現されれば、A氏は「有徳な行為者」であるといえる。アリストテレスならば「思慮ある人」と言うであろう。
　しかし、A氏は、ただの一個人としては人生の統一性をけっして実現できないのであり、共同体の一員として初めてこれを実現できる。なぜならば、人間はだれしも、家族、都市、団体組織、民族、そして国家といった共同体に所属しなければ生きていけず、A氏の人生の統一性は、これら共同体からの影響を受けずにいられないからである。したがって、A氏は、自らが所属

する共同体によってすでに示された徳を当初の目的として行為するほかはない。この意味で、人間も、そして人間がめざす徳も、歴史的かつ社会的なものである。

　ところが、A氏が実際に経験を積めば、共同体が示す徳に対して疑問を感じたり、その限界がみえたりすることがある。共同体が示すことが絶対に正しいという保証はないのだから、A氏は、共同体の徳から出発しながらも、試行錯誤しつつ、自らの考える徳を人生全体で実現していかねばならない。それは共同体の徳に対する一方的な否定ではなく、むしろそれについての人々の議論を喚起する健全な疑いであると言うべきである。この意味で「歴史的に拡張され社会的に具体化された議論」が「伝統」であるとマッキンタイアは言う。個人の探求する徳は、この伝統にいわば「埋め込まれた」ものなのである。

アリストテレス的徳倫理学の意義

　上述のマッキンタイアのように、徳を共同体と関連させる考え方は、共同体主義（コミュニタリアニズム）と呼ばれ、保守的な傾向を帯びることになるため、自由主義（リベラリズム）の立場からの批判も多くなされている。ただし、現代徳倫理学には、徳に関する共同体の役割を少なく見積もるものもあり、これは、徳が人・性格に宿ることを重視し、行為する人の内なる動機に徳の根拠を見ようとする。さらに、徳が個別的状況なしには語られないことから、たとえば医療や情報などといった専門領域を限定して、その領域内での徳の重要性を示す試みも数多く行われている。

　このように、価値観が多様化した現代における徳倫理学は、そのアリストテレスに対する理解も含めて、いまだ発展途上にあるといえよう。しかし、人間は一人一人異なるが、まったく異なるのではなく、何らかの形で統一性・普遍性をもっているという人間観に立って、徳は個別的だが、統一性ももつという二面性の上にわたしたちの倫理を構築しようとするところに、アリストテレス的徳倫理学の真の意義があると考えられる。

参考文献

プラトン（三嶋輝夫、田中享英訳）『ソクラテスの弁明・クリトン』講談社学術文庫、1998年
　一番手頃で新しい訳。このほかに二つの邦訳がある。岩波文庫版は古くなっており、中公クラシックス版は『ゴルギアス』も含む。

プラトン（藤澤令夫訳）『国家（上・下）』岩波文庫、1979年
　『国家』の訳はこれに限るというほどの名訳。なお、『プロタゴラス』『メノン』にも、藤澤氏による名訳が岩波文庫にある。

廣川洋一『ギリシア人の教育』岩波新書、1990年
　おもにプラトンの考えた徳とその教育について論じながら、「教養」のギリシア的意味が明らかにされている。

アリストテレス（朴一功訳）『ニコマコス倫理学』京都大学出版会、2002年
　最も新しく読みやすい訳。このほかに二つの邦訳があり、岩波文庫版はすでに古く、岩波書店『アリストテレス全集』版は訳注が詳しい。

岩田靖夫『アリストテレスの倫理思想』岩波書店、1985年
　アリストテレスの倫理思想に焦点を絞って邦語で書かれた基本的研究書。主要な論点がほぼ網羅され、丁寧に論述されている。

J. O. アームソン（雨宮健訳）『アリストテレス倫理学入門』岩波同時代ライブラリー、1998年
　イギリスの研究者による優れた解説書。上記岩田氏の本と同様、主要な論点が網羅されているので、比較して読むとよい。

A. マッキンタイア（篠崎榮訳）『美徳なき時代』みすず書房、1993年
　現代徳倫理学の代表的著作の一つ（原題は *After Virtue*）。アリストテレス的徳の再生を、圧倒的な教養にもとづいて論じる。

R. ハーストハウス（土橋茂樹訳）『徳倫理学』知泉書館、近刊
　現代徳倫理学の第一人者による論文集の邦訳。新アリストテレス主義を標榜する学者の主要な考えがわかる。

B. ウィリアムス（森脇康友、下川潔訳）『哲学は生き方について何が言えるか』産業図書、1993年
　古代ギリシア倫理思想が近代のそれと比較しても十分な説得力をもつことを、現代分析哲学の立場から指摘する。

菅豊彦『道徳的実在論の擁護』勁草書房、2004年
　徳について、哲学的観点から書かれた研究書。古代ギリシア哲学と現代哲学の関連性を知るのに有益である。

日本倫理学会編『徳倫理学の現代的意義』慶應義塾大学出版会、1994年
　徳倫理学に主題を限定して邦語で書かれた本としては、唯一のもの。研究者たちによる論文とシンポジウムでの討論の記録から成る。

（中村公博）

第10章
ポストモダニズム

　わたしたちはどのような時代を生きているのだろうか。総じて、現代は社会全体で共通の理想や目標をもつことができなくなってしまった時代、と考えられているようだ。たとえば、「価値観の多様化」という耳慣れたフレーズはこのことをよく示している。社会の結束が弱くなり、一人ひとりが自分の思うように生きようとする時代。それは、今まで社会を取りまとめてきた理念や価値観に不信が突きつけられた時代でもある。このような時代の状況を示すものとして、1970年代の後半から80年代にかけて「ポストモダン」という言葉がさかんに用いられた。また、そうした状況を肯定的に引き受ける思想や芸術のあり方は「ポストモダニズム」と呼ばれた。本章では、ポストモダニズムの考え方を紹介し、さらにそれが受け入れられた社会的背景などについても述べることにする。

第1節　ポストモダンとは

ポストモダンという語の意味

　そもそもポストモダンとはどのような意味だろうか。じつは、これを定義するのは大変難しい。文字どおりにとらえれば、それは近代（モダン）のあとに（ポスト）おとずれる時代のことを指すと考えられるだろう。しかし、問題は「あとに」という言葉の内実である。
　「ポストモダン」という語はさまざまな論者によって異なった文脈で使われており、「あとに」の意味も一つに決定することはできない。ある者は近代にとって代わる新しい時代としてポストモダンを考える。つまり、近代とポ

ストモダンは別のものになる。ある者は近代の矛盾や問題点が露呈した状態をポストモダンと名づける。この場合、ポストモダンとは近代の一部であり、危機に瀕した近代の姿である。

　しかし、いずれにしても確かなのは、近代を支えた価値や理念に対して不信が突きつけられているということである。いったい近代の何が問題なのか。そもそも近代とはどのような時代であり、なぜ今になって批判されなければならないのか。

近代の理念とポストモダニズム

　近代にはさまざまな特徴があり、それに応じて、さまざまな仕方で規定することができる。そのなかでとくに重要なのは同一性と普遍性へ向かう傾向である。たとえば、近代社会は自由と平等の名のもとに、あらゆる人間をいつでもどこでも同じように扱おうとしてきた。実際にどの程度まで達成されたかは別として、これが近代の理念だった。議会制民主主義や資本主義などの近代的システムの根幹を支えているのはこの理念である。この理念はたしかに、これまで政治的に抑圧されてきた人たちや地域的・宗教的な共同体のしがらみに束縛されてきた人たちを解放しただろうし、個人が能力を発揮できる機会を大幅に増やしもしただろう。

　その一方で、この理念はあらゆる人間を均質な姿に押し込めてしまうという面もある。学校、とりわけ義務教育制度を例に考えてみよう。階層や貧富の差を超えて、全員が同じ制服を着て同じ時間に、同じ授業を集団で受けるのは近代に特有の姿だ。このような学校のあり方によってだれもが学ぶ機会を与えられている反面、一人ひとりの違い（差異）が切り捨てられるということも否定できないだろう。

　わたしたちは今もなお近代的な諸制度の恩恵を受け続けている。したがって、近代を批判するにしても、それはたんに近代を否定することではない。重要なのは、近代の理念が押しつけてくる同一性に抗してさまざまな差異を認め、普遍性に抗して可能なかぎり多様性を確保することである。ポストモ

ダニズムとはそのような試みにほかならない。

　それはたんにマイノリティ（少数派）の権利を認めるとか、異なる文化圏に属す人と仲良くする、といったことにはとどまらない（無関係ではないが）。近代の理念もそのようなことはけっして否定しないだろう。ただし、近代社会がマイノリティや異文化に属する人を「同じ人間」として尊重することをめざすのに対し、ポストモダニズムはその「同じ人間」という規定に抑圧のにおいを嗅ぎ取り、どこまで差異を差異として認められるかを追求するのである。

ポストモダニズムの源流

　ポストモダンという語はもともと英米の建築や美術、文学などの分野で用いられていた。しかし、一躍有名になり、多くの人が論じるようになったきっかけは、フランスの哲学者ジャン＝フランソワ・リオタールが1979年に発表した『ポスト・モダンの条件』という著作である。今日ではポストモダニズムといえば、フーコー、デリダ、ドゥルーズ、それにリオタールらを含めた60年代以降のフランス哲学を指すことが多い。少なくとも源流として彼らの名前を挙げるのが一般的だ。

　しかし、これらの思想家は、リオタールを除いては、ポストモダンに関してほとんど何も述べていないし、そのうちの幾人かは、自らの仕事とポストモダニズムとの関係を明確に否定してさえいる。実際のところ、彼らのうちのだれ一人としてポストモダニストではない。「ポストモダン」という語が一般化したあとに、さかのぼって彼らの仕事がポストモダニズムと関連づけられたにすぎない。

　とはいっても、フーコー、デリダ、ドゥルーズ、リオタールらはそれぞれ異なった仕方でではあるが、近代の理念である同一性、普遍性に揺さぶりをかけるような仕事をした人たちである。したがって、彼らがポストモダニズムの源流に数えられるのは、けっして理由がないことではない。そして、彼らの思想が多くの分野に影響を与え、広い地域に受け入れられたからこそ、

ポストモダニズムは一つの時代を代表する知の潮流になりえたのだ。そこで、彼らの思想について見ていくことにしよう。

第2節　ポストモダンの思想家たち

監視と処罰――フーコー

　フーコーの著作はそのほとんどが多かれ少なかれヨーロッパ近代のあり方を問題にしたものだ。ここでは『監獄の誕生』を取り上げてみよう。

　18世紀半ばまで、法に背くことは立法者である王の権利を侵害することだとみなされ、報復として見せしめの処刑などがなされた。しかし、このような刑罰の仕方は犯罪を防止するうえで合理的なものではなかった。新たに求められたのは、犯罪者を悔い改めさせ、行いを矯正し、社会に復帰させる仕組みだった。その目的のために生まれたのが監獄である。

　人の行動を管理し、矯正していく働きをフーコーは「規律訓練」と呼ぶ。それは監獄にだけあるのではない。フーコーによれば「監獄が工場や学校や兵営や病院に似通い、これらのすべてが監獄に似通っても少しも不思議ではない」。同じような仕組みが社会全体を覆っているのである。

　規律訓練は身体に課されるものだ。それはいくつかの技術によってなされる。第一は、人を空間的に配分する技術で、具体的には被収監者を監視しやすい独房に配置すること、工場で仕事場を作業ごとに分けて働きぶりをチェックしやすくすること、などである。第二は活動のコントロールである。労働者の毎日の時間割を作成すること、軍隊に顕著なように、身体の細かい動きに至るまで規則を課すことなどがこれに当たる。第三は鍛錬である。たとえば、学校で段階的に難しくなるカリキュラムを課し、生徒がこれらをたどるやり方を管理することなどが当てはまる。第四は諸力の合成である。これは、軍隊におけるように、各個人を合理的に編成して大きな成果を得るための戦術である。

　規律訓練を課す権力は、あからさまに横暴なものではない。それはむしろ、

生活のすみずみまで入り込んでくることでわたしたちを飼いならし、社会生活を担う従順な主体に育て上げるのだ。

ところで、規律訓練は監視と不可分である。フーコーはベンサムが考案した「パノプティコン（一望監視システム）」を取り上げる。これは中央に建つ監視塔を取り囲むように円環状の収容棟が配置されたもので、収容棟は独房に分かれている。監視塔からは収容棟の内側が見えるよう窓がついているが、逆に収容棟からは監視塔の中を見ることはできないようになっている。

ここに収容された者は、絶えず監視塔からの視線を意識せざるをえない。収容棟のほうから見ることはできない以上、実際には監視塔にはだれもいなくても同じである。収容された者は監視する視線を内面化し、自ら身体を従わせる。従順な主体はこうして出来上がる。

近代は自律した理性的な主体という概念が確立した時期だといわれる。自由や平等の理念も、そのことを前提にしている。しかし、フーコーが見出したのは、主体の確立が規律への従属という形でなされたということだった。フーコーはこのような逆説的事態を、「主体化」と同時に「従属化」を意味する「アシュジェティスマン」という語で示そうとしている。彼にとって、近代的な個人とは、不可視の権力によって規格化されたものだったのである。

脱構築――デリダ

デリダによれば、西洋哲学においては存在や真理が「現前性」としてとらえられてきたという。現前とは目の前にあるということだ。つまり、空間的には手元にあって自由になるもの、時間的には過去でも未来でもなく現在あるものが特権的に扱われてきたというのだ。こうした発想は音声中心主義につながり、エクリチュール（文字言語）は、パロール（音声言語）よりも低い位置におかれたという。どういうことだろうか。

エクリチュールとパロールの違いを整理してみよう。心の中で何かつぶやいてみる。その声は何も介することなく自分に直接届く。自分の内面の声を聞き間違えるということはまさかありえないだろう。言葉が口から発せられ

るとき、話し手はまずこのような内語で自分に語っている。パロールはいつも自分の内面から出た言葉と一致している。それに対して、エクリチュールは必ず自分の外にあるもの（紙であれ石版であれ）に刻まれ、自分から離れていってしまう。

　また、パロールの場合、必ず話し手が今、ここにいるのに対して、エクリチュールは書き手から遠く離れた場所で、あるいは彼が死んだあとに、繰り返し読まれる。そのために、言葉が発せられた場に立ち会ったものでないと分からない文脈は失われてしまうだろう。真理を語る言葉としてエクリチュールがふさわしくないとされたのは、この反復可能性のためである。

　しかし、じつはパロールも反復可能性を免れているわけではない。というのも、書かれるにしろ話されるにしろ、言葉はいつどこでだれに使われようとも同一の言葉として認められるのでなければ機能しないからである。たとえば、「倫理学の教科書」という言葉は今日ある人が東京で口にしても、明日別の人が大阪で口にしても、同じ日本語表現として認められなければならない。そうでなければそもそも言葉として成り立たないだろう。つまり、エクリチュールのものだったはずの反復可能性がなければ、パロールも成り立たない。このように、デリダの考えでは、厳密だと思われていた両者の境界はじつはあいまいなのである。

　このような対比はほかにも数多くある。内部／外部、真理／虚偽、同一性／差異、などがそうだ。こうした関係をデリダは階層秩序的二項対立と名づけた。デリダが行ったのは、エクリチュールとパロールの例で見たように、厳密だと思われていた両者の境界がじつはあいまいであることを示し、価値の序列を解体する作業である。こうした作業をデリダは脱構築と呼んだ。

　ところで、言語表現（あるいはすべての記号）は、たしかに反復可能であることによって成り立つのだが、まったく同じものは二度と繰り返されないのも事実である。先に挙げた例でいうと、今日東京で発音される「倫理学の教科書」と明日大阪で発音される「倫理学の教科書」は、声の高さも大きさも周りの状況もすべて異なっているだろう。ある一つの語が同一のものとし

て成り立つとき、そこには数え切れないほどの他なるものが隠されている。同一性というものは、差異を含みこんだ形でしか成り立ちえない。

　こうした他なるもの、差異への敏感さがデリダの武器である。彼は数多くの著作を残したが、いずれにおいても他なるものとの関係をどう開いていくかということが重要なテーマになっている。「他者」を問題にし続けた思想家であるレヴィナスに対して、晩年のデリダが深い共感を寄せたことにも留意しておきたい。

欲望する諸機械――ドゥルーズ

　ドゥルーズは1950年代から60年代にかけて、ヒューム、カント、ニーチェ、ベルクソンなどを研究してきた哲学者であり、哲学上の主著は、それらの研究を集大成したかのような大著『差異と反復』である。

　しかし、彼がポストモダニズムの文脈で語られるときもち出されるのは、どちらかというと70年代以降に発表したガタリとの共著のほうだ。彼らの思想のキーワードは「欲望」である。

　昔から、欲望は自分に欠けているものを得ようとする心の働きだとされてきた。これは当たり前のことのように思われる。満たされているものをわざわざ求める必要はないのだから。つまり、欲望の前提は満たされている状態の否定である。欠如という否定的なものによってはじめて欲望は意味をもつのである。

　欲望を満たそうとするとき、わたしたちは欠けている状態から出発する。つまり、否定的なものをバネにしている。そのように考えると、わたしたちは生きているかぎり否定的なものに絶えずつきまとわれていることになるし、自らを肯定するためには否定から出発しなければならないということになる。

　ドゥルーズとガタリはこうした欲望のとらえ方を徹底的に批判する。というのも、彼らにとっては、生を（一切の否定を含まず）そのものとして肯定することが何よりも重要だからだ。彼らは欲望を欠如ではなく生産と結びつける。欲望とは、一人の人間が心の中で自らに欠けているものを思い浮かべ

ることではない。人間を含めたさまざまなものが、さまざまな仕方で関わりあって何かを産み出していくことである。

　そのことを説明するために、彼らは「機械」という概念を導入する。区別される複数のものが通じ合えば、そこに機械があるのだという。たとえば、草原においては「人間―馬―弓」という集まりが一つの「戦争機械」を形成する。異質なもの同士が集まって一つの働きをなすとき、それを機械と呼ぶのである。そのとき、機械の部品となるものは人間でも動物でも物体でもかまわない。また、あらかじめ決められた仕組みがあって、その中でもろもろの部品がつねに同じ役割を果たしているのではない。戦争機械の部品だった人間は、別の条件のもとでは農耕機械にも狩猟機械にもなりうる。このように、絶えず組み替わり、あらゆる方面に接続され、新しいものを作っていくのが機械である。

　欲望とは、こうした機械のあり方そのものである。つまり、欲望は閉じた主体の心の働きなのではなく、絶えず多様なものへと自らを開いていく力である。ドゥルーズとガタリは、このような欲望の理解を手がかりに、資本主義や国家の分析という大きな問題に取り組んでいった。

「大きな物語」の失効――リオタール

　リオタールにとって、ポストモダンとは先進国における知の状況である。それを分析するに当たって、彼は英米哲学の「言語ゲーム論」を取り入れた。

　わたしたちは言語を使ってさまざまな活動をしている。情報を伝えることはその一部にすぎない。言葉を発することによって、わたしたちは人に命令することも、約束することも、懇願することもできるからだ。このように言語を用いた活動のすべてを言語ゲームと呼ぶ。発せられた言葉が有効であるための条件は、各々の言語ゲームによって異なるだろう。言語を用いるものはすべて、あたかもチェスのプレイヤーのように一定の条件のもとで有効な「手」を打とうとしているのだ。それは、日常会話であろうとも、科学的探究に使われる言語であろうとも変わりがない。

科学とは真理にのみ関わる言語ゲームだ。科学者たちは、自らの研究がどれほど世の中の役に立つかを考えて研究するのではない。重要なのは物事の真偽を探ることであって、効率や有用性を追い求めることではないからだ。しかし、本当に世の中に何ももたらさないなら、だれも科学など認めないだろう。科学は社会に受け入れられるため何らかの仕方で自らを正当化しなければならない。そして、その正当化は科学そのものによってはなされない。なぜなら、科学は真偽を語ることしかできないのだから。

　リオタールは、科学を民衆のあいだで語り継がれる物語と比較する。物語は、登場人物の行動などを通じてある教訓や生きる術を伝えるものである。ただ出来事だけを語るのではない。ときには聴き手に問いかけ、ときには果たすべき義務を説く。また、物語の語り手はかつての聴き手である。つまり物語を伝授された者だけが、同じ物語を伝授することができるのだ。そのことによって物語は権威を得る。したがって、教訓が正しいものであると主張するために物語以外の何かが必要になることはない。

　科学からすれば物語は単なる迷信として排除されるべきもののように映るだろう。しかし、科学が自らを正当化するため頼らざるをえないのも、物語なのである。もちろん、それは特定の人々に語り継がれるものとは異なっている。科学は普遍性を主張するものであるから、それを保証する物語も普遍的なものでなければならない。リオタールはこの種の物語を「メタ物語」あるいは「大きな物語」と呼んだ。

　たとえば、リオタールが「解放の物語」と名づけたものがある。ここでもち出されるのは自由である。何も知らない者は、自分がいかに虐げられているか、いかに惨めな環境に身を置かされているかも気がつかないままだ。それゆえ、知ること、知りえることは自由の必要条件である。こうした考えの背景には、知の習得が精神の形成、人格の形成と不可分だという前提がある。教育制度を支えているもの、親や教師の権威を支えているものはこの前提にほかならない。「解放の物語」は、知の伝達を通じて社会を維持・発展させていく仕組みを語っていたのである。それは近代社会全体の価値観を支える根

拠だった。

　リオタールによれば、ポストモダンとは、このような「大きな物語」に対する不信感によって特徴づけられる。背景にあるのは情報技術の発展、とりわけ当時すでに進みつつあったデータバンクやコンピューターの普及である。社会の情報化が進むにつれて、知識はほかのものと同じように売り買いされるようになる。商品としての知識は、どれだけ役に立つか、どれだけ利益をあげるかによって価値が定められる。このような状況では、知が人間の自由の必要条件であるとか、心を豊かにするといったようなことは容易には信じられなくなるだろうし、真理の探究という学問の理想をもち出してもあまり効果はない。

　もちろん、情報の真偽がおろそかにされるわけではないだろう。が、それは情報が間違っていたら役に立たないからにすぎない。真理の探究は現実にどれほど役立つか、つまり有用性という基準に従属している。

　さて、「大きな物語」へ訴えかけることができなくなった今、わたしたちはどうすればいいのだろうか。わたしたちの価値観を支える究極的な根拠はもはやない。残されたのはたがいに異質な言語ゲーム（これをリオタールは「小さな物語」と呼ぶ）同士の調停しがたい争いだけである。

　「大きな物語」への未練は断ち切るべきだ、とリオタールはいう。さまざまな「小さな物語」の差異を認めながら、「大きな物語」とは別のゲームの規則をそのつど考えていかねばならない、というのが彼の主張である。

第3節　ポストモダニズムの諸相

時代精神としてのポストモダニズム

　前にも述べたように、フーコー、デリダ、ドゥルーズらの思想そのものがポストモダニズムなのではない。たしかに彼らはわたしたちの目を差異や多様性へと向けさせてくれたが、彼ら自身ポストモダン的な社会状況を肯定するそぶりなど見せなかったからだ。では、リオタールはどうだろうか。じつ

は、ポストモダンを最も明快な形で規定した彼でさえ、ポストモダニズムに対しては複雑な気持ちをもっているようなのだ。実際、ポストモダニズムを特定の思想家に代表させることは難しい。

もちろん、芸術も含めてポストモダニズムの特徴をいくつか並べることはできる。純粋さを嫌い、異質なものの混合を推し進める傾向。創造に疑いの目を向け、パロディや引用を多用する傾向。重苦しい真面目さをあざ笑い、冗談や戯れのもつ解放的な力を重視する傾向などがそれである。これらの傾向はもちろん「大きな物語」への不信と関わっている。「純粋さ」「創造」「真面目さ」は、これまでの思想や芸術において多くの人が価値の拠り所としてきた「大きな物語」だからである。

だが、ここではこうした動向を詳しく紹介することはせず、むしろ、ポストモダニズムの社会的背景について述べる。ポストモダニズムは一つの時代において広く受け入れられた考え方、いわば時代精神であった。あるいは、もっと露骨な言い方をすれば、70年代から80年代にかけての流行思想だった。それはなぜ流行し、なぜ廃れたのだろうか。その一つのキーワードとなったのは「消費」である。

ポストモダニズムと消費社会

70年代後半から80年代にかけてもてはやされたのは記号論であり、消費社会論であった。これらは密接に結びついている。

高級車を買う人は、品質だけにお金を出しているのではない。その車に乗っているということ自体が持ち主の社会的地位を表すのである。物は実際の有用性（使用価値）をもつだけでなく、社会的関係を示す記号（しるし）でもある。

現代に特徴的なのは、記号の消費が有用性の消費を圧倒し始めたようにみえることである。つまり、商品がどれだけ役に立つかということよりも、どんな意味をもつかということのほうが重要になったということだ。このことに関しては広告の影響が大きいだろう。有用性には大差のない商品に映像や

言葉の力で差異を与えるのが広告だからである。

　記号としての商品は他の商品との差異を表示している。わたしたちは膨大な数の記号に囲まれ、差異を選び取りながら生活している。あらかじめ主体としての自分がいて、自分の好みに応じて選んでいるとはいいがたい。むしろ、差異を選び取ることを通じて自己形成しているとさえいえそうだ。たとえば、わたしたちの「自分らしさ」はしばしば着ている服や読んでいる本などによって規定される。

　ところで、消費社会の一つの特徴は商品サイクルの短さである。少したつと記号はすぐ陳腐になってしまう。わたしたちは絶えず新たな差異を求めて記号を選びなおしていかなければならないのである。

　一つの商品に満足せず、すぐに飽きて次の商品に向かう。そのようにして差異を追い求めながら自己形成していく消費者の姿は、ポストモダニズムそのものではないか。もちろん、消費社会が成り立つのは、多くの人が一定以上の生活を送れるようになったからである。したがって、消費社会で「個性」や「自分らしさ」として表現された差異など、しょせん経済的条件という、より大きな同一性に支えられているものにすぎない、という批判は成り立つだろう。しかし、80年代に消費社会とポストモダニズムが結びつけられて論じられたのは事実だ。

　もし消費者がポストモダニズムを体現しているのだとすれば、ポストモダニズムをことさら「思想」としてありがたがる必要はなくなるだろう。さらにいえば、社会のポストモダン化が進めば進むほど、それに順応することをわざわざ「ポストモダニズム」などと呼ぶ必要はなくなってくるだろう。

　80年代には消費社会を論じることが新鮮だった。コピーライターがもてはやされ、「新人類」など新しい消費者像がクローズアップされたのもこの時期である。今、消費社会のあり方がそれほど劇的に変わったわけではないが、「消費による自己実現」が当たり前の風景になった結果、「消費社会論」や「ポストモダニズム」が話題になることも少なくなった。

　ポストモダニズムが衰えたといわれるのは、おそらく思想の質の問題では

ない。ポストモダニズムは、考えられ、論じられるものから生きられるものへ変わったのである。しかし、本当に、「一人ひとりが自分の思うように」生きられているかどうかは、また別の問題かもしれない。

ポストモダニズムのゆくえ

　本章ではポストモダニズムを、ポストモダン的な「状況を肯定的に引き受ける芸術や思想のあり方」と定義しておいた。そしてとくに、消費社会における流行思想という面を強調した。しかし、もちろんほかのとらえ方もありうるだろう。たとえば、差異と多様性の概念をより政治的な方向に発展させ、「相容れない多数者と少数者の、あるいは少数者同士の意見や利害をどのように調整するか」といったテーマに結びつけることもなされている。

　しかし、どのようなとらえ方をするにしても、「同一性と普遍性に対する告発」という特徴だけは変わらない。つまり、近代への不信感である。もちろん近代を全面的に否定することはできない。同一性と普遍性なしにはかえって個人を確立することも、社会を構築することもできないからである。重要なのは、それらが抑圧的に働く場面を見出し、指摘していくことである。

　だが、同一性と普遍性の抑圧を指摘したあと、何をすればいいのか。差異と多様性を見出していくことによって、わたしたちの生き方はどのように変わるのか。このような問いに具体的な形で答えることがポストモダニズムの今後の課題だろう。

参考文献

フーコー（蓮實重彦、渡辺守章監修、小林康夫、石田英敬、松浦寿輝編）『ミシェル・フーコー思考集成Ⅴ　1974-1975　権力／処罰』筑摩書房、2000年
　『監獄の誕生』と同時期の短い文章や対談などを収める。著作に比べるとかなり分かりやすい。なお、『思考集成』シリーズは全十巻が出ている。

J. G. メルキオール（財津理訳）『フーコー——全体像と批判』河出書房新社、1995年
　タイトルのとおり、フーコーを批判的に読み解こうとする試み。著者の博識ぶりがうかがえる一冊である。

デリダ（パットン、スミス編、谷徹、亀井大輔訳）『デリダ、脱構築を語る——シドニーセミナーの記録』岩波書店、2005年
　オーストラリアで行われたセミナーの記録。参加者の質問に答える形で、デリダが自らの思想を平易な言葉で語る。最初の一冊として薦められる。

高橋哲哉『デリダ——脱構築』〈現代思想の冒険者たち Select〉、講談社、2003年
　80年代以降の展開も押さえた本格的なデリダ入門書。巻末の「主要著作ダイジェスト」「キーワード解説」が充実している。

ドゥルーズ（宮林寛訳）『記号と事件——1972〜1990年の対話』河出書房新社、1996年
　ドゥルーズの対談、インタビューを集めた本。新しい管理社会の形について述べた箇所が近年とくに注目されている。

リオタール（小林康夫訳）『ポスト・モダンの条件——知・社会・言語ゲーム』水声社、1989年
　ポストモダンを考えるうえで最も重要な文献の一つ。今日では批判にさらされている箇所もあるが、とにかく明確なイメージを得ることができる。

リオタール（管啓次郎訳）『こどもたちに語るポストモダン』ちくま学芸文庫、1998年
　ポストモダンに関係する短い文章を収める。『ポスト・モダンの条件』とあわせて読むとよい。子供向けの本ではない。

デヴィッド・ハーヴェイ（吉原直樹監訳）『ポストモダニティの条件』青木書店、1999年
　ポストモダンについての社会学的考察。都市のあり方や生産システムの変化など多彩な論点を含む。

浅田彰『構造と力——記号論を超えて』勁草書房、1983年

日本のポストモダンを代表する一冊。80年代の雰囲気が伝わってくる。ドゥルーズをはじめとするフランス思想を明晰な言葉で紹介した功績は大きい。

(西山晃生)

第 II 部
課題

第 1 章
世代間倫理

第 1 節　世代間倫理の特性と必要性

世代間倫理を要請する問題と特徴

　世代間倫理とはわたしたち現在世代がけっして出会うことのないであろう子孫たちに対して、配慮する義務があるか否か、あるとするならばその根拠は何かを問うものであり、さらに最近では世代間倫理にもとづく集団的行為規範の構築と実践までが問われはじめている。

　こうした義務が問われる背景には、まずわたしたちがもつ科学技術力の進歩がある。核兵器の実用化によって人類という種を自ら滅ぼしてしまうだけの力を手に入れたという事実が、科学技術が種の存続そのものに影響を及ぼしえなかった時代とわたしたちの現在とを隔てている。核の平和利用に限って考えてみても、核エネルギーを利用したあとに出る放射性廃棄物の中には、半減期が2万4000年にも及ぶプルトニウムのような超ウラン元素が含まれている。わたしたちの生活と引き換えに、幾世代もの子孫たちに廃棄物の管理義務を負わせることは、はたして許されることだろうか。

　また、経済活動の規模の増大も環境に影響を及ぼす。CO_2などの温室効果ガスの排出量の増加が地球温暖化をもたらした可能性が高いとIPCC（気候変動に関する政府間パネル）によって2001年に公式に認定されている。短期的には、この可能性を無視して、発展途上国と呼ばれる地域の経済水準を先進国と同程度に引き上げることが望ましいようにみえる。しかしその結果、海抜の低い国土をもつ国々や、島しょ国では水没の恐れが高まり、加えて全世

界で異常気象の増加、食糧生産への重大な影響、熱帯性の伝染病の増加など、人類に深刻な打撃を及ぼすだけでなく、森林などの生態系にも大きな影響を与える可能性がある。わたしたちはそれを無視してもよいのだろうか。

　以上の諸問題を包括的に扱ってきたのが、環境倫理学であり、世代間倫理は自然中心主義思想とともに環境倫理学の一部門として扱われることが多い。しかし、遺伝子組み換え技術は人間にも適用可能な技術であり、生殖細胞に対する遺伝子操作が認められるならば、直接操作された個体のみならず、その子孫にどのような影響が及ぶか、未知の要素が非常に多い。遺伝子組み換え技術を何に対して、どのように認めるかという問題も、世代間倫理に関わる問題の一つである。このように、世代間倫理を要請する問題は、わたしたちによる地球規模の集団的行為である。さらに、こうした集団的行為の結果が不確定かつ不可逆的なものであるという特徴がある。以上のような世代間にまたがる諸問題に対して、なぜ倫理学の視点が求められるのだろうか。ここでは、経済学的視点と、倫理学を不要と見なす視点について考えてみよう。

経済学からのアプローチ——コスト-ベネフィット分析の利用

　コスト-ベネフィット分析とは、ある開発計画が生むであろう利益の合計から、損失の合計を引いた値を算出し、利益が上回るか否かにより開発の是非を判断する基準とするものである。しかし、世代間の問題を含め長期にわたる計画を分析する際には、将来何が起こるか不確定であること、かりに継続的に同じ利益が出た場合にだんだんと満足度が低くなるなどの理由から、将来生じると考えられる利益、損失にそのつど適当な割引率を積算することにより割引かれた値でもって判断する。

　たとえば、かりに新たに原子力発電所を建設するとしよう。発電所が現在世代にもたらす利益を20億円であるとしよう。一方で発電の過程で廃棄物が発生し100年後に20億円の損失を出すものとした場合、一年あたりの割引率を5％に設定すると、現在世代に対する損失はおよそ20億円×$(1-0.05)^{100}$＝1184万円にとどまるとみなされ、利益－損失＝20億円－1184万円＞0より、

建設するべきという結論が出てしまう。さらに、かりに一年あたりの割引率を０％に設定しても、現在世代に21億円の利益が生じるならば、21億円－20億円＞０円となり、利益が上回ることから、やはり建設を認める方向性が示唆されるのである。こうして、割引率を低く設定しても、世代間の公平性を考慮したことにはならないがゆえに、世代間の問題を考える際、コスト－ベネフィット分析とは別の評価基準が必要と考えられる。

ハーディンの救命ボート倫理

　救命ボート倫理とは、「共有地の悲劇」で知られる生物学者ガレット・ハーディンが人類存続のために提唱した一つの「戦略」である（ハーディンは、いわゆる倫理学が直接交流のある者同士による利他的行為の根拠づけを試みるものであり、集団的行為とは関係ないと述べる）。地球の物的資源を有限な共有物と見なし、地球環境が人類を含めた生命を扶養する能力には限界があるとする。そのうえで、国家を豊かな国と貧しい国に分ける。前者は環境の扶養能力に照らして適正な人口の国であり、後者は扶養能力を超過した人口を抱える国である。各々の国土を救命ボートにたとえるならば、ボート自体の大きさは食糧その他の援助によって変わるわけではないので、豊かな国が貧しい国を援助したとしても共倒れの滅亡が先送りされるだけだという観点から、豊かな国の住人が生存することを優先し、貧しい国は自助努力で適正人口をめざすべきだとされる。

　しかし、人類存続のためには世代内の公平性より環境の扶養能力が重要という前提にもとづいて提起される救命ボート倫理は、発展途上国が、豊かな先進国による経済的な搾取によって構造的に貧しいままにされている事実を無視しているために、実質的に途上国に対する生殺与奪の権を先進国に与えてしまっている。この人命軽視の姿勢は、人類存続のための「戦略」という釈明を受け入れない人々の反発を招くだろう。このことは、わたしたちが人類という種としてたんに存続をすることだけをよしとしないことを意味し、確固たる世代間倫理を要請するのである。それでは、わたしたちの将来世代

に対する配慮はどのように正当化され、かつ義務づけられるのだろうか。その倫理学的な方法の検討に入ろう。

第2節　世代間倫理の理論

学としての世代間倫理の誕生

　カリフォルニアのパシフィック大学教授 W. C. ワグナーは、将来世代に対する配慮が、現在世代であるわたしたちの自己愛にもとづけられると主張する。すなわち、自己愛があり目標を達成することを喜びとする人間は、将来世代に関わる困難な問題を解決することで己の自己愛を満たし、自己実現にまで至る、とされる。しかし、将来世代に対して配慮して行動することでは、自己実現が達成されないと考える人々に対しては、これは何の説得力ももたない見解だろう。

　デューク大学法哲学教授 M. P. ゴールディングは、1971年に将来世代の権利にもとづく世代間倫理を初めて理論的に検証した。論文「将来世代に対する諸義務」によると、社会契約は相互の契約によるか、共同体のメンバーが他のメンバーの努力から恩恵を受けるような取り決めが存在しているか、いずれかの場合にのみ成立する。前者の場合、将来世代と現在世代とが契約を取り交わすことは不可能であるし、後者の場合は、将来世代は現在世代に対して何ら貢献できないという権利－義務の非対称性のゆえに、将来世代の権利を合理的に具体化できる倫理的枠組みはつくれない。

　ところで、ゴールディングによると、契約を結ぶ際には、「善い」人生に関する概念が共有されていることと、契約が基礎づける義務が互いの善を促進する義務であることが前提される。つまり、現在に比べ未来の生活は必ず何らかの意味で善くなっていなければならない。現在・過去・未来において暗黙のうちにこの「善い」人生の概念が共有されているならば、世代間倫理が成立するのではないかという反論に対し、ゴールディングは「善い」人生に関する概念が世代間において相対的であると主張する。たとえば人間に対し

て遺伝子操作を施そうとすれば、わたしたちは「善い」人生のあり方を踏まえなければならないが、そもそも遺伝子の構造に関して、わたしたちが何を欲するべきかは不明である。以上の理由から、契約関係が成立しないので、世代間倫理が厳密に基礎づけられているとはいえないとされる。

よく似た試みに、アメリカの法哲学者 J. ファインバーグのものがあるが、やはり基礎づけには至らない。こうした試みが失敗に終わるのは、だれが将来世代として生まれてくるかが、わたしたち現在世代の選択により変わってくるためである。たとえばわたしたちが浪費を重ねた結果生まれてくる将来世代と、地球環境の保全に配慮した場合に生まれてくる将来世代とでは、顔ぶれが異なっているはずである。オックスフォード大学の D. パーフィットの著書『理由と人格』によると、浪費の結果生まれてきた子孫たちは、自らが生まれなかったような選択をしなかったからといって祖先を非難することができない。すると、わたしたちも子孫も困らないのだから、世代間倫理など不要ではないかという奇妙な結論に達しかねない。

このようなゴールディングの主張に反対したのが、D. キャラハンである。キャラハンは、生命倫理学の研究機関として知られるヘイスティングスセンターの創設者の一人である。論文「わたしたちは将来世代に対していかなる義務を負うか」によると、将来世代はたしかに祖先たちが現在世代に対して快適に生活することのできる環境を残してくれたことに直接応えることはできないけれども、代わりに遠い子孫たちを手助けすることによって、権利─義務の相互性が保証される。その論拠として、日本語の「恩」の概念を引用し、祖先から受けた恩を子孫たちへ返すという社会契約が成立するという。しかし、祖先たちはわたしたちのためを思って自然環境を保護したのではないだろう。人口も少なく、加えて科学技術も今ほど進歩していなかった時代には、人類という種全体に災いが及ぶことがなかっただけである。

ロールズの『正義論』に見られる世代間倫理の問題

先のパーフィットは、子孫たちの反応に関わらず、将来世代の生活環境を

悪化させることが悪いことだというわたしたちの直観は揺るがない、という。ならば、世代間倫理を根拠づける別の議論を参照することが必要であろう。ロールズの『正義論』においても、世代間倫理に関する問いが扱われている。「公正としての正義」という枠組み自体は、将来世代の生活がわたしたちの暮らし以上に善くなっていなければならないというゴールディングの前提を共有しない。ロールズの理論的仮説である「原初状態」においては、「無知のヴェール」を通して合理的選択がなされると考えられる。そのとき、自分はどの世代に属するかを知らないわけだから、どの世代にあっても正義にかなうのは同じ選択肢であると考えられる。ここでは、契約を結ぶために同時代における相互性は必要とされない。

　じつは、「原初状態」における合理的人間に関して二つの仮定がある。一つは合理的人間自身が直接の子孫に対しては十分に配慮をする者であるという仮定、さらに、採用される原理は合理的人間であるならば前の世代すべてがそれに従ったことを認めうるものでなければならないという仮定である。そのうえで、ロールズは世代間の問題に、「貯蓄原理」を導入する。「貯蓄原理」とは、全世代が直接の子孫にどれほどの財産を残せるかと、直接の祖先に対してどれほどの蓄えを要求できるかを比較した結果導かれる、「公正としての正義」にかなう社会に適正な量の財を各世代に公平に分配しようとするものである。これを世代間の了解事項と見なすのである。

　こうした了解事項を世代間で共有しているとすれば、現在世代と将来世代の関係はどのようなものになるだろうか。世代内における不公正は、「格差原理」により是正されると見なされている。「格差原理」と同様、「貯蓄原理」がめざす正義も各世代において最も恵まれない人々を念頭においている。そのうえで、「公正としての正義」にかなう社会であるかどうかに照らして、「格差原理」をどの程度制約できるかという問いがここで成り立つのである。なぜならば、「格差原理」の発動により、世代間における貯蓄が成り立たないこともまた正義に反するからである。逆にまた、「格差原理」の側から、世代間にまたがる財の蓄積がどの程度期待できるかということも導き出されるわけ

である。つまり、『正義論』は世代間の問題と、世代内の問題とを分けずに資源の分配の問題として扱っているのである。

第3節　ハンス・ヨナスの未来倫理

未来倫理の全体像と、求められる理由

　ロールズの『正義論』を世代間倫理の視点から見たとき、問題は二つある。一つは「公正としての正義」がめざす貧富の是正が、民主主義の確立を前提しているために、先進国と民主主義の定着していない途上国とが共通の目標のもとに行動する根拠づけとして不十分な点である。もう一つはロールズには科学技術の進歩が可能にする未知の結果に対する関心があまり見られない点である。わたしたちは、さしあたり後者の問題に関連して、ハンス・ヨナスの未来倫理を通して、科学技術に対する態度決定がいかなるものであるべきか、を考えることができる。

　ヨナスは、1903年にドイツで生まれたユダヤ人学者である。1933年にナチ党が政権をとるまでドイツに暮らし、大学教育を受けている。当初はハイデガーや神学者ブルトマンのもとで宗教史を研究していたが、第二次世界大戦と自らの従軍をきっかけに独自の自然哲学の探求に転じ、1979年に自身の自然哲学にもとづく倫理学の著作『責任という原理』を書き上げた。

　ヨナスの未来倫理は、科学技術の利用がもたらす人類の存亡に関わる意図せざる災いを避ける行為の理論的な正当化をめざすものである。未来倫理はまず倫理学における理念知である原理論、次に科学技術がもたらす因果的帰結を推測するという、新しい役割を担う科学技術、最後に理念知の応用に関する実践知である政治哲学という構成になっているが、『責任という原理』で説かれるのは原理論の部分である。「人類の未来は存するべきだ」という命題はたしかにそれ自身正しく思えるが、その哲学的根拠が示されないかぎり、わたしたちは将来世代に対し自らの利益を優先するという選択肢を選んでも責められることはない。それゆえ緻密な原理論をまず生み出すことが求めら

れるとヨナスは考えたのだった。

未来倫理の定言命法

　さて、未来倫理における第一の義務は将来世代に対してわたしたちが及ぼしうる脅威を、科学技術により明らかにすることである。ここで用いられる科学技術は、「恐れにもとづく発見術」と呼ばれ、原理論たる倫理学にとってなくてはならないものだ。第二の義務は、獲得された予測に対して、わたしたち自身の感情が恐れるようにしむけることである。ところで、予測の技術がどれほど向上しても、予測自体につきまとう不確実さを免れることはできない。ヨナスは予測結果の評価に、悪い予測があれば、それは善い予測に対し優先するという新しい倫理学的原則を導入する。悪い予測はたとえ予測であっても真と見なされ、当事者には結果を回避する義務が生じる。

　未来倫理の義務は将来世代がいまだ存在せず、現代のわたしたちに対し権利を主張することができないために、通常の義務とは異なり、権利‐義務の対称性から独立している。これは、すなわち、将来世代の幸福追求権に由来する義務ではなく、未来倫理が課する義務を負う能力を引き続き将来世代も維持できるようにする義務である。ヨナスはこれを「本源的な義務」と呼ぶ。

　そもそも未来倫理は将来世代による現在世代に対する告発を推測して先取りすることをわたしたちに課するものだ。しかし、もし現在世代の未来倫理に反する行為の影響をこうむる将来世代から、その告発がないとしたらどうだろう。それは未来倫理がもはや拘束力をもたないことを意味する。こうなってしまうことを、ヨナスは「人間という理念」の核心が変わることであるといい、「本源的な義務」とはこの理念の核心の変更を避ける義務である。そしてヨナスはこれを次の定言命法で表している。

　汝の行為の因果的帰結が真に人間の名に値する生命が永続することと折り
　合うように行為せよ。

この定言命法に反する行為は、わたしたちの悪意や利己主義に由来するよりもむしろ、わたしたちにとって未知の新しい技術が、予想される悪い結果を解決してくれるだろうという根拠のない期待からなされるほうが多いと考えられる。未来倫理はそのような期待を退け、単純な進歩主義にもとづく科学技術の濫用を慎むように求める倫理である。

　ところで、未来倫理が新しい倫理であるにもかかわらず、人間という理念の核心を維持するということには、いかなる意味があるのだろうか。ヨナスは人間という理念が時とともに変わりゆくものだとして、具体的には記述しない。しかしそのなかで唯一変わってはならない性質として、責任について論じる。ヨナスは、従来倫理学においてあまり注目されてこなかった行為の結果に対する責任に未来倫理の根拠づけを求めるのである。

責任という原理

　ヨナスは未来倫理の根拠づけとなる責任の由来を、人類が進化のプロセスにおいて獲得し、継承してきた自然本性に求める。ヨナスが注目するのは、人間を含む生命全体に通ずる営みである。たとえば人間に限らず動物の臓器は、意識しなくても働く。このことは、「生きる」方向へ自然がおのずから向いているということであり、ヨナスはこれを自然界における「生きる」という目的の遍在と見なすのである。一方で、すべての生命体は、新陳代謝を通して外界との関係に依存して存在していることもまた事実である。すなわち、自然の中で存在は生命という形をとるのである。そして、生命は絶え間のない新陳代謝という活動により自己保存を図っているのである。

　ここで、活動と関係をその特徴とする存在（＝生命）の、不活動と関係の断絶を特徴とする非存在（＝死）に対する価値的な優位が事実より根拠づけられたとされる。人間はこの事実と、価値の優劣とを認識し受容できる地球上で唯一の生物種として位置づけられるのである。こうしてヨナスにより定義された存在とは、存在し続けようという目的をもつが、外界との関係において傷つきやすく、失われやすいものである。もし、「わたし」の力の及ぶ範

囲に、存在を脅かされているものがある場合、そのものは「わたし」に対し一方的な依存の関係にあり、「わたし」は存在を守るように呼びかけられているとされる。そのとき「わたし」に、そのものに対する責任が生じるのである。ただし、このような論証は、事実から価値を導く自然主義的誤謬にあたるとして大変に批判が多い。倫理の根拠づけとして適切かどうかの議論が今も続いている。

責任の諸相
　ヨナスのいう責任は通常わたしたちが考えるような、ある特定の行為に対する行為者の責任ではない。「わたし」の行為によって対象が脅かされているかどうかに関わりなく、とにかく、「わたし」の力の及ぶ範囲内において、存在を脅かされているものの呼びかけに応える責任である。したがって、もてる力の大きい者ほど責任を負う範囲が広くなるのである。また、この責任は「わたし」に対してなすべき行為を指示しない。「わたし」が、そのつどの状況に応じて解決策を見出していかねばならないのである。
　そのうえ、この責任は「わたし」を問題にしない。つまり、「わたし」が道徳法則を大切にしているから生じるでもなく、「わたし」の権利が脅かされたわけでもなく、徳の完成のためでもないのである。責任は、あくまで「わたし」の外部にある「善」が脅かされているがゆえに生じるのである。ところで、責任対象は「わたし」に依存しているが、それは対象を意のままに支配することをよしとするものではない。対象と「わたし」の間に価値の優劣があるわけではなく、あくまで呼びかけに応えることのみが問題となるのである。
　ところで、わたしたちはこのいわば無私の責任を果たせるのだろうか。責任の例として、ヨナスは乳飲み子に対する責任を挙げる。乳飲み子はまだ自分自身の力で生命を維持することができないために、両親をはじめとする周囲の人の助けを求めざるをえない。求められた者は、否応なく乳飲み子の世話をしなければならない。もし世話しないという選択をするならば、それは

乳飲み子の死を意味しているわけで、つまりその者が乳飲み子に対して責任を負う者なのだ。この乳飲み子に対する責任から読み取れる、生命のはかなさ、要求の充足をあと回しにできないこと、そしてほかのだれとも異なる乳飲み子の存在のかけがえのなさは、すべての責任対象に通じている。したがって、乳飲み子に対する責任は責任の原型でもあるのだ。

未来倫理の本源的な義務を果たす責任
　上に述べた両親の責任は人間の自然の営みによりおのずと生じる責任であるので、自然責任と呼ばれる。反対に、それに先立って結ばれた契約により生じる責任が人為責任である。この場合、責任は当然契約内容にのみ関わってくる。しかしこれに加えて、政治家の責任に代表されるような、人為責任にもかかわらず、共同体の存続と運営全体に関わろうとする責任が存在するのである。この場合、責任の起源は将来世代の存在そのものであるが、通常一個人の力はその存在にまで及ばない。しかし、あえて自発的に責任を選択する者がいれば、その者は共同体全体に関わる大きな力を得るのである。
　この政治家の責任に即した形で、先の定言命法は次のように言い換えられる。

　人間が今後も存続してゆくことの妨げとなる政策をとるな。

なお、人間存在の傷つきやすさとはかなさがすべての生命と共有されていることから、人間の責任はすべての生命に及びうるが、将来世代への責任能力の継承が優先される。これは、ハーディンのようにたんに種としての生き残りをめざすことを意味しない。責任を根拠にして、責任能力のあるものをあえて犠牲にするような政策をとることは必然的に矛盾しているからである。では、どのような政策、政治体制が望ましいのだろうか。ヨナスは、実践知について体系的な著作を残すことなく1993年に亡くなった。世代間倫理の実践はわたしたち自身の課題として残されたのである。

第4節　世代間倫理の実践

　しかし、わたしたちはすでに、世代間倫理を試行錯誤しつつ実践している世界に生きているのである。「国連人間環境会議」(通称ストックホルム会議)は、史上初めて政府間で地球環境に関する問題を公式に議論するために1972年に開催された。これ以降、将来世代の生存と利害に配慮した実践のあり方について本格的な議論が始まったのである。当時ノルウェーの総理大臣だったグロ・ブルントラントが委員長を務める「環境と開発に関する世界委員会」は、1987年に出版した委員会報告書の中で「持続可能な開発」という理念を提唱した。これはおもに発展途上国に暮らす貧困層の必要最低限の生活資源の確保と、現在及び将来世代の要求を満たせるだけの資源の分配との両立に、わたしたちが政治体制の違いを越えて取り組まねばならないことをうたっている。

　同時に、報告書は従来の経済政策やエネルギー政策に加えて各国の環境政策の強化を訴えた。それを受けて開かれたのが1992年の「環境と開発に関する国連会議」(通称リオ会議)である。この会議で採択された「リオ宣言」には、原則7において持続可能性を踏まえた、途上国と先進国の「共通だが差異ある責任」、原則15において「予防原則」が記されている。予防原則とは、深刻かつ不可逆的な危害の脅威のある場合に、完全な科学的確実性の欠如を理由に費用対効果の大きな対策を延期してはならないというものである。1998年には、予防原則に関するウィングスプレッド声明が出される。そのなかで、安全性を証明する義務が市民ではなく、何らかの危害を及ぼす恐れのある行為を行おうとする企業や国家などの側にあるとしたことは特筆されてよい。つまり、そのような行為は、行為主体の側から安全性を証明できないかぎり、実行が認められないということである。

　現在では、予防原則の理念のみならず運用についても論じられ始めている。たとえば2001年以来、欧州委員会が導入を検討している化学物質規制政策

（REACH）には、安全性が証明できない化学物質の使用を禁ずると同時に、使用が許可されている物質の検証データまですべて一般市民に公開するという情報公開の原則が盛り込まれている。ここに、科学技術の利用に関する「責任という原理」が、市民参加の政治哲学として具体化し始めていると見ることもできよう。今後はさらに、資源の分配の問題と科学技術の利用の問題の双方に関して、市民参加を強力に推し進めるような理論的な基礎の探求が重要となり、それにもとづく政策の実現が求められるようになるだろう。

参考文献

シュレーダー゠フレチェット編（京都生命倫理研究会訳）『環境の倫理（上・下）』晃洋書房、1993年
　世代間倫理に関する古典的な論文であるシュレーダー゠フレチェット「テクノロジー・環境・世代間の公平」が上巻に収録されている。

J. ロールズ（矢島、篠塚、渡部訳）『正義論』紀伊國屋書店、1979年
　現代倫理学の基本文献だが、とくに§44「世代間の正義に関する問題」は世代間倫理を語るうえで欠くことができない論考である。

加藤尚武『環境倫理学のすすめ』丸善ライブラリー、1991年
　人間に対する自然の権利、世代間倫理、地球全体主義の三つのテーゼによって、日本における環境倫理学の枠組みを築いた著作。

加藤尚武『新・環境倫理学のすすめ』丸善ライブラリー、2005年
　世代間倫理に限らず環境倫理学を論じるにあたり、今後基礎となる持続可能性概念や予防原則概念自体の批判的検討などが読める。

H. ヨナス（加藤尚武監訳）『責任という原理――科学技術文明のための倫理学の試み』東信堂、2000年
　宗教史研究と自然哲学研究を経て、著者76歳にしてたどり着いた倫理学の大著。環境倫理学、生命倫理学の理論的基礎として注目され続けている。

H. ヨナス（尾形敬次訳）『哲学・世紀末における回顧と展望』東信堂、1996年
　ヨナスが自身の思想について多くの聴衆に向けて語った講演録。『責任という原理』で主張されていた内容が簡潔に述べられている。

D. パーフィット（森村進訳）『理由と人格』勁草書房、1998年
　第16章以降で世代間倫理が考察される。突飛な思考実験が連続するが、いずれも世代間倫理が抱える問題の本質を突いている。

J. パスモア（間瀬啓允訳）『自然に対する人間の責任』岩波書店、1980年
　環境倫理学全般について詳細な議論が展開される。そのなかでも、世代間倫理と歴史観の関係がとくに細かく論じられている。

『現代思想』1990年11月号特集「木は法廷に立てるか」、青土社
　ここにはジョエル・ファインバーグ「動物と生まれざる世代のさまざまな権利」をはじめ環境倫理学における古典的論文の翻訳が収められている。

大竹千代子、東賢一『予防原則』合同出版、2005年
　予防原則の理念と定義、各国における予防原則の理解や、導入の歴史がまとめられている。2005年現在における日本政府の対応にも触れている。

（山本剛史）

第2章
自然中心主義、動物の権利

　生命は神聖なものである。罪もない人を傷つけたり殺したりしてはならない。これらはわたしたちが当然のこととして受け入れてきた倫理原則である。しかし、その一方で、わたしたちは食料のために家畜を生産して殺し、医薬品や化粧品の安全性を確かめるために動物実験を行っている。そして、ゴルフ場やダムを作るために森林や生態系を破壊している。罪もない人間の生命を奪うことと動物の生命を奪うこととの間にある違いは何だろうか。それは、一方はホモサピエンスの生命であるのに対して、他方はそうでないという点である。だが、ホモサピエンスという種であるか否かということが、生命を奪うという行為の道徳性に違いをもたらすのはなぜだろうか。

　科学技術の進歩や産業化の進展に伴い生命倫理や地球環境問題と呼ばれる問題が出現すると、従来の倫理は人間中心主義にもとづいていると批判する人々が現れた。彼らは、人間の利益だけでなく、動物の権利や自然の権利をも配慮しなければならないと主張する。ここでは、動物や自然の道徳上の権利について、そして倫理を人間以外の動物や自然にまで拡大するという試みについて考えてみたい。

第1節　西欧における動物と自然に対する態度
　　　　　——人間中心主義

ユダヤ-キリスト教

　人間の生命のみが神聖であり、動物と自然を人間の利益や幸福のために役立てることに何の倫理的問題もないと考えるのは、他の文化圏には見られない西欧文化特有の考え方である。このような考え方には二つのルーツがある。

ユダヤ教と古代ギリシア思想である。ユダヤ教においては、神は自らの似像として人間を創造し、人間にすべての動物を治める支配権を与えたとされた（『創世記』）。一方、古代ギリシアのアリストテレスは、自然界が目的と手段の関係からなる階層構造をなしていると考えた。「植物は食料として彼ら（動物）のために存し、他の動物は人間のために存し、そのうち家畜は使用や食料のために、野獣はそのすべてでなくても、大部分が食料のために、またその他の補給のために、すなわち衣服やその他の道具がそれらから得られるために存するのである」（『政治学』第1章7）。

　ユダヤ教とアリストテレスの思想はキリスト教において統一された。中世のトマス・アクィナスは「ものをそれが意図されている目的にしたがって用いることには、罪はない。さて、物事の秩序は不完全なものは、完全なもののために存在するということである」と述べている。動物に比べてより「完全な」人間が動物を支配することは秩序にかなったことであり、この秩序の正しさは神の摂理に求められる。「というのは神の摂理により、それら動物は自然の秩序において人間の使用へと供されているからである。ゆえに、人間がそれらを殺すなり、あるいは何であれ他のやり方で利用しても間違いではない」（『神学大全』第Ⅱ部のⅡ・第64問題）。

近代哲学

　近代科学の誕生とともに、それまで支配的だったアリストテレスの自然観は機械論的自然観（世界の事象の生成や変化をもっぱら必然的な因果関係によって説明する立場）に取って替えられた。しかし、新たな自然観のもとでも動物の地位が向上したわけではない。それどころか新たな伝統が付け加わった。デカルトは、人間が魂をもち理性によって思考活動を行うのに対して、動物は理性も感情ももたない「自動機械」にすぎないと主張した。危害を加えられた動物が鳴声を上げるのは、機械時計が時を告げる音を発するのと同じく、一定の因果関係によるものであり彼らが苦痛を感じているからではない。

　18世紀に登場した啓蒙主義は世界を唯物論的に眺める傾向に拍車をかけた。

動物を用いた実験が流行し、人間の生理機能と動物のそれとの間に類似性があることが明らかになった。人間の特別さに対する信頼が揺るぎ始めたとき、人間を他の動物から区別する新たな基準が示された。カントは、人格のうちにある人間性を目的として扱い、けっして手段としてだけ扱ってはならないと説いた。しかし、これは自律的な理性的存在者に対する義務であり、理性をもたない動物に対してはあてはまらない。「動物は自分自身を意識していないがゆえに、すべての動物はたんに手段としてだけ存在し、それ自身のために存在するのではないのに対し、人間は目的である……から、われわれは動物に対して直接的には義務をもたず、むしろ、動物に対する義務は人間性に対する間接的な義務なのである」（コリンズ『道徳哲学』61「動物と霊に対する義務について」）。もちろんカントも動物を虐待してはならないと考えていた。しかしその理由は、動物がそれ自体としての価値をもっているからではない。動物に対する虐待を許容すれば、そのような行為は人間に対しても行われる恐れがあり、「人間性」への義務に反するからである。

動物実験

　19世紀になると、医学に実験が組織的に取り入れられるようになった。これに伴い、動物実験も本格的に実施されるようになった。実験医学の祖であるクロード・ベルナールは「動物について実験をする場合は、いかに動物にとって苦痛であり、また危険であろうと、人間にとって有益であるかぎり、あくまで道徳にかなっているのである」（『実験医学序説』）と述べている。19世紀後半には動物の生体解剖に対する反対運動が活発化するものの、動物実験の重要性は依然として強調され続けた。そして、動物は科学研究、新製品の試験、科学教育のために広く利用された。今日でも、疾患に対する治療法や医薬品の開発、化粧品の開発には不可欠である。人間に対して臨床試験を行う前に、まず動物を使って安全性を試験することは当然であると考えられている。

　このように西欧の宗教的・哲学的伝統のもとでは、人間は人間以外の動物

を食料や研究手段として利用してきた。「人間以外の種や環境の利益や福祉を犠牲にして人間の利益を推進する態度、価値観、実践」（*Encyclopedia of Applied Ethics,* Academic Press, 1998, vol. 1, p.178）を倫理学では人間中心主義（anthropocentrism）と呼ぶ。西欧の人間中心主義は、人間だけがもつはっきりとした特長、すなわち魂をもつこと、理性をもつこと、言語を使用することなどを強調することによって正当化されてきた。そこでは、倫理とはもっぱら人間同士の間の問題であると理解されていたのである。

第2節　倫理の拡大——人間中心主義から動物の権利へ

人間中心主義に対する挑戦

　理性をもたない動物は道徳的に重要な存在ではない、という見解に最初に異を唱えたのはベンサムである。ベンサムは、関係者の幸福を最大化する行為は正しいとする「功利性の原理」を提唱した。ベンサムは、この原理が適用される関係者の中に人間だけでなく動物をも含めた。「問題は彼らに理性があるとか、彼らが話せるとかではない。彼らは苦しみを感じることができるかということなのである」（『道徳および立法の原理序説』第17章第1節）。ある存在が苦痛を感じることができるならば、たとえその存在が人間でなくても、彼らの苦痛を考慮しなければならない。このようにしてベンサムは「道徳上の共同体は我々が行うことでその利益に影響が出るすべての被造物を含むところまで拡大されねばならない」（レイチェルズ）ことを示した。

　一方、人間は他の動物よりもすぐれた存在であるという伝統的な信念は、ダーウィンの進化論の出現によって大きく揺らぐことになった。ダーウィンは、『人間の起源』の中で、感覚、直観、愛情、記憶、注意、好奇心、模倣、推論など、人間が自慢しているさまざまな感情や心的能力は、下等動物の中にも初歩的な状態で見られ、ときには非常に発達している場合もあると述べた。したがって、「人間と高等動物の精神との間の差がいかに大きいとしても、それは程度の問題であって、質の問題ではない」（『人間の起源』「人間の進

化と性淘汰」)。

　科学技術の進歩や産業化の進展に伴い生命倫理や地球環境問題と呼ばれる問題が出現すると、ベンサムやダーウィンが開始した西欧の人間中心主義への攻撃は新たな展開を迎えた。人間以外の種や自然環境に対するこれまでの人間の態度が反省され、従来の倫理があらためて見直されることになったからである。リン・ホワイト・ジュニアは現代社会が直面している生態学的危機の原因は自然に対する搾取的態度にあるとし、その根源をキリスト教に見出した(『機械と神』)。他方で、ピーター・シンガーとトム・レーガンは動物の権利（animal rights）を主張し、動物の肉を食べたり動物を実験に使用したりすることは倫理的に間違っていると主張した。彼らはこれらの行為が間違っている理由として、動物に危害を加えてはいけない、あるいは動物の権利を侵害してはいけないことを挙げた。しかし、動物に危害を加えたり動物の権利を侵害したりすることはなぜ間違いなのだろうか。

動物の権利とは

　哲学者のデヴィッド・ドゥグラツィアは「動物の権利」の意味を、(1)道徳的地位という意味、(2)平等な配慮という意味、(3)功利性を乗り越える意味の三つに分類している(『動物の権利』)。

　動物が権利をもつとは、第一に、動物が道徳的地位をもつという意味である。この考え方によれば、動物は人間との関係においてではなく、動物自身の資格において道徳的な重要性をもっているとされる。「動物は人間に利用されるためにだけ存在するのではないから、彼ら自身の資格においてよい扱いを受けるべきである」。人間が動物に危害を加えることが倫理的に間違っているのは、動物に対する道徳的配慮が欠けているからである。

　第二に、動物が権利をもつとは、動物が平等な配慮に値するという意味である。この考え方によれば、動物の苦しみは人間の苦しみと同じくらい道徳的に重要であるとされる。動物に危害を加えることが倫理的に間違っているのは彼らに苦痛を与えるからであり、苦痛を与えてはいけないのは「わたし

たちは人間と動物の比較可能な利害に同等の道徳的重要性を与えなければならない」からである。この場合、動物がたんに道徳的地位をもつだけでなく平等な配慮に値するためには、動物は「苦痛を感じる」能力をもっていなければならない。言い換えれば、快苦の感覚をもつ（sentient）動物だけが権利をもつということになる。

　しかし、平等な配慮に値するという意味で動物の権利を考えるという考え方には限界がある。たとえば、正しい行為とは功利性を最大化する行為であると考え、動物を含めたすべての関係者の利害を考える人がいたとしよう。この人は動物の苦しみに人間のそれと平等な配慮を与えるとしても、動物に危害を与えることによって結果的に功利性が最大化されるならば、それを行うことは道徳的な義務であると考えるだろう。

　そこで動物の権利に関する第三の考え方が出てくる。即ち、動物が権利をもつとは、動物が功利性を乗り越える権利をもつという意味である。この考え方によれば「人間と同様に、動物にも社会の功利性を最大化するためであっても無視してはならない、ある種の重要な利害がある」とされる。したがって、いかなる場合であっても、動物の権利は絶対的に保護されなければならない（なお、ドゥグラツィアが分類した動物の権利の意味(1)～(3)と以下の記述は次のように対応している。(2)：シンガー、(3)：レーガン、(1)および(2)：動物福祉）。

シンガーとレーガン

　シンガーは、ベンサムの「各人を一人と数え、だれのことも一人以上には数えない」にならって、「利害をもつすべての存在者の利害を配慮し、どの存在者の利害も他の存在者の同等な利害と等しく扱うべきだ」ということを基本原則とした。

　シンガーによれば、ある存在が「利害をもつ」ためには、その存在が苦痛を感じる能力をもっていなければならない。したがって、動物が快苦の感覚をもつならば、彼らの利害を平等に配慮すべきだと主張した。シンガーはこ

のような平等原則の拡大を「動物の解放」と呼び、動物の解放を黒人解放運動や女性解放運動の延長線上にあるものと位置づけた。人種の違いや性別の違いといった恣意的な理由によっては人種差別や性差別が正当化されえないのとまったく同様に、ホモサピエンスという種でないという理由によって動物を実験の道具として使用したり、食料のために家畜を工場生産したりすることは道徳的に間違っているというのである。「人間の生命が、そして人間の生命だけが神聖不可侵であるという信念は、種差別（speciesism）の一形態である」（『動物の解放』）。

　「種差別」は心理学者のリチャード・ライダーによる造語であり、ライダーは『科学の犠牲者たち』（1975年）の中で人間による他の種に対する差別を人種差別（racism）に模して種差別と呼んだ。それ以後、この語は一般に「人間による一定の動物種に対する差別あるいは搾取。人類は動物よりも優れているという前提にもとづく」（Oxford English Dictionary）という意味で理解されている。シンガーは「種差別」の論理が端的に表れている例として、LD50（実験動物の半数が死ぬまで医薬品を与え続ける試験。その結果にもとづき体重比によって医薬品の致死量を算定する）やドレイズテスト（ウサギの片方の眼に濃縮された試験液を点眼して毒性の有無を観察する試験。涙腺の発達が悪く試験液が流されにくい、声をあげて鳴かないなどの理由からウサギが使用される）を挙げ、その非倫理性を糾弾した。

　シンガーが功利主義の立場から動物の解放を正当化しようとしたのに対して、レーガンは義務論あるいは権利論の立場から動物の権利を正当化した。

　レーガンによれば、固有の価値をもつすべての個体は尊敬をもって扱われるべき権利をもっている。「固有の価値」（inherent value）とは、手段としてではなくそれ自体として価値をもつということであり、ある存在が生命の主体であるならば、そのものは固有の価値をもつ。「生命の主体」（subjects of a life）であるとは、確信や欲求をもつこと、知覚や記憶や自分自身の将来を含めて将来の感覚をもつこと、快苦の感覚を含む情緒的な生活をもつこと、選好と福祉への関心をもつこと、欲求や目標を追求して行為する能力をもつ

こと、継続的な精神医学上の自己同一性をもつこと、他人から独立した幸福をもつことである（T. Regan, *The Case for Animal Rights,* University of California Press, 1983, p.243）。ところで、動物の中にはたんに感覚をもつだけでなく、上記の意味で生命の主体であると考えられるものがいる。たとえば1歳以上の哺乳類動物がそうである。したがって、彼らを食料としたり研究の手段としたりすることは、彼らの権利を侵害するがゆえに倫理的に間違っている。

このように、レーガンは固有の価値にもとづく権利論を動物にも適用し、彼らに対して功利性を乗り越えるという意味での権利を与えた。

動物福祉

シンガーの動物解放論やレーガンの動物権利論は、動物実験反対運動に理論的根拠を提供した。これに対して、科学研究の現場では「動物福祉」（animal welfare）の考え方が浸透している。それは「人間のためになるという目標をみたすように動物が使われるのはやむをえないが、動物がこうむる痛みや苦しみは最小限に抑えなければならない」（松沢哲郎）という考え方である。この考え方によれば、動物はレーガンのいう意味での絶対的権利はもたないが、少なくともある程度の道徳的地位をもち、彼らの苦痛に配慮がなされているということになる。

現在では、こうした動物福祉の観点から、医学研究における動物実験に関して国際的なガイドラインが設定されている。たとえば、ヘルシンキ宣言では「研究に用いられる動物の福祉が尊重されねばならない」とされている。また、国際医学団体協議会（CIOMS）の「医学生物学領域の動物実験に関する国際原則」（1985年）では、3Rを中核とする11条の根本原則が示されている。「3R」は、動物学者のウィリアム・ラッセルと微生物学者のレックス・バーチが「人道的動物実験手法の原則」（1959年）の中で提唱した原則であり、置換（replacement）、削減（reduction）、洗練（refinement）の三原則のことである。置換は、できるだけ下等な動物に置き換えることや培養細胞のよう

な試験管内の実験に置き換えること。削減は、実験に用いる動物の数を必要最小限にしぼること。洗練は、実験操作を向上させて動物の苦痛軽減を図ることである。

　また、同様の動物福祉の立場から、動物の飼育環境に配慮する「環境エンリッチメント」という試みも浸透しつつある。これは、たとえばケージのサイズを大きくする、給餌の回数を増やし方法を工夫する、おもちゃを与えるなどにより、飼育環境を豊かで充実したものに改善しようとする試みである。

第3節　動物から自然への倫理の拡大

自然の法的権利

　シンガーやレーガンは、従来の倫理の根底にある人間中心主義を批判し、倫理の適用される対象の範囲を人間以外の動物にまで拡大しようとした。彼らの問題提起を受けて、倫理の適用範囲をさらに植物、自然環境、生態系にまで拡大しようとする人々が現れた。環境思想史の研究者であるロデリック・ナッシュは、彼らによる倫理の拡大を「人間という限定された集団の自然権から、自然を構成している各要素の権利、あるいは自然全体の権利へと倫理が進化しているもの」としてとらえている。

　ナッシュのいう自然権から自然の権利へという流れを実証しようとしたのはクリストファー・ストーンである。法律学者のストーンは、ミネラルキング渓谷（カリフォルニア州）のリゾート開発をめぐって環境保護団体が提訴した事件の渦中で「樹木の当事者適格──自然物の権利について」という論文を書いた（邦訳『現代思想』vol.18-11、58-94頁）。一般に、当事者適格（standing）とは訴訟を提起できる資格のことであり、訴訟の解決によって法律上の権利や義務に影響を受ける者は訴えの利益をもつとされ、訴えの利益をもつ者だけが訴訟を提起できる。上記の論文の中でストーンは、法的権利という概念の分析にもとづいて、「森、海、河、その他いわゆる環境の中にある「自然物」、そしてまた自然環境全体に、法的権利を与える」よう提案した。企業や

法的に無能力な人間も法的地位をもっているように、自然物にも法的地位を認めることは可能である。そして、自然物も後見人あるいは保護者、管財人によって彼らの権利を代表できると主張した。

自然物にも法的権利があるという考え方はわが国にも波及した。たとえば、奄美大島のゴルフ場開発の許可処分の取消しを求めて提訴された訴訟がある（「アマミノクロウサギ処分取消請求事件」『別冊ジュリスト』no.171）。この訴訟は原告側が訴状に人間のほかアマミノクロウサギを原告として表示したことから、奄美自然の権利訴訟として注目を集めた。結果的に「自然の権利」は認められなかったが、「人（自然人）及び法人の個人的利益の救済を念頭に置いた現行法の枠組みのままで今後もよいのかというきわめて困難で、かつ、避けては通れない問題を我々に提起」したと評価された。

生命中心主義

アルベルト・シュバイツァーやポール・テーラーは、自然権から自然の権利へという権利の拡大ではなくて、自然環境に対する根本的な態度の転換によって倫理を自然環境にまで拡大しようとした。彼らの試みは、徳倫理が主張するような道徳的な性格の特徴や徳に焦点を当てたものといえる。シュバイツァーによれば、すべての生命は「生きんとする意思」をもち、その点において（手段的価値とは異なる）それ自体としての価値を有している。したがって、「生命の意思をもつすべてのものに対して、自分自身に与えるのと同一の生命への畏敬の念を払わざるをえない」と主張した。この「生命への畏敬」の提唱は、従来の人間中心主義から生命中心主義への転換を説く思想の先駆けとなった。

テーラーは、彼の唱える生命中心主義(life-centered theory, biocentrism)を次のように表現している。「わたしが擁護する環境倫理学の理論の中心的な教義とは、わたしが自然への尊敬（respect for nature）と呼ぶ、ある究極的な道徳的態度を表現ないし体現することによって、行為が正しく性格の特徴が道徳的に善いものになる、とする教義である」（P. Taylor, *Respect for*

Nature, Princeton University Press, 1986, p.80)。テーラーによれば、すべての個々の生命は、それ自身の目的を独自の仕方で追求する「生命の目的論的中心」であり、その限りにおいて、人間にとって手段となるか否か、またそれが感覚をもつか否かとまったく無関係に、それ自体で善いものである。このような「固有の道徳的価値」(inherent worth) をもつ存在に対して、わたしたちは道徳的な配慮を与え、彼らの善を促進あるいは保存しなければならない一応の義務（prima facie duty）を負う。カントが目的それ自体としての人格の尊重を説いたのと同様に、テーラーはすべての生命はみな目的であるがゆえに平等に尊敬せよと説くのである。

　生命への尊敬はわたしたち人間に四つの道徳規則を課す。それは(1)無危害 (nonmaleficence)、(2)非干渉 (noninterference)、(3)忠実 (fidelity)、(4)矯正的正義 (restitutive justice) である。無危害は自然環境内のそれ自身の善をもつ存在に対して危害を与えてはならないことであり、非干渉は個体生命の自由を制限しないこと及び生態系への不干渉政策である。忠実は野生動物が人間に対して抱く信頼を裏切らないこと、矯正的正義は人間と人間によって不当に扱われた者との間に正義のバランスを回復することである。これらの規則はどれも従来の倫理が人間同士の間に適用されるべき規則として命じてきたものである。テーラーはこれらの規則を人間以外の動物、植物を含めてすべての自然生命に対しても適用せよと主張しているのである。このように、テーラーは、人間中心主義や動物解放の論理とは異なる生命中心主義の視点から、人間と自然環境との調和が可能であることを示そうとした。

生態系中心主義

　テーラーの「自然への尊敬」が問題にしているのはもっぱら個々の生命個体に対する尊敬の態度であり、種全体に対する態度ではない。また、人間の利益と自然の利益とが衝突する場合に、つねに自然の利益を優先せよと命じているわけではない。どちらの利益を優先すべきかを判断する基準となる原則（優先原理 priority principle）を提示しているだけである。

一方、キャリコットは、人間中心主義とも動物解放論とも異なる第三の立場として、倫理的全体論の可能性を示した（「動物解放論争——三極対立構造」）。その典型は、アルド・レオポルドの土地倫理に見出される。「土地倫理」（land-ethic）とは「この共同体という概念の枠を、土壌、水、植物、動物、つまりはこれらを総称した「土地」にまで拡大した場合の倫理をさす」（『野生のうたが聞こえる』）。レオポルドはこのような拡大が「生態学的な進化のプロセス」の一環であると主張した。土地倫理の原理は以下の定式に要約できる。「物事は、生物共同体の全体性、安定性、美観を保つものであれば妥当だし、そうでない場合は間違っている」（前掲書）。生態学にもとづく土地倫理は、生態系中心主義（ecocentrism）の環境倫理の原点となったが、他方で、個体はより大きな生物的善のために犠牲とされるおそれがあることから、「環境ファシズム」（レーガン）に等しいという批判もある。

もう一つのコペルニクス革命

　1960～70年代にかけて、アメリカではバイオエシックス（bioethics）という新たな学問領域が誕生した。バイオエシックスは、医療や研究に関する倫理を扱う領域と環境に対する倫理を扱う領域の二つから成っている。本章では、動物や自然が権利をもつとはどういうことなのかについて解説した。そのことを通して明らかになったのは、今やわたしたちは従来の倫理や道徳を手直しする、あるいは場合によってはあらたな倫理を創造すべき転換期にあるということであった。倫理とは道徳共同体のルールという意味である。しかし、いま問われているのは、道徳的共同体の成員（メンバー）とはだれのことなのかという問題である。道徳的共同体の成員を動物や自然にまで拡大するとき、わたしたちがこれまで依拠してきた、権利、自由、平等といった概念もこのような観点からあらためて検討されねばならないだろう。

　人間中心主義から非人間中心主義への転換は「もう一つのコペルニクス革命」（シンガー）と呼ぶのがふさわしい。倫理の革命を記念する碑にはおそらく次のような言葉が刻まれるだろう。「人類は多くの点において特別である。

適切な道徳はこのことを認めねばならない。しかし、人類はこの惑星に居住する多くの種のうちのひとつにすぎないということもこれまた真実である。だから道徳はこのことも同じように認めねばならないのである」(レイチェルズ)。

いまやわたしたちは人間以外の種や自然に対しても道徳的配慮を与えることを義務づけられようとしている。しかしわたしたちの前にはさまざまな問いが待ち構えている。わたしたちは多様な種の中のどの種に対して、どのような権利や地位を与えなければならないのだろうか。わたしたちが道徳的共同体の成員の範囲を動物や自然にまで拡大しようとするとき、わたしたちはどのような基準や根拠によって、どこで線を引くべきなのだろうか。そして、人間中心主義から非人間中心主義への転換はわたしたちの具体的生活をどのように変えるのだろうか。わたしたちはこれらの問いについてよく考え話し合う必要がある。

参考文献

ピーター・シンガー(樫則章訳)『生と死の倫理──伝統的倫理の崩壊』昭和堂、1998年
　生命の神聖さという伝統的倫理の見直しについて考えさせる本。第8章で種差別への批判と種差別の超克が検討されている。

ピーター・シンガー(戸田清訳)『動物の解放』技術と人間、1988年
　種差別の実態を家畜動物の工場生産や動物実験に即して明らかにした本。動物解放運動について知るための必読文献。

ジョゼフ・R.デ・ジャルダン(新田功、生方卓、蔵本忍、大森正之訳)『環境倫理学──環境哲学入門』人間の科学新社、2005年
　ストーンやテーラーについて簡潔にまとめた解説がある。環境倫理学の基本概念や理論についてひと通りの理解を得るのに便利な本。

デヴィッド・ドゥグラツィア（戸田清訳）『動物の権利』岩波書店、2003年
　動物の権利に関する哲学的・倫理学的問題を学ぶのに最適の入門書。問題を検討して著者なりの見解を導く過程はとても参考になる。

ロデリック・F. ナッシュ（松野弘訳）『自然の権利』ちくま学芸文庫、1999年
　環境思想の展開を自然権から自然の権利へというベクトルで整理した本。倫理の進化という考え方がわかりやすく述べられている。

キャロリン・マーチャント（川本隆史、須藤自由児、水谷宏訳）『ラディカルエコロジー——住みよい世界を求めて』産業図書、1994年
　本章で言及できなかったディープ・エコロジー、ソーシャル・エコロジー、エコ・フェミニズムについての簡潔な解説がある。

ジェームズ・レイチェルズ（古牧徳生、次田憲和訳）『現実をみつめる道徳哲学——安楽死からフェミニズムまで』晃洋書房、2003年
　規範倫理学のさまざまな理論を現代社会の実例を通して学べる本。倫理学をより深く学びたい人には巻末の文献一覧が大変参考になる。

アルド・レオポルド（新島義昭訳）『野生のうたが聞こえる』講談社学術文庫、1997年
　土地倫理について解説したレオポルドの論文を収めている。レオポルドについて知るための基本的文献。

小原秀雄監修『環境思想の多様な展開』＜環境思想の系譜＞東海大学出版会、1995年
　キャリコットの論文「動物解放論争——三極対立構造」やレーガンの論文「動物の権利の擁護」の邦訳が収められている。

加藤尚武『環境倫理学のすすめ』丸善ライブラリー、1991年
　環境倫理学のエッセンスを自然の生存権の問題、世代間倫理の問題、地球全体主義という三つの問題にコンパクトにまとめた好著。

鬼頭秀一『自然保護を問い直す』ちくま新書、1996年
　欧米の環境倫理思想の全体的な見取り図を知りたい者には第1章「環境思想の系譜」が大変参考になる。

（奈良雅俊）

第3章
生命の始まりと終わり

　かつて人間の生命の誕生と死は、世の中で最も神秘的で神聖なことの一つであると考えられていた。だが近年、科学技術の飛躍的な発展に伴い、人間の生命に対する人為的介入が少なからず可能となってきた。人間の生死を決するといういわば神の役割を、人間は科学技術を駆使することによりわずかながら手に入れたことになる。それはある意味では人間の技術の勝利といってもよい。だがそれとともに、わたしたちは、人間が人間の生命を操作することはどこまで許されるのか、といういっそう根源的な問いを突きつけられることにもなった。この章では、生命の初めと終わりに関わるいくつかの医療技術を紹介しつつ、それにまつわる倫理的な問題について具体的に考察していくことにする。

第1節　生殖補助医療

人工授精と体外受精
　医療の目的は、病気やけがに苦しむ個人に対して治療を施すことにより、苦痛を緩和、除去したり、健康を取り戻させたり、寿命を延ばしたりすることにある。それは、病気やけがに苦しむ市民を、社会が医学的に救済することだといってよい。この節で取り扱う生殖補助医療とは、カップルが望んでも妊娠できない場合に、それを不妊症という病気とみなして、子をもうけるべく科学的に補助する技術である。

　夫の精液を採取して、受精しやすくなるような処置を施したのち、それを妻の子宮に注入する技術を、配偶者間人工授精（AIH, artificial insemination by husband）という。他方、夫のものではなく、第三者から提供された精液を用いて行う人工授精が、非配偶者間人工授精（AID, artificial insemination by donor; DI, Donor Insemination）である。AIH の場合、生まれる子の遺伝的両親はその夫婦であるため、一般にはあまり問題視されていない。だが、AID の場合には、生まれる子の遺伝的母は妻であるが、遺伝的父は精液提供者であるため、法的父とは別に、家族の外部に匿名の遺伝的父が存在し、それが一般に子には秘されることから、また親子関係が錯綜することから、さまざまな問題をはらんでいる。また、体外受精（IVF-ET, in vitro fertilization and embryo transfer）とは、精液と卵を体外に取り出し、ガラスのシャーレの中で受精させ（狭義の体外受精）、その受精卵を培養して 4 分割か 8 分割の胚になった段階で、女性の子宮に移植する（胚移植）という技術である。

　現在、精液や胚を凍結し、必要なときに解凍して使用する技術がある。この技術を人工授精や体外受精と組み合わせて用いることにより、人間は生殖のための時間的制約と空間的制約を大幅に取り除いた。というのは、今日これらの技術を用いれば、地球上の同じ場所にいなくとも、それどころか同じ時代に生まれ合わせなくとも、技術的には、任意に選ばれた男女のあいだで子をつくることが可能だからである。生殖補助技術は、本来の目的である不妊治療という枠組みを越えて、新たな生殖手段を人類にもたらした。

　次に、そうしたことの是非について考えてみよう。

子を生む権利

　アメリカには、ビジネスとして配偶子（精子、卵）を売買する精子バンクがあり、そこで凍結保存されている精液を購入すれば、独身女性や同性愛の女性であっても、人工授精により子をもうけることが可能である。このことは、ある意味では、女性の人生設計における選択の幅が広がったことを、すなわち、女性が以前に比べて自由になったことを意味するのかもしれない。だが女性が、生殖技術を用いて、男性不在のまま子をもうけることは、はたして倫理的に許されることなのだろうか。

この問題については、人工妊娠中絶の是非の問題とも関連するが、一方で、リプロダクティブ・ヘルスという言葉で表現されるように、「子を産むか産まないか、いつ産むか、何人産むかを決める自由」(国際人口・開発会議「行動計画」1994年) を女性の権利として容認する立場と、他方で、子の福祉を優先させることにより、女性の自己決定権を制限する立場とがある。
　はじめに、女性には子を生む権利があるとする立場について検討してみよう。
　今日、医療の分野では、四つの医の倫理原則が知られている。それらは、善行、無危害、自律尊重、正義である。この中の自律尊重の原則に依拠して、医療現場においては一般に患者の自己決定を尊重しなければならない、と言われる。ではなぜ自律を尊重しなければならないのだろうか。義務論(第Ⅰ部第1章参照) および功利主義 (第Ⅰ部第2章参照) 双方の考え方から、この原則を正当化することができる。
　義務論的に考えれば、患者が理性的判断力を備え、理性の命じる義務に自分の意志を従わせることのできる自律的存在である場合、医療者側は患者の自由な自己決定を尊重しなければならないからである。
　功利主義的に考えれば、社会のメンバー一人ひとりは、可能なかぎり自由な自己決定を尊重され、しかも他人から危害を被らない場合に、社会における最大多数の最大幸福を実現することができるからである。また、イギリスの功利主義思想家J. S. ミルによれば、判断力のある成人なら、他人に危害を及ぼさないかぎり、自己決定を尊重される (他者危害の原則)。言い換えれば、社会による個人の自由の制限が正当なものとして認められるのは、その個人が他者に危害を及ぼす場合に限られる。この考えによれば、たとえ独身女性や同性愛の女性が自分で買った精液で人工授精を受けても、他人になんら危害を及ぼさない以上、社会はそれに干渉できない。つまり、女性には自由に子を生む権利があることになる。

子の福祉

　次に、子を生む女性の権利を制限すべき立場について考える。

　この立場によれば、女性が子をもうける場合の自己決定は、じつは、その女性のみに関わることではない。生殖医療が一般の医療と異なるのは、治療が成功したあかつきには、親から独立した新しい生命が生まれる点である。もしこの生まれた子が、将来、金銭で買われた精液によってつくられたという自分の宿命を受け入れることができずに苦悩するとしたら、彼女が他人に及ぼす危害はその子において現実のものとなる。したがって、生まれる子の福利までを考慮に入れるなら、「他人に危害を及ぼさないかぎり」という条件は必ずしも成立するとは限らず、その場合には、女性の生む自由を制限することが正当化される可能性もある。もっとも、危害とはあくまで現状を基準として評価するものなので、まだ生まれてもいない子に対して危害を及ぼすことは論理的に不可能である、とする見解もある。

　さらに、義務論において、自己決定が尊重されなければならない対象は、自律的存在つまり理性的判断力を備えた人間である。このことを逆に言えば、判断力の不十分な存在に対しては、自己決定を尊重することは必ずしも適切ではない。ここで言う判断力の不十分な存在とは、具体的には、未成年者、重度の精神障害者、認知症患者、あるいは昏睡状態の患者などである。そのような人々の場合、自己決定を尊重するよりもむしろ、法定代理人や成年後見人、あるいは医療従事者のような他者が、本人の最善の利益を図り保護しなければならない（パターナリズム）。ところで、生殖補助医療によってこれから懐胎しようとする子は、まだ存在すらないという点で、いわば究極の弱者である。判断力の不十分な者を保護しなければならないのであれば、なおさら社会には、女性の権利を制限して、生殖補助医療で生まれる子の最善の利益を図る義務があると考えることもできる。

　フランスやイギリスでは、アメリカとは異なり、男性のパートナーがいない女性が生殖補助技術を利用することを、法律で禁止している。その理由の一つは、この場合の生殖補助技術の使用は、もはや不妊症治療という本来の

目的を逸脱していることにある。もう一つの理由は、子は一人の父親と一人の母親に養育される恩恵を受けるべきであって、たとえ親といえども、はじめから父親がないという宿命を子に負わせる権利はない、ということにある。もちろんこうした考えは古い家族観を模範にしているという批判もあるが、フランス、ドイツやイギリスでは、子の福祉という観点から、女性の子を生む自由を制限している。

精液、卵の売買

　自己の生命や身体の処分については、大きく分けて二つの立場がある。生命や身体も含めて自分のものに関しては自己決定が尊重されるべきだという立場と、たとえ自分のものであっても生命や身体に関しては自由に処分してはならないとする立場である。

　すでに言及したJ. S. ミルの見解に依拠すれば、自分の生命や身体に関しても、他人に危害が及びさえしなければ、自己決定の権限が認められる。買い手さえいれば、自分の精液や卵を売ってもよいことになる。アメリカでは現実に、精液や卵がビジネスとして売買され、それにより精子バンクは利益を上げている。

　精液や卵は、たしかに人の生涯のほとんどの時期において使用されずに棄てられている。だが、それらは人間の生命の源であるという点で、人体の他の要素とはその重要性が異なる、と考えることもできる。ただし、受精が行われなければ人間となる可能性はないという点で、受精卵や胚とは区別される。

　フランスでは、「人体の不可侵」および「人体の不可処分」という原則を法律に明記している。これらの原則により、人体の構成要素あるいは産物を、他人のものであれ自分のものであれ、侵害したり自由に処分したりすることはできない。その理由は、身体と精神が不可分である以上、身体の一部を侵害したり処分したりすれば必ず人間の尊厳を侵害せずにはすまないからである。ところで、売買契約の対象となりうるのは物件である。精液や卵を売買

するということは、とりもなおさず、精液や卵を物件として扱っていることにほかならない。ゆえに、精液や卵を売買することは、人間の尊厳を侵害することになる。そこから、フランスでは、精液や卵の売買を法律で禁止している。

代理出産

　代理出産とは、自ら妊娠、出産できない女性が、他の女性に代わりに妊娠、出産してもらうことである。代理出産には、人工授精型と体外受精型の二つのタイプがある。人工授精型の代理出産とは、依頼者のカップルの男性の精液を代理母に人工授精する方法である。生まれる子は、遺伝的には、依頼者の男性と代理母の子である。体外受精型の代理出産とは、依頼者のカップルの精液と卵により体外受精を行い、作成された胚を代理母の子宮に移植するもので、生まれる子の遺伝的両親は依頼したカップルにほかならない。さらにまた、第三者の女性から提供された卵と依頼者のカップルの男性の精液により体外受精を行い、作成された胚を卵提供者とは別の代理母の子宮に移植することもある。この場合には、生まれる子にとって、遺伝的母、妊娠・出産する母、子を養育する法的母という三人の母が存在することになる。いずれの場合も、出産する母と法的母が異なるため、子の引渡しをめぐって訴訟となるケースが外国ではこれまでにいくつかあった。

　代理出産に関しては、アメリカのカリフォルニア州など10の州では、金銭契約による代理出産を容認しているが、イギリスのように代理母を斡旋することは認めず、カップルが独自に依頼する場合に限って容認するという国もあり、フランス、ドイツのように一切禁止している国もある。以下で、容認論と反対論を概観する。

　代理出産を容認する論拠としては、次のようなものがある。まず、自律尊重の原則にもとづき、依頼するカップルと代理母と医師という当事者間で相互に了解し、他人に危害を及ぼさないのであれば、代理出産という自己決定を社会は容認すべきである、と考える。また、日本では、憲法13条において

国民の幸福を追求する権利を保障している以上、国には代理出産により子をもうけて家庭を築くことを願う国民の意思を尊重する義務がある、と考えることもできる。実際のところ、代理出産に頼らなければ子を得られないカップルの数は、社会全体から見ればごく少数である。そうしたカップルが子をもつことを切望するならば、医療者は善行の原則から患者を救済する義務がある、と考えることもできる。

　さらに、生体肝移植を正当化するさいの論理と同様の功利主義的な論理によって、代理出産を正当化する見解もある。生体肝移植とは、生きたドナーの肝臓の三分の一を摘出して患者に移植する技術だが、ドナーとレシピエントを一まとめとして考えて、レシピエントの得る利益がドナーの被るリスクを上回ると判断することにより正当化される。功利主義的に考えれば、関係者の幸福の総量を最大化する行為は善い行為だからである。代理出産の場合にも同様に、依頼するカップルと代理母を一まとめとして考え、依頼するカップルに新しい命が授かるという利益が代理母の被るリスクを上回り、関係者全体の幸福の総量は増大する、と考えるならば、功利主義的には善い行為であると考えられる。もっとも、生体肝移植は患者の生命を救うために緊急避難的に行われるのに対して、代理出産にはそのような緊急性がないため、両者を同列に論じることはできない、という見解もある。

　ところで、生体肝移植と代理出産においては、ドナーも代理母も身体に侵襲を被るが、無危害の原則に依拠すれば、本人の健康を増進することなしに他者の身体を侵襲してはならない。また、無実の人間を犠牲にすることは、人間の尊厳を侵すという点で、義務論的にも許されるものではない。だが、功利主義的に考える場合には、結果の利益のみを考慮してプロセスそのものについては考慮しないため、関係者の中には最低限の福利すら保障されない者がいたり、少数者が不利益を負わされて犠牲になったりするという不公平を防ぐことができない恐れがある。

　他方、代理出産に反対する最も説得力のある論拠の一つは、代理出産という行為は、代理母の身体をたんに道具として扱うがゆえに人間の尊厳を侵害

する、というものである。この主張は、カントの次の言葉にもとづいている。「汝の人格やほかのあらゆる人の人格のうちにある人間性を、いつも同時に目的として扱い、けっしてたんに手段としてのみ扱わないように行為せよ」。実際、もし人工子宮が開発され、女性に頼らなくとも妊娠、出産が可能となれば、代理母は必要なくなるだろう。ということは、現在、代理母の身体は、妊娠、出産のための人工子宮あるいは保育器のような道具として利用されていることになる。それゆえ、カント倫理学の立場からは、代理出産は代理母をたんに手段として扱うという点で道徳に反する、と主張されることになる。

また、出産を代理母に依頼するということは、他人に妊娠・出産のリスクを負わせることになるため、他者危害の原則にも抵触する可能性がある。さらに、すでに人工授精のところで言及したように、生まれてくる子に危害が及ばないように、子の福祉にも配慮しなければならない。これらの点を考慮すれば、代理出産を依頼するカップルの自己決定は、必ずしも尊重されるべきであるとは限らない。

だが、イギリスのように、代理母になる女性が、自己犠牲による献身から、金銭的報酬を受け取ることなく、代理母になることを自発的に決意する場合はどうだろうか。カント倫理学によれば、自分にとって最も大切な生命の危険をも顧みずに、善意から他人を救済するために行動する場合、そのような行為は真の道徳性を実現するものとみなされる。それなら、イギリスで容認されているような、金銭を介さぬ自発的行為であれば、代理母は賞賛されこそすれ、非難されるいわれはないのではなかろうか。

第2節　ヒト胚の利用——胚性幹細胞

体外受精によって作成した胚から、もしくは、体細胞クローン技術によって作成した再構築細胞から胚性幹細胞（embryonic stem cell, ES細胞）を樹立することができる。この胚性幹細胞は全能性をもち、培養条件を変えることで、身体を構成するさまざまな細胞あるいは組織へと育てることが、理

論的には可能である。こうして作成した細胞あるいは組織を、機能の損なわれた患者の身体部位に移植することにより、元の身体機能を取り戻すことができるのではないか。このような再生医療は、現時点で治療不可能な病に対する未来の治療法として、世界中の患者の期待が集まっている。

　だが、ここに深刻な倫理的問題が生じる。ヒトの胚は、子宮に移植して順調に成長させれば、一人の人間として生まれる可能性を十分もっている。ところが、再生医療に用いる胚性幹細胞を樹立するためには、胚を解体することにより、その生命を絶たなければならない。つまり、再生医療とは、胚の生命の犠牲の上に成り立つ医療なのである。患者の治療か、それとも、胚の生命の尊厳か、という二者択一を、社会は余儀なくされている。

　そこで重要になるのが、初期胚（受精後14日以内の胚）の地位は何か、という問題である。初期胚がもし人間と同じ資格を備えているならば、初期胚を破壊して研究や治療のために利用することは殺人に等しい。だが、もし初期胚がいまだ人間ではないならば、場合によっては患者を救うためにその利用が容認される可能性がある。今日、初期胚の地位に関しては、主として、①細胞の集合、②潜在的人間、③人格を備えた人間、という３つの立場がある。

　①は、かつてイギリスのとった立場であり、初期胚は、神経系の萌芽である原始線条の出現以前であるため、単なる細胞の集合にすぎないとみなす。その場合、一方で、神経形成以前であれば、初期胚はおそらく快苦を感じることがないので、それを破壊しても危害を加えることにはならない。他方で、初期胚を研究や治療のために利用することにより、多くの患者を救うことができる。したがって、功利主義の観点からは、功利の最大化により、研究や治療のためのヒト胚の利用を正当化することができる。

　②は、フランスおよび日本の立場であり、初期胚はいまだ人間ではないものの、将来人間へと成長する可能性をもっている以上、単なる物質でもない、とする。人間になる可能性をもつ存在として、初期胚の利用に関しては十分慎重でなければならない。ここには、ヒト胚を人の生命の萌芽として尊重す

ると同時に、研究や治療のための利用に道を閉ざさずにおこうとする配慮がある。

③は、現在のキリスト教カトリックの立場であり、ヒトの受精卵はヒトゲノムをもち、人間以外のものに成長するわけではない以上、すでに受精の瞬間から人格をもった人間と同様に扱わなければならない、とする。この場合、初期胚を対象とする一切の研究や治療のための利用は禁止される。

ヒト胚の利用の是非というこの問題において、人類は再び、「人の生命を救うために、他人の生命を犠牲にすることは許されるか」という古典的な問いを突きつけられている。

第3節　生命の終わり

安楽死

人間にとって、老いと病と死を遠ざけることは、永年の夢の一つであった。今日、科学技術の進歩によって、昔に比べて人の寿命が飛躍的に延びたことは、人間の知恵と努力のおおいなる成果と言ってよい。もはや多くの急性病、伝染病は治癒可能となった。21世紀は慢性病の時代と言われている。慢性病においては生涯に完全な治癒は望めず、人は、最後の時が来るまで、病気とともに生きていかねばならない。末期状態になったときに、治療を継続して延命することを望まないで、安楽死を求める人々もいる。患者を死に委ねることは、医療者にとって敗北なのだろうか？

安楽死には、次の三つのタイプがある。

①積極的安楽死：患者の持続的要請により、医師が、患者の自発的な意思を尊重して、死期を早める処置を施すこと。
②消極的安楽死：患者の意思に従い、過度の延命治療を控えて、患者を死ぬにまかせること。
③間接的安楽死：患者の身体的苦痛の緩和、除去を主目的とするが、結果

的に死期を早めることを承知で、医師が鎮痛剤を処方すること。

倫理的に最も問題になるのは、このうち積極的安楽死である。東海大学医学部付属病院で起きた安楽死事件（1991年）の審理において、横浜地方裁判所が示した積極的安楽死のための4要件は、以下の通りである。

① 耐え難い肉体的苦痛があること。
② 死が避けられずその死期が迫っていること。
③ 肉体的苦痛を除去・緩和するために方法を尽くし、ほかに代替手段がないこと。
④ 生命の短縮を承諾する患者の明示の意思表示があること。

安楽死において最も重要なことは、あくまで本人の自発的な意思にもとづいてなされるという点である。これまで日本で起きた安楽死事件では、本人の意思が不明確な場合が多い。だが、本人の意思によらないのであれば、それらは厳密には安楽死と呼ぶことはできない。

本人の意思にもとづかねばならないという点で、安楽死の思想とは、理性的存在者に対する自律尊重の原則に依拠している。今日、治療の場面においては、患者自身の価値観に従って治療生活の質（QOL）を高めることをめざすのが一般的である。具体的には、医療者側から病状や治療法についての十分な説明を受けたうえで、治療法の選択に際して患者自身の自己決定を尊重する（インフォームド・コンセント）。安楽死とは、死の場面において、患者自身の価値観にもとづき、死に方の選択に際して患者自身の自己決定を社会が尊重する。したがって、安楽死とは、QOLを高めるための自己決定の尊重という意味で、インフォームド・コンセントの延長線上に位置する。

だが、なにより倫理的に問題なのは、医師が患者の死期を早めるという点である。このことは、医の倫理原則の中でも最も基本的な無危害の原則に反

する。さらに、医師が手を下して死なせることと治療を控えて死ぬにまかせることとのあいだに差異が認められるかどうかが問題となる。同じだと主張する者もいれば、差異があると主張する者もいる。たとえば、一般に、命を救うことができるのに助けずに死なせることは、積極的に死なせるのと同じかもしれない。だが、生き続けることがもはや苦しむことでしかないような、死期の迫った患者に対し、延命措置を控えることは、死期の近くない患者を積極的に死なせるのとは異なるだろう。

　いっそう根源的な問題として、そもそも人間が他の人間の生命を短縮すること、さらには自分の意思で自分の生命を絶つことは倫理的に許されるのかどうか、という問題がある。古くはアウグスティヌスに代表されるキリスト教の伝統においては、死期を早めることは罪とされる。生命は神により預けられたものである以上、寿命が尽きるときに神に返さなければならない。生命は人間の所有物ではないのであるから、人間の意思で生命を短縮することは許されない。また、カント哲学においては、たとえ自分の生命であっても、生命を絶つことは、人間の尊厳を侵すがゆえに道徳に反する、と考えられる。反対に、J. S. ミルの考えでは、自分の身体や精神が自分に属するものである以上、それらに関して他人は干渉することができず、自由にする権限は本人にある。したがって、他人に危害を及ぼさないのであれば、自分の生命を短縮することについても、本人の自己決定権が尊重されねばならない。

　西洋医学はこれまで病気や死と果敢に闘ってきた。医学は生命を第一に尊重し、生命のあることに絶対的な価値を置き、患者の命をできるかぎり延長することに力を注いできた。だから、患者が死の魔手に捕らえられることは、医学の敗北にほかならなかった。こうした医学の信念を背景として、終末期の医療もまた実践されてきた。その結果、過度の延命治療が施されるようになったが、しばしばそれを拒否して安楽死を望む者が増えてきた。

　フランスでは、こうしたことに対する反省から、四つの倫理原則の一部を書き換えて、新たに「傷つきやすさ」(vulnérabilité) を原則としようという提案がある。死なない人間、強い人間をめざすのではなく、医療が人間を弱

いものとして扱うことを要請するのであろう。

公の秩序と自己決定権

　これまで見てきたように、今日の自由主義社会においては、自律尊重は最も重要な原則である。原則的には、他人に危害を及ぼさないかぎり、本人の自己決定は尊重される。だが現在、自分の治療に関する自己決定が、人間の尊厳を脅かす恐れのある場面が生まれている。たとえば子をもうけるために他人の身体を保育器代わりに使用したり、病人の治療をするためにヒト胚の生命を犠牲にしたり、意図的に患者の死期を早めたりすることがそれである。もともとは自律の尊重あるいは病気に苦しむ患者の救済という、人間の尊厳を擁護する目的で行われる治療が、同時に他方で、人間を道具化したり人間の生命を絶ったりするという、人間の尊厳の侵害を現実化する。人間の尊厳を侵害することは、市民生活の安寧を根底で支える公の秩序を混乱させる。このことは、功利主義的にも義務論的にも正当化されない。つまり、今日では、生命の始まりと終わりにおける個人の自己決定が、医療技術の進歩の結果、もはや個人の領域をはみ出し、社会を揺るがす危険をはらんでいることを意味する。そのため、社会は、市民の人間としての尊厳を擁護するために、個人の自由な自己決定をときとして制限することが必要となってきているのである。

参考文献

『生命倫理事典』太陽出版、2002年
　生命倫理に関する項目を網羅した日本で唯一の事典。

『資料集　生命倫理と法』太陽出版、2002年
　法律、判例、事例、綱領、宣言、ガイドラインなど、日本ばかりでなく世界の生命倫理に関連する資料を収集しているので、資料として参照するほか、生命倫理

に対する世界の考え方や歴史を概観できる。

赤林朗編『入門・医療倫理Ⅰ』勁草書房、2005年
　医療倫理に関して、倫理学的観点と法学的観点を軸に、基礎編と各論に分けて論じられている。各テーマに関して、特定の見解に偏ることなく、あらゆる視点が網羅的に記述、紹介されている点で、それぞれのテーマの全貌を俯瞰できる教科書として有益である。

加藤尚武、加茂直樹編『生命倫理を学ぶ人のために』世界思想社、1998年
塚崎智、加茂直樹編『生命倫理の現在』世界思想社、1989年
　この二冊は、複数の研究者がテーマ別に執筆しているので、生命倫理学における各論の概要を把握するのによい。

金城清子『生命誕生をめぐるバイオエシックス』日本評論社、1998年
　個々の生殖補助技術について、章別に具体的にまとめられているので、それぞれの技術の現状と問題点を的確に教えてくれる。

H・トリストラム・エンゲルハート、ハンス・ヨナスほか（加藤尚武、飯田亘之編）『バイオエシックスの基礎』東海大学出版会、1988年
　日本で最初の生命倫理学論文集。生命倫理を考えるうえでの基本的問題が提示されており、今なお古びていない。

グレゴリー・E・ペンス『医療倫理（1・2）』みすず書房、2000〜2001年
　先端医療のさまざまな問題を取り上げ、その歴史、現状、倫理的問題点を、実例を織り交ぜながら論じているので、読み物としてもおもしろい。

　　　　　　　　　　　　　　　　　　　　　　　　　　　　（小出泰士）

第4章
福祉と優生学

第1節　「福祉」とは

「人間らしく」生きている状態

　福祉という言葉を聞いてわたしたちが思い浮かべるのはどのようなことだろうか。貧困や病気、障害に苦しむ人のための施設や制度を思い浮かべるかもしれないし、必要なものがそろい、飢える心配がなく、健康で安全な生活といった個人の望ましい状態を思い浮かべるかもしれない。また経済的に豊かで、犯罪や暴力、争いが少なく、安定しているといった社会の望ましい状態を思い浮かべることもあるだろう。実際、この言葉は場面や文脈に応じてさまざまな意味で用いられる多義的な言葉なのである。
　ここでは「福祉」という言葉を、個人が「人間らしく」生きている状態を指す言葉として用いる。そして、この意味での福祉に関わる三つの問題、すなわち、①「人間らしく」生きている状態とは具体的にどのような状態なのかという問題、②個人の福祉を実現するためにはどのような社会制度が必要かという問題、③ある人の福祉が実現されているかどうかを判断するのはだれかという問題について考えていこう。

人間に固有の能力

　「人間らしく」生きている状態とは、具体的にどのような状態なのだろうか。それはただ生きている状態とはどのように異なるのだろうか。この問いに対して、まず挙げられるのは、人間に固有の能力に注目した説明である。

それによると、人間は自己意識や知的な能力をもっているという点で、他の生き物と区別される。つまり、わたしたちはふだんの生活のなかで、過去の自分の行動を反省したり、今の自分の状況を把握しようとしたり、またこれからどのように行為しようか考えを巡らせたりする。このように、わたしたちが自分のあり方について考えることができるのは、わたしたちが自己意識や知的な能力をもっているからであり、こうした能力を発揮して生きていることが、「人間らしく」生きている状態の一つのあり方なのである。
　こうした説明にもとづくなら、人が「人間らしく」生きるうえでは、食べ物や衣類、住居など、生きるのに必要なものがただ満たされているだけでは十分ではない。自分の生き方を他の人に決められるのではなく、自分で決めることができること、すなわち他の人の強制から自由であることもまた「人間らしく」生きるうえで重要なのである。
　人間のもつ自己意識や知的な能力についての説明の原形は、近代の哲学者ロックにさかのぼることができる。彼は「理性」と「反省能力」とをもつ知的な存在としての人間のあり方を「人格」と呼んだ。現代のわたしたちの社会では、人間のあり方についてのこうした説明は、自己決定尊重の主張と結びつき、広く受け入れられている。
　しかし他方で、自己意識や知的な能力に注目したこうした説明は、さまざまな議論を引き起こしてもいる。たとえば、昏睡状態に陥った患者や胎児、ヒト胚など、かつて自己意識をもっていたが今はもたない存在や、今は自己意識をもっていないがこれからもつ可能性がある存在について、彼らを「人間として」扱わなくてもいいのかという議論がある（第Ⅱ部第3章参照）。現代の倫理学者ピーター・シンガーは、ロックの人格の定義にならって、人格としての人のあり方とホモ・サピエンスという種の構成員としての人のあり方とを区別し、胎児のように意識をもたない存在は人格ではないため、彼らには人格と同じだけの生きる資格はないと主張する。

人間の尊厳

　「人間らしく」生きているとはどのような状態なのか。この問題に対する説明として次に挙げられるのは、「尊厳」という考えにもとづく説明である。

　しばしばわたしたちは「あらゆる人間には尊厳がある」という表現を耳にする。この表現は何を意味しているのだろうか。一つには、人間はだれもが価値をもった存在だ、すなわち大事だということである。

　しかし、人間のもつ価値は、その他のものがもつ価値とは違う。たとえばわたしたちは、お金や宝石、ペットといった物にも、やはり価値を見出す。しかし、こうした物にわたしたちが価値を見出すのは、それらがわたしたちの欲求や目的──たとえば、欲しいものを手に入れたいとか、おしゃれをしたい、心を癒されたい、など──をかなえるのに役に立つからであり、こうした欲求や目的の役に立たなくなったら、それらの物はわたしたちにとって価値を失ってしまう。また、同じような価値をもつ別の物と取りかえられることもある。

　このように、わたしたちが人間以外のものに見出す価値とは、状況によって大事だったりそうでなくなったりするという相対的なものである。これに対し、一般にわたしたちは、家族や友人、恋人など周囲の人たちに対し、何かの役に立つという理由からではなく、「いるだけでいい」、「他の人と交換することなんてできない」と感じる。尊厳とはこうした取りかえのきかない、それ自体で大事であるという絶対的な価値のことである。また、周囲の人たちからそれ自体で大事なものとして扱われることによって、わたしたちは一般に、自分はただ生きているのではなく、それ自体価値あるものとして生きているのだと感じることができる。

　尊厳にもとづく説明によると、このように人が自分自身や周囲の人たちによって、それ自体で大事なものとみなされ、そのようなものとして扱われている状態こそが「人間らしく」生きている状態なのである。したがって、人が「人間らしく」生きるためには周囲の人間（ひいては社会）の存在が必要不可欠なのだといえる。

「あらゆる人間には尊厳がある」という表現が意味しているのは、社会が個人に接する際には、わたしたちが日ごろ周囲の人に感じているこうした価値を徹底させて、すべての人にあてはめなくてはならないということである。言い換えるなら、どんな個人であろうとも、その人の社会的地位や職業などに関わりなく、大事なものとして扱われるような、そういう社会をわたしたちは作らなくてはならないということである。

　人間の尊厳について言及している哲学者として、たとえばカントが挙げられる。彼は、相対的な価値のことを「価格」と呼び、絶対的な価値である尊厳を、価格に対置して区別した。さらにカントは、尊厳の根拠を「自律」の能力においた（第Ⅰ部第１章参照）。

第２節　どのような社会制度が必要か

生きることを支える制度

　現代の多くの社会では、その社会に属しているすべての人が福祉を実現できるように、社会によって援助がなされなくてはならないと考えられている。では、具体的に、個々の人の福祉の実現を助けるためには、社会はどのような制度を設ける必要があるだろうか。次にこのことを考えよう。

　わたしたちが「人間らしく」生きるためには、まず、生きるのに最低限必要なものを保障する制度を設けることが社会に求められる。たとえば何らかの理由でわたしたちが家や仕事を失った場合でも生きていくことができるためには、最低限必要な衣食住や収入を提供してくれる生活保障の制度が必要であるだろうし、雇用に関わる保障の制度も必要となるだろう。また病気や障害をもっても安心して暮らすことができるためには、医療や介護のための制度が必要であるだろう。さらに、これからわたしたちが社会で生きていくのに必要な知識や能力を身につけるためには、教育の制度が必要となる。

　このように、福祉を実現するため、最低限必要なものを保障するよう社会に求める権利のことを一般に「社会権」という。たとえば、社会保障につい

ての権利や、労働の権利、医療・教育を受ける権利などがある。また、こうした社会権の保障を重視して制度の整備を進める国家のことを「福祉国家」と呼ぶ（第Ⅰ部第3章参照）。

生きるために必要なものを保障するという形で行われる支援に関しては、いくつかの問題も提起されている。たとえば、過度な保障は、それによって実現される福祉以上の大きな負担を人々にもたらすということを問題とする人がいる。また、社会による過度な保障は、個人が自由な選択にもとづいて福祉を実現することを妨げることになるのではと心配する人もいる（第Ⅰ部第8章参照）。

自由を守る制度

わたしたちは、社会に介入されないことによって「人間らしく」生きることができるという側面をもっている。

第1節で見た人間に固有の能力にもとづく説明によれば、わたしたちは、自分は現在どのような状況にあり、そしてこれから自分はどのように生きるのがよいのかといった自分のあり方についての考えをもっている。また、こうした自分の考えにもとづいて、どこに住むか、どのような職業に就くかといったことを決めて行動を起こそうとする。こうした活動をすることもまた「人間らしく」生きていることの一つなのである。そのため、自分の考えを表現することをだれかに妨げられたり、まただれかに拘束されたりして自分の行動を制限された場合、わたしたちは「人間らしく」生きることができなくなってしまうかもしれない。

そこで、わたしたちが福祉を実現するうえでは、社会に介入されないということも求められるのである。このように、福祉を実現するため、個人の生活に対し社会が干渉しないように求める権利のことを「自由権」と呼ぶ。自由権には、たとえば身体の自由や表現の自由、結社の自由などがある。こうした自由の権利を重視する立場からは、社会による個人の生活への介入はできるかぎり控えるべきだと主張されることがある。最近では、自由権の一つ

として、自己決定権の重要性を訴える人も多い。

「自己決定権」とは、自分の生き方に関わることを自分で決めるという権利である。この権利は、近年とくに医療や介護の領域においてその重要性が強調されている。たとえば医療の場において、この権利は、インフォームド・コンセントの原理という、患者に十分な説明をし、患者から治療への同意を取ったうえで治療することを医療従事者に求める原理を基礎づける、より基本的な考え方とみなされている。しかし、個人の決定のうち、どこまでを権利として認めるのかということが議論されることがある。

「人間らしく」生きる権利

自由権と社会権に参政権を加えて、一般に、個人が「人間らしく」生きることができるよう社会に求める権利のことを「人権」という。自由権は、アメリカ独立宣言やフランス人権宣言を通じて、国家の基本的原理として受け入れられるようになった。これに対し、社会権は20世紀に入ってから確立された比較的新しい権利である。この社会権は、人々が自由権を十分に行使できるために必要とされる権利だと一般に考えられている。

現代では、多くの国の憲法や法律において、国はすべての国民に人権を保障しなくてはならないということが明記されている。たとえば日本国憲法の第十一条には、「国民は、すべての基本的人権の享有を妨げられない。この憲法が国民に保障する基本的人権は、侵すことのできない永久の権利として、現在及び将来の国民に与へられる」とあり、これにもとづいて、福祉を実現するためのさまざまな保障制度が設けられている。年金や健康保険、介護保険といった社会保険や、生活保護を代表とする公的扶助、高齢者や障害者、母子家庭への援助を目的とした社会福祉、病気の予防や治療に関わる公衆衛生・医療などがそうである。

また、ある社会に属する個人だけでなく、あらゆる個人が、生まれながらに平等に人間らしく生きるための権利をもっているのだから、すべての社会は、国籍や人種、民族、性別に関わりなく、あらゆる個人の福祉の実現に配

慮しなくてはならないという主張もある。たとえば、1948年に国連総会で採択された世界人権宣言には次のように書かれている。すなわち、「何人（なんぴと）も、社会の一員として、社会保障を受ける権利を有し、かつ、国家的努力および国際的協力を通じ、また、各国の組織および資源に応じて、自己の尊厳と自己の人格の自由な発展とに欠くことのできない経済的、社会的および文化的権利を有する」と。

　人権の概念は、必ずしも確定されたものではなく、この概念にもとづいて、たとえばプライバシー権など新しい権利概念がつくり出されている。また、人権の概念にもとづいて具体的に社会・国家は何をどこまで個人に保障すべきなのかといったことを定めていくのは、市民としてのわたしたちの努力に委ねられているのである。

第3節　だれが判断するのか

優生学の危険性

　ある人について、「人間らしく」生きることが妨げられている、つまり福祉が実現されていないと判断された場合、社会は、その判断にもとづいて、その人を助けるため、制度を通じてその人の生活に介入したり介入をやめたりする。また、どのようにしたらその人の福祉が実現されるのかという判断にもとづいて、その人に対する援助のあり方が決められることもある。このような場面において、だれがその人の福祉に関する判断を下すのがよいのだろうか。次にこの問題に目を向けることにする。

　ある人が福祉の実現を妨げられていると判断された場合、その人の生活を助けるのはおもに社会や周囲の人間なのだから、判断は、もっぱら援助する人や社会が行うべきだという考えがまず思いつく。しかし、この考え方には重大な問題点がある。以下ではそのことを見ていくことにしよう。

　ある人の福祉に関わる判断は社会や援助する人が行うべきだとする考え方の問題点として、まず挙げられるのは、こうした考え方は優生学に陥る危険

性をもっているという点である。

　「優生学」とは、社会にとって望ましい人を増やし、望ましくない人を減らそうとする考え方を正当化しようとする試みのことをいう。優生学は、こういう生き方は優れており、こういう生き方は劣っているといった、個人の生きているあり方についての社会による判断を前提としている。優生学を社会の中で実践しようとする場合には、二通りの方法がある。一つは「優れた」人を増やそうとする積極的優生学の方法であり、もう一つは「劣った」人の増加を抑えようとする消極的優生学の方法である。過去には、このうちの消極的優生学が、多くの社会で実践されていたことがある。

　たとえば19世紀末から20世紀初頭にアメリカでさかんに行われた優生学の研究に「家系研究」がある。この研究は、「優れた」人と「劣った」人がある家系の中でどのような分布で誕生しているのかを調べたものである。この研究の過程の中に多くの恣意的な操作が入っていたことが最近では明らかにされている。しかし、当時こうした研究は、「犯罪者」や「売春婦」、「同性愛者」といった人たちには「劣った」性質があり、障害や病気だけでなく、こうした性質も遺伝するという考えに裏づけを与えるために用いられた。そして研究成果にもとづいて、そうした人たちから生殖能力を奪う「断種」を認める法律や、移民を排除する政策を支持する人がいた。

　ある人の福祉に関わる判断はもっぱら社会や援助する人が行うべきだとする考え方は、個人の生きているあり方を社会が判断するという、優生学の前提を共有している。そのため、こうした考え方は、優生学と結びついて、社会が望ましくないと判断した人を社会は援助しなくてもよいし、場合によってはそうした人を社会から排除してもよいという考えへと容易に変質する傾向がある。実際、福祉国家として知られるスウェーデンやデンマークなどの国々では、かつて優生学にもとづいて、犯罪者や患者、障害をもつ人たちの結婚や生殖を制限したり、彼らを施設へ強制的に入所させたりするべきだと主張する人たちがいたし、日本でもそうである。

パターナリズムの危険性

　ある人の福祉に関わる判断はもっぱら社会や援助する人によって行われるべきだとする考え方の問題点として、次に挙げられるのは、こうした考えが悪い意味でパターナリズムに陥る可能性があるという点である。「パターナリズム」とは、ある人のためになるという理由から、その人の意思を考慮することなく、その人の行動や生活のあり方に干渉しようとする態度や姿勢を指す。この表現は、子供のためを思ってその子の生き方を指示する父親のあり方になぞらえたものである。

　パターナリズムの態度そのものは必ずしも悪いものではない。たとえば、親が判断能力に欠ける子供に代わって、判断をするということがある。

　しかし、本人に判断能力があるのに、他の人が本人に代わって判断をする場合、パターナリズムは非難の対象となる。なぜなら、第1節で見たように、自分の生き方を、他の人ではなく自分で決めるということも、わたしたちが「人間らしく」生きるうえで重要なことだからである。そのため、いくらその人の福祉のために行われていても、本人の意思に反して支援が行われる場合には、逆にその人の福祉を損なうことになる。

　このように、ある人の福祉に関する判断はその本人ではなく、援助する人や社会が行うべきだという考え方は、優生学や悪い意味でのパターナリズムに陥る可能性をもっている。こうしたパターナリズムや優生学は、ある人の福祉について、当の本人の意思をまったく考慮せずに判断を下し、それにもとづいて、極端な場合には、その人自身を社会から排除しようとするという点で、重大な問題を含んでいる。

自己決定の尊重

　福祉を実現するために、わたしたちはどのような支援を必要とするかということは、わたしたちそれぞれの考え方や価値に依るところが大きい。ある人の福祉のために行われる支援が優生学やパターナリズムにならないためには、その人がどのような考え方や価値をもっているのかを確認する必要が生

じる。そこで、ある人の福祉のあり方についての判断は当の本人に委ねるのがよい、という考え方が次に思い浮かぶだろう。福祉に関わる制度の中でもとくに介護や医療の領域では、こうした考え方にもとづいて、支援を受ける本人の自己決定を尊重することが重視されている。

　しかし、福祉に関わる判断を当人に任せるという自己決定尊重の考え方にも、いくつかの問題点が挙げられる。

　まず、何らかの事情で本人が福祉についての判断をできない場合はどうしたらよいのかという問題がある。たとえば、昏睡状態に陥った患者や新生児など、判断をすることがまったくできないという人がいる。また、知的な障害や病気などによって適切な判断ができない人もいる。文書や口頭で本人が事前に意思表示をしているなら、それに従うことができるが、そうではない場合、こうした人たちの福祉のあり方について、だれがどのように判断すればよいのだろうか。本人の考え方を最もよく知っている周囲の人間が、本人に代わって判断するというパターナリズムのやり方がいいのだろうか。

　また、ある人の福祉に関わる決定が、直接的に、あるいは間接的に、他の人の福祉の実現を阻む恐れがある場合には、社会は個人にこうした決定を認めるべきなのかという問題がある。認めるとしたら、どのような形で、どこまで社会は個人の決定を認めるべきなのだろうか。次にこうした問題について考えることにしよう。

新優生学の危険性

　ある人の自らの福祉に関わる決定を社会はどこまで認めるべきかという問題は、たとえば、出生前診断の普及の是非をめぐる議論の場面で提起される。「出生前診断」とは、生まれる前の胎児の状態を診断することである。この診断のために用いられる検査技術にはさまざまなものがある。また発見される胎児の異常も、早期の治療が可能な病気から治療不可能な病気や障害まで多岐にわたる。治療不可能な異常が発見された場合、「産む・産まない」の決定が女性やカップルに委ねられることになる。

福祉に関わる個人の決定をどこまで認めるのかという問題がこのような出生前診断に関わる場面で提起されるのは、このとき下される中絶の決定が「こういう特性をもつ子供は産まない」という子供の生命に関する価値判断を含んでいるからである。
　この問題に対し、一方で、診断を受けるかどうかは女性の福祉に関わる事柄であるから、決定は女性に委ねるべきだと考える人たちがいる。また他方で、出生前診断の普及を推奨する考え方を「新優生学」と呼び、非難する人たちもいる。そうした人たちによると、診断を受けようとする女性の決定の背景には、障害や病気をもつ人は不幸だから、生まれるべきではないという判断がある。このような判断は、同時に、現在生きている同様の特性をもつ人たち（すなわち患者や障害者）に対する判断に結びつき、ひいては彼らへの差別につながる危険性をもっているとされる。
　また新優生学の考え方を非難する人の中には、そもそもある人が「人間らしく」生きているかどうかの問題は、その人の幸・不幸の問題に還元することはできないと考える人もいる。そうした考えによると、人はたとえ不幸であっても、なお「人間らしく」生きることが可能なのであり、不幸だから生まれるべきではないとする考え方は、それ自体、人間には尊厳があるという考え方を損なう危険性をもっている。
　新優生学とされる考え方には、優生学と共通する点があると同時に相違点もある。共通点の一つは、新優生学が認める判断、すなわち病気や障害をもつ人は生まれるべきではないとする判断は、優生学が前提としていた判断と同様、他の人の福祉に関わる一方的な判断を含んでいるという点であり、もう一つは、そうした判断を周囲の人間が認めることは他の人の福祉を損なう可能性をもつという点である。他方、相違点として次の点が挙げられる。一つは、新優生学が認める判断は個人の判断であり、社会の判断ではないという点、もう一つは、判断はこれから生まれてくる存在に対する判断であり、現に生きている人に対するものではないという点である。
　こうした相違点をふまえたうえで考えるなら、新優生学が認める個人の判

断を、望ましくない判断として、社会が禁止するのは許されるのだろうか。あるいは女性の福祉に関わる判断である以上、社会はこうした判断を承認し、女性が出生前診断を受けることができるよう、積極的に援助すべきなのだろうか。出生前診断の普及の是非を考えるうえでは、こうした問題を考えることが必要となる。

個人の福祉と社会の援助

　ここまで、福祉に関わる三つの問題を見てきた。最後に、こうした問題から見えてくる、いくつかのことを確認しよう。

　第1・2節で見てきたのは、わたしたちが「人間らしく」生きるうえでは、社会の助けが必要であるということ、より具体的には、自由権と社会権の社会による保障が必要とされるということである。そうした保障が必要なのは、わたしたちの福祉には、社会に介入されないで自分自身によって実現される側面と、逆に社会からの介入によって実現される側面とがあるからである。

　また、第3節では、ある人の福祉に関わる判断はだれが行うのがよいのかという問題を見てきた。この問題から見えてくるのは、福祉についての個人の判断と社会の判断には密接な関連があるということである。福祉に関する社会の判断は、その社会に生きる個人の判断に大きな影響を与える。逆に、ある人の自らの福祉についての判断は、同時に他の人の福祉に対する判断を含んでおり、ときにそうした人の福祉に大きな影響を及ぼす可能性をもつ。そのため、福祉に関する個人の判断は、社会からの支えを必要とするとともに、社会から制限を受ける必要が生じる。

　では、福祉に関する個人の判断のうち、社会は、どのようなものを制限し、どのような判断を、どんな形で尊重するべきなのか。そもそも社会とは個人の福祉にとってどのようにあるべきなのだろうか。

　このように、福祉の問題を考えていくと、わたしたちは同時に、社会と個人の関係のあり方の問題にも直面することになる。これらの問題に取り組むにあたっては、たとえば正義論など、社会と個人の関係のあり方を主題とし

ている倫理学の理論を手がかりとすることができる（第Ⅰ部第3・8章参照）。

参考文献

高木八尺、末延三次、宮沢俊義編『人権宣言集』岩波書店、1957年
　世界のおもだった人権宣言を集めたもの。アメリカ独立宣言をはじめ、フランス人権宣言、世界人権宣言などが載せられている。

P. シンガー（山内友三郎、塚崎智監訳）『実践の倫理（新版）』昭和堂、1999年
　現代の倫理学者による応用倫理の入門書。第四章から第六章にかけて、人間の生のあり方について考察されている。

カント（野田又夫訳）「人倫の形而上学の基礎づけ」、『世界の名著　カント』中央公論社、1979年、所収
　わたしたちにとって道徳とは何かということについて考察したカントの古典。第二章では、尊厳と人格について考察されている。

S. シュート、S. ハーリー編、J. ロールズほか（中島吉弘、松田まゆみ訳）『人権について』みすず書房、1998年
　なぜ人権という考え方が現代社会において重視されなくてはならないのかという問題に現代の政治哲学者たちが取り組んでいる著作。

清水哲郎、伊坂青司『生命と人生の倫理』放送大学教育振興会、2005年
　わたしたちが「生きている」ということに関わって生じるさまざまな倫理的問題を包括的に扱った生命倫理の入門書。

立岩真也『弱くある自由へ』青土社、2000年
　自己決定するとはどういうことか。こうした問いから出発し、自己決定と優生学との関係を明らかにしようとしている著作。

広井良典『日本の社会保障』岩波書店、1999年
　日本の社会保障制度についての著作。制度の歴史的な成立過程だけでなく、社会

保障制度に関わる諸原理についても言及されている。

武川正吾『福祉社会——社会政策とその考え方』有斐閣、2001年
　福祉やそれに関わる制度について学ぼうとする人のために書かれた入門書。福祉に関わる基本概念や原理が分かりやすく説明されている。

米本昌平、松原洋子、橳島次郎、市野川容孝『優生学と人間社会』講談社、2000年
　優生学の歴史と社会的な背景について書かれた著作。福祉国家と優生学の関連について詳しく知ることができる。

ロバート・F. ワイヤー（高木俊一郎、高木俊治監訳）『障害新生児の生命倫理——選択的治療停止をめぐって』学苑社、1991年
　障害をもって生まれた子供に対する治療停止に関わる倫理的問題を扱った書。選択的中絶と重なる問題点も多い。

佐藤孝道『出生前診断——いのちの品質管理への警鐘』有斐閣、1999年
　出生前診断についての著作。診断に関する医学的な問題だけでなく、社会的な問題についても言及されている。

板井律子『ルポルタージュ出生前診断——生命誕生の現場に何が起きているのか？』日本放送出版協会、1999年
　医師、妊婦、障害者など出生前診断の普及に深く関わる人たちへの取材をもとに、社会と個人との関係について考察した著作。

（圓増　文）

第5章
科学技術

　一口に科学技術といっても、その中身はさまざまだ。車やマグロの冷凍技術やダムも科学技術なら、インターネットやバイオテクノロジーや原子力発電も科学技術である。ここでは科学技術一般について扱う。科学技術とは何かを考え、それがわたしたちの生活にとってもつ意味や危険や可能性について考えたい。一般論をめざすので、どんな個別の科学技術にも大なり小なりあてはまる話にしたいが、一般論の弱みで、個々の科学技術がそれぞれもつ固有の特徴に対する密着度はさほど高くない。このことをあらかじめお断りしておきたい。

　本章では、科学技術問題を考察するために、筆者がこの問題への手引きとしてふさわしいと考える三つの作品を取り上げる。といっても、哲学や倫理学の著作ではない。科学技術というテーマを扱ううえで避けて通れない一つの映画と、二つの小説である。それらはいずれも二十世紀に発表された作品なので、当然のことながら問題関心に共通性が認められるのはもちろんだが、はっきりした違いも見られる。それらの問題関心の違いに、時代状況が変化するにつれて少しずつ明るみに出されてきた、科学技術の現実のもつ多様な側面がそのまま現れている。

第1節　ゴジラ

「世紀の怪獣」

　「ゴジラ」という映画を観たことがある人は多いだろう。しかし、今では、「ゴジラ」の第一作を観たことがある人は少ないかもしれない。1954年に発

表された第一作「ゴジラ」は、本多猪四郎監督、ウルトラマンで有名になった円谷英二が「特殊技術」を担当した作品である。「全世界を震撼せしめた世紀の怪獣」ゴジラによって東京が焦土と化すシーンは、作品の発表に先立つこと九年前の夏の広島・長崎の惨状が色濃く影を落とし、平和を祈る女学生たちの歌声が痛ましく響く。

この映画のテーマが「科学技術と人間」であることは明らかだ。南海の大戸島付近でエイコウ丸が原因不明の遭難事故に見舞われるところから、映画は始まる。ゴジラによる被害は広がり、古生物学者の山根博士（志村喬）が調査に乗り出す。

山根によれば、ゴジラは、体にトリオバイト（三葉虫）が付着していることから見て、ジュラ紀の（英語でジュラシック）生物で（詳しいことは省くが、同僚の生物学の先生の話では、「科学的には」トリオバイトがダイナソアのような恐竜の体に付着する可能性はゼロに等しいらしい）、海底洞窟でずっとひっそり暮らしてきたと推測されるが、たび重なる水爆実験で「安住の地」を追い出されてしまった、科学技術のいわば「被害者」である。一部の政治家はこの事実を断じて世間に公表すべきではないと強く主張するが、事実を知ったマスコミはゴジラを水爆実験の「落とし子」と騒ぎ立てる。

科学技術の「被害者」であったゴジラは、いまや人類に対する加害者である。この「世紀の怪獣」に対して、「若い世紀の科学者」芹澤博士（平田昭彦）が、深い苦悩の末、立ち向かう。

芹澤は戦争で失明した片目をメンコで隠し、「芹澤科学研究所」で日夜研究にいそしむ科学者である。彼が発明し、ひた隠しにしていた「オキシジェン・デストロイヤー」は、液体中の酸素を一瞬にして破壊し、生物を窒息死させ、死体を瞬時に液化させてしまうという性能をもつ。これは「今のままでは恐るべき破壊兵器にすぎない」が、これをいつかは人類に役立つものにしたいと切に願ってきた芹澤は、これを強制的に使用させられるくらいなら「死とともに研究を消滅させる」覚悟でいる。人類の敵ゴジラを倒すためにこれを使わせてほしいと懇願されると、「ああ！こんなものをつくらなければ」と鳴

咽する。

　しかし、ついにゴジラもろとも死ぬことを決心した彼は、潜水服に身を包んで、東京湾の底に潜む科学技術の巨大な「落とし子」に、血のにじむような科学技術の結晶である「オキシジェン・デストロイヤー」を仕掛ける。

　もがき苦しむゴジラを静かに見つめる芹澤の、海底からの最後の言葉は、「幸福に暮らせよ、さよなら、さよなら」であり、予感していた芹澤の死を深い悲しみをもって見届ける船上の山根博士の最後の一言は、「あのゴジラが最後の一匹とは思えない」というものである。

ゴジラがメッセージするもの

　人間は科学技術とどう付き合っていけばよいのか。ある意味ではこの問題をこの映画ほど考えさせてくれるものはない。水爆という科学技術の「被害者」たるゴジラを、水爆以上に大きな被害を人類にもたらす可能性をもつ科学技術を使って倒すしかないという逆説。「いまのままでは恐るべき破壊兵器にすぎない」科学技術でも、幸福のためのすばらしい道具になる可能性をもつという悩ましさ。その逆の怖さ。科学者や科学技術者の社会的責任という、二十世紀に始まった、そして今後ますます大きなものとなっていくだろう問題。加速度的に発展し続ける科学技術という人類の「エイコウ（栄光）」は、本当に人類にとっての幸福でもあるのか、という根本的な疑問。

　科学技術が「原水爆実験」に象徴される時代がわたしたちに反省を迫ったのは、これらの問題だった。

第2節　『すばらしい新世界』の悪夢

逆ユートピアの世界

　イギリスの小説家で評論家のオルダス・ハックスリーが1932年に発表した『すばらしい新世界』をご存じの方はどれくらいおられるだろうか。この小説は、ジョージ・オーウェルの『1984年』とともに、科学技術の高度の発達

によって可能となる、バラ色ならぬ灰色の人類社会を描いた、逆ユートピア物語の傑作である。

　ハックスリーが未来の「ユートピア」社会として描き出すのはどのような世界だろうか。それは「欲望の自覚とその満足とのあいだに長い時間的間隔を経験しなければならなかった者」がだれ一人いない世界であり、「キリスト教と酒のあらゆる長所を含んでいて、しかもその短所は一切含まれていない」「ソーマ」という精神安定・強壮剤が常用されている世界であり、「ただ一つ残されたものは老齢の征服のみ」という世界なのだが、にもかかわらず、というべきなのか、そうであるがゆえに、というべきなのか、広々とした「実験室」のように、「何か寒々として」「すべてが冬めいたわびしさを競っている」、といった印象を与える世界である。米国の自動車王ヘンリー・フォードにちなんで「フォード紀元」を採用し、「大量生産の原則がついに生物学に応用されて」、「地球上の二十億の住民がたった一万の名しかもっていない」世界であり、「家族、一夫一婦制、ロマンス」が過去の悪習、祖先の愚かさとして断罪されているような世界である。

「全般的知識」と「専門的知識」

　小説のうえで、この「ユートピア」社会の案内人の役割を果たす、「中央ロンドン人工孵化・条件反射育成所」の「所長」の、「新しい見習生たち」に対する最初の訓示は次のようなものだ。

　もし社会の善良にして幸福な一員であろうとするならば、全般的理解はできるだけ最小限に止めておくことだ。それは、だれしも知っているように、専門的知識は徳と幸福を増進するが、全般的知識は知的見地からいって必要悪なのだから。そもそも社会の背骨をなすのは哲人ではなくして、糸鋸師や郵便切手蒐集家なのである。

　　　（ハックスレー（松村達雄訳）『すばらしい新世界』講談社文庫、1986年）

「全般的知識」は「一般教養」と言い換えてもよい。筆者がいまこの原稿を書いている本書は、「一般教養」としての「倫理学」の教科書として企画されている。また、そもそもわたしが今このつたない文章を綴っているのは、「一般教養」を読者の皆さんに身につけていただくための一助になればと願ってのことであり、人が「社会の善良にして幸福な一員」となるためには、「一般教養」は不可欠であると信ずるからである。ところが、この「ユートピア」社会では、「一般教養」はできることならなしですませるのが賢明であり、「専門的知識」を身につけることだけが「徳と幸福」の増進につながるとされる。「専門的知識」の中核をなすのが科学技術であることはいうまでもない。幸せになりたいなら、森は見ずに木だけを見よ、というわけである。
　たとえば、働き蟻は蟻塚のために、そして蟻塚のためにのみ働く。働き蟻にはそのような本能がある。蟻はただひたすら機械のように動き続ける。
　しかし、人間は感情という厄介なものを抱えている。生きがいだとか幸福だとかいう、わけの分からぬ代物を求めている。
　それなら、幸福感を与えてやればいいだけの話ではないか、そうすれば人間を働き蟻のように働かせることができるだろう、というのが、「所長」をはじめとするこの世界の管理人たちの哲学である。どんな苛酷な状況でも、どんな退屈な作業でも、科学技術によって快感を必ず伴うように操作してやれば、「条件反射錬成」できる。宇宙船の外で逆立ち状態で作業をさせるには、その作業をするときに、そしてそのときにだけ「血液代用液の流通を倍加」して、幸福感を与えてやればいいだけのことだ。そうすれば宇宙作業員は率先して逆立ちになる〈働き人間〉になるだろう。効率よく働かせたいなら、木に専念し、木に自らを釘づけにする快感を、そしてそれだけを与えればいいわけだ。
　それに加えて、森を見ることや心に余裕をもつことに対しては嫌悪を感じさせれば、いっそう効果的だろう。絵本を見るたびにサイレンと警報ベルがけたたましく鳴り響き、花に触れるたびに電気ショックが与えられるとする。同じことを二百回ほど繰り返せば、赤ん坊たちは「書物や花に対して……憎

悪をもって成長してゆく」だろう。

「睡眠時教育法」

　「一般教養」としての「倫理学」の見地から見ると、「睡眠時教育法」の失敗談と成功談は、この小説が描く悪夢のような物語の白眉をなす。だいたいこんな話である。

　「過去の言語」であるポーランド語を母国語とするルーベンという名の少年が、眠っている最中に、ロンドンからの放送プログラムが聞こえ出した。バーナード・ショウの講演が放送されたらしい。放送後ほどなく少年は目を覚ます。すると、驚くことに、ショウの長い講演を一字一句間違えることなく繰り返したのである。

　この事件はすぐさま「医学新聞」で取り上げられ、「睡眠時教育法」の驚くべき可能性が世に問われることになった。この教育法はまず「知的教育」に用いられた。しかし、地理学であれ物理学であれ、「何のことを述べているのか分からないかぎり、科学を学ぶことはできない」ということが判明する。「ナイル河」を説明する言葉を長々と覚えても、言葉に対応する概念や事実を知らないかぎり、何の役にも立たないことが分かったのである。

　ところが、枕の下でたとえば次のような声が一晩中ささやき続ける「道徳教育」や「階級意識教育」については事情は違っていた。

　　そしてデルタの子供たちはカーキ一色の服を着ている。ああ、いやだ、デルタの子供たちなんかとは遊びたくない。それにエプシロンときたらもっとひどい。とても馬鹿で読み書きもできやしない。おまけに黒の服を着ている。ほんとにいやな色だ。ベータに生まれてきて、ほんとによかった。
　　　　　　　　　　　　　　　　　　　　　　　　　　　　（前掲書）

　この「睡眠時教育法」で育てられた子供の、「判断し、欲望し、決定する心」は、じつは「暗示の総計」であり、それ以外のものではない。この「ユート

ピア」社会にも「知識人」がいるのだが、彼らとて例外ではない。「アルファ・プラス階級」に属するとされる彼らも、その内容は明かされないが、「非常に面白い条件反射錬成」を経ているとされる。そして、「所長」の信念は、「道徳教育」は「いかなる場合にも理性的であるべきではない」というものである。だから、「所長」の信念が忠実に実践されているかぎりは、知識人が道徳的問題に関していかにも理性を使っているふうに「判断し、欲望し、決定する」としても、それでさえ「暗示の総計」にすぎないわけである。

だとすると、「六万二千四百回の反復で真理が一つ完成する」という信念のもとにすべてを指揮しているようにみえる「所長」ですら、「六万二千四百回の反復」の産物であることになる。彼は「世界の十人の総統」の一人として「西欧」に「駐在」する「総統閣下」に仕える身だからである。

科学技術の可能性に関してハックスリーの見た悪夢はおよそこのようなものだった。

1948年当時の現実を踏まえて構想され、1949年に発表された、ジョージ・オーウェルの『1984年』は、高度な科学技術が全体主義と結びついたときの恐ろしさを描くものだが、「総統閣下」を登場させたハックスリーも当然この問題を頭に入れていたはずだ。

今のところ、全体主義の脅威は1948年同時と比べると大幅に沈静化している。また、核戦争の脅威も冷戦時代の終結とともにたいぶ薄れてきているかもしれない。しかし、ハックスリーの悪夢は、今日のわたしたちにとって、気持ちが悪くなるくらい現実味を帯びたものとなっていないだろうか。

第3節　現代日本における『すばらしい新世界』の夢想

「不幸退治と幸福追求は違う」

もう一つの『すばらしい新世界』はご存じだろうか。池澤夏樹という日本人の小説家が『すばらしい新世界』という同名の小説を二十世紀の最後の年に発表したのである。作者がハックスリーを意識していなかったはずはない。

とはいえ、ハックスリーの小説とは明らかに違う特徴がある。1932年の『すばらしい新世界』は、想像力をぎりぎりまで働かせて、問題を提起することに全力を注いでいた感がある。人並み外れた先見の明が世に問うた、驚くべき警告の書といった趣がある。それに対して、2000年の『すばらしい新世界』は、科学技術の本質に立ち返って、科学技術との幸福な付き合い方を具体的かつ執拗に模索する。このいわば倫理学的な模索がなされる「現場」は、今日のわたしたちの、科学技術をめぐる何の変哲もない生活感情であり、今日ならわたしたちの身近にどこにでもいそうな家族の、「先進国」日本における喜怒哀楽である。

天野林太郎という名の「一技術系サラリーマン」の主人公が、環境問題に深い関心を寄せる妻のアユミのあと押しもあって、ひょんなことから、単身、ネパールの奥の、ヒマラヤの小国の山村に、風力発電のための風車をつくりにいくことになる。

筆者の見るところでは、この小説には、科学技術に関する鋭く深い洞察がいくつも含まれている。池澤が小説家として科学技術の問題と格闘しているさまがありありと現れてもいる。以下では、現代日本の『すばらしい新世界』から読みとれる魅力的な思想のいくつかを取り上げて、科学技術問題を考えるためのヒントとしたい。

まず、著者は、現代日本にあって科学技術の問題を考えざるをえない事情を、主人公に次のような思いを抱かせることで訴えている。

> 先進国である日本の暮らしは、ここ（ヒマラヤの寒村）と比べてみると、幸福ではなく便利と安楽ばかり求めているようにみえる。不幸の理由を探して、それを一つずつ退治してゆけば、幸福に至るようなつもりでいる。しかし、不幸退治と幸福追求は違うのではないか。
>
> 　　　　　（池澤夏樹『すばらしい新世界』中央公論新社、2000年）

今日、科学技術がわたしたちに一個の問題として立ちはだかってくるのは、

こうした疑問を通じてであり、こうした疑問に染み込んでいる「先進国」日本の不安感や空虚感を背景としてなのだ、というわけである。
　以下、著者がこのような疑問に導かれて、科学技術について何をどのように洞察しているかを見ていきたい。作家の想像力はわたしたちに何を教えてくれるだろうか。

「馬術」と「科学技術」の対比から見えてくるもの
　ヒマラヤでは、人は馬を御することができなければ生活を営めない。馬を御することによって、村人は「筋労働」から「解放」され、ときには「快感」が得られ、ときには「支配欲」が満たされる。足場の悪い危険な山道で馬を操るには、「人間」は「進路と速度を決めるだけ」と思い定めて、あとはすべて「馬に任せる」。これがヒマラヤで「馬術」が意味するもののすべてである。
　現代日本では人は車がなければ生活できない、と大勢の人が考えている。車を運転することで得られるものは「馬術」の場合と本質的には変わらない。しかし、車に乗ることで得られるものは、馬にまたがることによって得られるものにはないニュアンスがつきまとう。車が使えると「いい生活」を享受できるが、この生活は「どこか、不安」なのだ、とアユミはいう。
　もちろん、十人十色だから、車など乗れなくても「いい生活」は送れるという人もあろうし、車社会に「不安」など感じたことはないという人もあろう。だから、人がどんな思いで車に乗っているのかは問うまい。しかし、車好きの人であれ、やむなくバスやタクシーを利用するだけの人であれ、車の「普通の利用者」にとって、ということは今日の大半の日本人にとって、車というからくりの「背後にある膨大な知識」の大半は無縁のものであろう。そうした知識は専門家である科学技術者の領分であり、「普通の利用者」はそうした知識が封印されて見えなくなっている車を利用できさえすればよい。
　その点では馬の場合も似たり寄ったりである。馬をつくるのは自然と人であるが、自然は「神様」の領分であり、馬を育てる人は馬の育成のプロであ

る。「普通の利用者」は馬の世話はできても、馬を創造することはできない。
　車に乗ることと馬にまたがることのあいだには本質的な類似があるのである。

　ところが、両者のあいだには大きな違いもある。馬を御することは「馬術」である。しかし、車を運転したり利用したりする術には「車術」というような特別な言葉がないのだ。なぜだろうか。車を乗りこなすのは馬ほど難しくないということだろうか。毎年一万人もの人が交通事故で亡くなっていることを考えると、とうていそうは思えない。

　今日では、技術といえば、第一に思い浮かぶのは「科学技術」である。「技術屋」といえば、科学技術者のことである。では、「科学技術」とは何を意味する言葉か。車でいえば、車の原理や車をつくるノウハウは「科学技術」である。また、車というメカそのものが「科学技術」と呼ばれることもある。ということは、この言葉は、車を考案し製作する側の知識や、その知識が封じ込められている対象そのものを指すためのもので、メカを利用するための「術」は、この言葉の意味範囲から初めから除外されているということだ。

　つまり、車を運転することは、それを運転するための「技術」を表す専用の言葉をもたない行為であり、車社会において脚光を浴びるのは、いつも、「すばらしい」「科学技術」としての車そのものの性能である（「運転技術」や「運転マナー」は遅ればせに、申し訳程度に、問題となるにすぎない）ということである。科学技術の問題を考えていくうえで、ぜひとも注意しておきたいのは、この二つの点である。

科学技術を使うための技術という問題

　林太郎は現地でボランティアとして働く塩沢にこう切り出す。

　「しかし、今後の最小限のメンテナンスのこともあるから、誰か欲しかったんだが」
　「どの程度の知識が必要ですか？」

「本当ならば保守など一切なしで済む風車にしたいけれど、どう作っても機械は壊れます。定期点検も必要だし。だから、日本の中学生程度の理科の知識と、機械についての常識がある人がいれば」
「無理ですよ」
「自動車修理工が理想だけど」
「ここには車が一台もないんです。自動車の走る道なんか一メートルもない」
「そうでしたね」
「機械についての常識もない。たとえば、鉄骨を切るのに電動カッターを使わせますね。一定の力で押さえていれば切れるのに、力を入れすぎる。自分の力で切っているような錯覚を起こして強引に押しつけるから、刃は欠けるし、モーターは焼き切れる」
「なるほどね」
「加工の原理は力とコントロールでしょう。コントロールに専念して、力は機械に任せるという感覚がつかめない」
「ぼくらは無意識にやっているけれど、意外にむずかしいことなんだ」
「そうですよ」

（前掲書）

　林太郎が、ヒマラヤで、科学技術を使うための技術という問題を初めて明瞭に意識する瞬間を描いたこの場面は、小説全編のなかでも最も美しい場面の一つである。「電動カッター」を使いこなすには、「コントロールに専念して、力は機械に任せるという感覚」が必要だが、それは、ヒマラヤの険しい山道で馬を乗りこなすには、「進路と速度」だけに専念して、あとはすべて「馬に任せる」という感覚が必要なのと同様なのだ。
　ヒマラヤで初めてはっきり意識された「電動カッター」の安全で確実な使用法という問題は、いうまでもなく、科学技術全般を安全かつ確実に使うための技術という重大な問題を提起する。

では、科学技術をどう使うのが安全かつ確実なのか。この問題を馬上の林太郎は次のように感じとる。

　ずっと気になっているのは、鐙のことである。鐙があるから馬の上で姿勢が安定する。足をつっぱって尻を浮かせることができる。馬体の動きと自分の動きを分離できるという感じ。しかし、もしも馬が転んだり、斜面から落ちそうになった時、すぐに鐙から足が抜けるという保証はない。林太郎はそれが気になって、つま先をどこまで鐙に入れるべきかを考えていた。深く入れれば安定するが、浅い方がいざという時に抜きやすい。最適点はどのあたりだろう。
　これから先、いろいろなことが起こりそうだ。
　　　　　　　　　　　　　　　　　　　　　　　　　（前掲書）

　「鐙」は科学技術を、「馬体の動き」は外的自然を、「自分の動き」は日々の暮らしを暗に意味する。科学技術は外的自然を制御しつつ、日々の暮らしを外的自然の動きから「分離できる」。これが科学技術の功績である。科学技術に深く足を入れれば、それだけ日々の暮らしは「安定する」。しかし、「いざという時には」、というわけで、「最適点」はどのあたりか、という疑問になる。

失われし「最適点」を求めて

　科学技術に深入りすればするほど、それだけわたしたちは外的自然から「分離」され、それだけ日々の暮らしは安定する。こうした方向に大きく進んだ先に現れてきたのが、アユミのいう「どこか、不安」な「いい生活」である。
　わたしたちが外的自然を制御する程度や範囲が増大していくと、科学技術万能主義的傾向にわたしたちは引きずられがちになる。また、わたしたちが外的自然から「分離」される程度や範囲が大きくなっていくにつれて、外的自然に触れていることでわたしたちのうちにたえずかき立てられていたはず

の生き生きとした感情や漠とした思想の姿が薄れていく。善し悪しはともかく、これは事実である。すると、科学技術という「鐙」に足を差し込む深さが増せば増すほど、「現世利益優先」の傾向がどうしても強まり、ついには、確かなのは「現世」とそれが与えてくれる「利益」だけだという信条を生み出す傾向がある。これを避けるのは難しいのである。

　このような仕方でわたしたちの精神的状況が推移するのだとすると、現代日本が「鐙」に足を差し込んでいる深度は相当に深いのかもしれない。

　たとえば、科学技術が人間の生活に深く浸透すると、科学技術が入り込む以前の人間の生活にはどこにもふつうに見られる「来世思想」が駆逐されてしまう。もちろん、「来世思想」が駆逐されることは人間の精神的進歩であって、褒められこそすれ、非難すべきところはいささかもない、という意見もあるだろう。しかし、「来世思想」を駆逐しえたことをひそかに科学の勝利として勝ち誇っているような最先端の科学者でも、というより、そのような科学者にはむしろ批判できない宗教がある。「目前の利で釣って信徒を増やす」「宗教」しかり、「霊験あらたかな、しかしどこでどう化けるかわからない、不思議な神様」である「お金」しかり、「大伽藍を建て、多くの神官を擁し、お賽銭を強引に巻き上げ、ちびちびと御利益をまく」「国家」しかり、である。

　理由は単純である。「科学がこの百年やってきたのはまさに現世利益による布教だった」からである。

　池澤は、科学技術を推進したり、その「御利益」を被ったりしている人々が、怪しげな宗教や拝金主義、国家というシステムを批判できなかったりする点に、今日の科学技術偏重の問題点を見ているようだ。より正確にいうと、これらを批判する力を欠いているところに、「最適点」を超えてしまった科学技術依存が見え隠れしている、と考えているらしい。この洞察は鋭い。同じ穴のむじな同士が、やり方は違っても同じ穴を掘っているから、邪魔物扱いしたり、結託したりしても、相手を根本的には批判できないというのである。

　では、どうすればいいのか。科学技術という「鐙」に足を差し入れる「最

適点」はどうすれば見つかるのか。

　電気カミソリでも電動ミシンでもよい、身近にある科学技術を使うコツそのものに、じつはそれを見つけるための最初のヒントがある。そんなところに？　そう、そこに、である。これは著者のいくつもの洞察のうちでも最も深い——ということは最も伝えにくい——ものかもしれない。

　「電動カッター」は一つの科学技術である。これを使うにはコツがいるということを林太郎はヒマラヤの山村で初めて明瞭に意識した。林太郎がこのことを意識したとき、馬に乗り慣れていない彼が険しい山道で馬を御するコツを現地の熟練者に教えられたということが背景としてあった。そこで、「コントロールに専念して、力は機械に任せるという感覚」は、彼のうちでおのずと「コントロールに専念して、力は」「馬に任せる」という感覚へと育っていく。彼が馬を「信頼性の高い機械のようにも思える」と言っている点にも、このことは示されている。「電動カッター」の使用法から「馬術」へと拡張された感覚は、さらに次のような感情へと成長していく。

　急斜面をトラバースする狭い道をゆくときは、馬の足がどこをどう踏んでいるか、鞍の上の人間には見えない。しばらく行くうちにそういうことがわかった。いかに険峻な道でも、馬が足を踏み外さないかとおろおろ心配することには意味がないのだ。馬に乗った以上、そういう道を馬で行くと決めた以上、もう馬に任せるしかない。

　　　　　　　　　　　　　　　　　　　　　　　　　（前掲書）

　このような状況では馬を信頼して馬に身を任せるしかない。鞍の上の人間は断じて馬の邪魔をしてはいけない。こうした思いが彼のうちに自然の運行の邪魔をしない科学技術という思想を目覚めさせる。その思想は、じつは、ヒマラヤに出かける前の、「一技術系サラリーマン」として忙しく働く林太郎の眼に、すでに次のような光景として映じていたものである。

風車は美しい、と林太郎は思う。
　五基の風車は設計者の考えを反映してそれぞれデザインが異なるが、設計の基本姿勢は同じだ。吹く風を乱さないように大手を広げて受け止め、上手に力に換える。勝手気ままに吹く風の邪魔をしないで、その勢いを半分ほどもらう。風と風車がペアを組んで踊っている。別の言い方をすれば、風車という玩具を得て風が喜んで遊んでいる、という感じ。
(前掲書)

　これは何よりもまず科学技術の「美しい」あり方についての思想である。が、それに尽きるものではない。この風車の思想は、太古からの人間の宗教的な感情や想像を邪魔することなく、それを「受け止め」、「力に換える」思考や生き方の、著者が考える「美しい」スタイルについての思想でもある。科学技術が出現するずっと以前から精神が呼吸してきたに違いない空気の、どこからやってくるとも知れない流れが、人間が「設計」する思想と行動という「玩具」を得て、「喜んで遊んでいる」ような状態が夢見られているのだ。それも、科学技術の「美しい」あり方と一組のものとして。
　作家のこうした夢想の底に働いているのは、風をものともせず、風に逆らい、風を制圧してしまうような強引な科学技術のあり方(科学技術への過度の依存を結果するような科学技術のあり方)は、大昔からの人間の宗教性を窒息させるような息詰まる(行き詰まる?)思想(「怪しげな宗教」のそれであれ、過度に唯物論的な、あるいは過度に分析を尊重する哲学思想であれ)とひそかに結託している、という直感であろう。

参考文献

池田義昭編『自然概念の哲学的変遷』世界思想社、2003年
　「科学技術」の理論的前提をなす近代西洋の自然概念の特徴を、別の時代や別の

地域の自然概念と対比して理解するのに役立つ。

H. カーニイ（中山茂、高柳雄一訳）『科学革命の時代——コペルニクスからニュートンへ』平凡社、1983年

近代科学生誕の時代を克明に描き出し、その諸特徴を手際よく分析した本。

J. ブロノフスキー（三田博雄、松本啓訳）『科学とは何か——科学の共通感覚』みすず書房、1968年

「秩序」や「原因」などの近代科学を支える基本的な諸概念の歴史的起源を探っていくと、中世のキリスト教神学やキリスト教哲学に行き着くことを明らかにした本。

E. A. バート（市場泰男訳）『近代科学の形而上学的基礎——コペルニクスからニュートンへ』平凡社、1988年

書名の通り、近代科学の形而上学的基礎を解明して、近代科学といえども哲学的に無前提に成り立つものではないことを教えてくれる書物。

野家啓一『物語の哲学』岩波現代文庫、2005年

現象学と分析哲学の成果を踏まえて、「科学」とはどのような営みなのかを「物語り行為」という観点から考えさせてくれる本。

G. カンギレム（金森修監訳）『科学史・科学哲学研究』法政大学出版局、1991年

近代自然科学の本質を、医学や医療行為の場面で、実証的に考察する。高度に学術的だが、面白く読める本。

C. P. スノー（松井巻之助訳）『二つの文化と科学革命』みすず書房、1999年

理科系の知識と文科系の知識とがひどい乖離状態にあることを指摘して、社会全体の知的インテグレーションが失われることの危険性を考えさせてくれる本。

Valis Deux 編『知の最先端——学問の今とこれからが一目で分かる』日本実業出版社、1998年

科学技術の使用につきまとう人間中心主義的傾向を、生態学的な観点からどう批判できるかを考えるヒントが含まれている。

中沢新一『対称性人類学——カイエ・ソバージュV』講談社選書メチエ、2004年

科学的思考と神話の思考の共通点と差異を考察して、科学的思考の健全な位置づ

け方を考えるためのヒントが含まれている。

A. フィーンバーグ（直江清隆訳）『技術への問い』岩波書店、2004年
市民と社会に開かれた「新しい合理性」という概念を軸に、新しい技術のあり方を模索する書物。

（石井敏夫）

第6章
情報

　自動車の普及は輸送・物流システムのみならず、人々の価値観やライフスタイルまで変えた。その一方、公害を引き起こし、人々の環境に対する考え方を変えた。新たな技術の出現は、直接的な功罪ばかりでなく、それまでの価値観の再考を促すことがある。こうした見方は、大量の情報の高速伝達と保存ができるメディアを高度に発達させた情報社会と呼ばれる現代にも通用するかもしれない。そこでまず、コンピュータ・ネットワークを中心とした情報社会到来の必然性を考え、その光と影を見ておこう。

第1節　情報社会の光と影

情報社会とは
　情報社会は、なぜ出現したのだろうか。情報通信技術が発達しても社会にそれを受け入れる用意がなければ、情報社会がここまで発達する必然性はなかったはずである。情報社会がもたらす表面的な変化を記述しただけでは答えられないこの問いに対して、たとえば以下のように考えることもできるだろう。
　文明論的に人類史を見れば、世界のどの文明も、何かしらの技術を発達させ、その技術を活用し、資源を利用して文明を勃興させてきた。しかし、資源は有限であるから、やがては枯渇し生活環境が悪化し、文明は終焉する。これまでは未開の新大陸を発見できれば、文明は生き残ることができたが、もはやこの地球上に未開の新大陸など存在しない。この現実が、物質の大量生産・消費・廃棄を前提として文明を維持していこうとする近代的な発想自

体からの脱却を求めている。そして、それに応えたのが情報社会であったとも考えられる。

　しかし、たとえば商品の頻繁なモデル・チェンジが人々の消費欲を刺激するように、情報社会の進展が物質の大量生産・消費・廃棄を拡大する欲望を生み出している現実も無視できない。情報社会は、わたしたちの思考や行動の源泉である「近代」を超克するために現れたとも考えられる一方で、「近代」を推し進めてもいる。だからこそ、社会の情報化の流れは一過性のブームに終わらず、市民運動や商取引、医療や図書館をはじめ、従来の政治・経済・社会・文化システムや慣行を根本的に変えながら、新たな倫理問題を引き起こしていると考えられる。

　それゆえ、情報通信技術に関する知識や情報社会の表面的な功罪のみならず、情報社会の進展の理由とそれに伴う倫理的な諸問題の所在を理解することが必要なのである。諸問題に対処しつつ情報社会を主体的に生きていくためには、情報社会を支える技術について知識——メディアを使いこなす能力である「メディア・リテラシー」とコンピュータをはじめとする情報機器を使いこなす能力である「コンピュータ・リテラシー」——のみならず、メディアを批判的に見る能力である「情報リテラシー」を育成することが必要である。

　もっとも、たとえば情報アクセスの問題は、戦争を行う者にとって古代から最大の関心事であった。情報のグローバルな共有志向は、中世のラテン語世界に見てとることができる。情報の所有権は、はやくは16世紀ころから議論されはじめ、法律で規制されるようになって300年近くなる。管理社会論に関しても、少なくともパノプティコン（一望監視システム）を提唱したベンサムにまでさかのぼることができる。そこで、以下ではまず、現代の情報社会が織りなす光と影をおさえておこう。

情報社会の光

　大量の情報の高速伝達と保存ができるメディアを高度に発達させた情報社

会は、コンピュータの飛躍的な発展なくしてはありえない。世界初のコンピュータは、1939年のアタナソフ＝ベリー・コンピュータとも、1948年にエッカートとモークリーを中心に開発されたENIAC（電子式数値積分器・計算機）とも言われる。その後、コンピュータに使われるチップが真空管からトランジスタ、ICそしてLSIと進歩・小型化していくとともに、あらゆる生活ツールにコンピュータが不可視的に組み込まれていった。80年代には一般家庭にもパーソナル・コンピュータ（PC）が進出し始める。そして、商用ベースに移されていたインターネットが90年代に爆発的ブームを起こした。

インターネットの出現によって、コンピュータを介してインタラクティブでグローバルな情報交換、すなわちCMC (computer-mediated communication) が可能になった。たとえば、有権者は政治家に直接メールを送って意見することができ、今まで以上に自由かつ簡単に政治に参加できるようになった。また、電子政府が実現すれば、24時間行政サービスが提供され、いつでも欲しい情報を引き出せるようになるかもしれない。情報の自由な発信と共有を行うことで非政府組織（NGO）や非営利組織（NPO）の国際的なコラボレート・ネットワークが生まれている。

雇用形態にも変化を及ぼし、事業所が小規模であったり個人であったりするSOHO (small office home office) と呼ばれる事業形態やバリアフリーな労働を可能にした。電子マネーの普及によって完全なキャッシュレス時代の到来もそう遠くはない。また、電子商取引は契約や決済、物流の形態を変え、ワールドワイドな市場を生み出した。シナジー効果を期待した異種業間の連携も容易になった。かつては金銭を媒介としたパッケージ・メディアによって情報やモノが取引されていたが、今日では尽きることのないデジタル・コンテンツが──ときにはタダで──ネットワークを通じて不特定多数の間で取引されるようにもなっている。

医療の場も変化している。たとえば、電子カルテによって個人の病歴や治療歴などの医療情報がすべてデジタル・データとして記録され、オーダーメイド医療が可能になりつつある。また、2000年6月にはヒトゲノムのドラフ

ト配列が決定された。そこから現在は遺伝子ネットワーク解析などの研究が進められている。これらによって、細胞分化の過程、ガンの解明、ゲノム情報を使った新薬の発明や予防医療、生物進化の解明が進むのではないかと期待されている。

芸術・美術の世界では、作品がデジタル・アーカイブとして蓄積され、図書館情報のグローバルな共有と自由な利用システムの構築がめざされている。MP3などのデジタル音楽ファイルは、レコードやCDを駆逐し、情報伝達における物質利用の度合いを低下させた。また、インターネット講義のように、集合教室に集まって授業を受けなければならなかった物理的な制約にとらわれないシームレスでインタラクティブな教育方法も開発されている。

以上は、ほんの一例にすぎない。総じて、情報社会の発展は、物質の大量生産・大量消費・大量廃棄を経済活動の根幹に据える近代社会を変化させながら、わたしたちの生活空間そのものをバーチャルに拡大し、人間の能力に新たな可能性を付加したといえる。

情報社会の影

情報社会の出現は、わたしたちに恩恵だけをもたらしたわけではない。生活のすみずみにまで浸透するコンピュータの誤作動が大きな社会問題を引き起こすこともある。たとえば、プログラムの修正で回避することのできた「2000年問題」は有名であるが、このほかにも現在普及しているC言語の処理系の実装に関わる「2038年問題」はいっそう深刻だと言われている。技術のブラックボックス化が生み出すこうした落とし穴は、工学的・技術的手法によって回避が可能なのかもしれない。しかし、情報社会に付随する新たな倫理問題も生じている。

インターネットは、情報の広範な共有とコラボレーションを可能にするが、他方でオーウェルが『1984年』で描いたような情報の集中と独占という偏りも生み出すことがある。日本では2002年から住民基本台帳ネットワークシステム（住基ネット）が稼働し、2005年から個人情報関連5法が全面施行され

ているが、情報通信技術によって権力をもつ者に情報が集中し、個人情報が一元管理される危険性がある。権力をもつ者ともたない者の間に力のアシンメトリー（非対称性）があるかぎり、必然的に情報の集中量にもアシンメトリーが生じ、アクセスの公平性は保たれず、情報民主主義は成立しない。

インターネットを通じた電子商取引は徐々に成熟期を迎えつつあり、決済・流通システムや決済データのセキュリティ保護システムなど、技術的な問題は解決しつつある。しかし、個人情報の管理が不十分なことによるデータ漏えいや、消費者同士が直接、情報やモノをやりとりするＣ２Ｃ（consumer to consumer）モデルでのネット詐欺多発など、電子商取引ならではの問題点も顕在化している。また、情報通信技術の恩恵の有無による格差、いわゆるデジタル・ディバイド——これには、先進国と発展途上国間の国際間ディバイド、ビジネス・ディバイド（企業規模格差）、ソシアル・ディバイド（経済、地域、人種、教育などによる格差）などがある——も著しく拡大しつつある。

ブロードバンドが普及し、あらゆる情報がデジタル・コンテンツ化されることで、著作者の許諾を得ない複製が容易になり、不特定多数の個人間でデジタル・コンテンツを共有できるＰ２Ｐ（peer to peer）ソフトを使った違法な配布・交換が増えている。不特定多数に対する違法・有害・わいせつコンテンツの流布、個人情報の漏えい、さらにコンピュータ・ウィルスやスパムなどによる被害もあとを絶たない。コンピュータ同士が自律的に連携して動作し、情報ネットワークにいつでも、どこでもアクセスできることで人間の生活を強力にバックアップするはずのユビキタス社会の実現が逆にセキュリティ脆弱社会を生み出している。

さらに、マルチメディアに代表される視覚や聴覚に訴える新たなメディアは、グーテンベルクによる活版印刷の発明以来の文字文化を越えて、わたしたちの意識を変革している。あらゆる現実が——ブーアスティンが指摘したように——メディアの中に再構成されたイメージを通して疑似イベント化されようとしている。そのため、わたしたちは次第に、現実をメディアがもた

らす視点でしか見ることができなくなりつつある。

いずれにせよ、情報通信技術が進展したからといって、どうやらわたしたちは必ずしも幸福を手にしているとはいえないようである。しかし、情報社会の進化に終わりはない。いま現前する問題も氷山の一角でしかない。これからも未知の問題が発生し続けるだろう。だから、これまで意識的に多用してきたようなカタカナ語で粉飾した議論にだまされず、情報社会を貫く本質的な問題を見抜くことが必要なのである。

第2節　情報社会におけるモラル

情報とモラル

情報 (information) に類似した言葉として、データ (data) と知識 (knowledge) がある。これらは、しばしば混同されて用いられることが多い。ここでは一応の区別として、データとは「まだ評価されていない記号の系列」、情報とは「人間と社会組織の特定の目的に対して評価されたデータ」、知識とは「わたしたちが生きていくためのスキルとして活用されることを期待され、体系づけられた情報」と考えておくことにしよう。

しかしそれでもなお、情報にだれもが納得できる厳格な定義を与えることはきわめて困難である。なぜなら、そもそもわたしたちが日常的に用いている「ことば」自体が情報であって、わたしたち人間はいわば空気や水のように情報に囲まれており、情報で情報を定義するジレンマに陥るからである。このことが情報をめぐる問題をあいまいにしている原因の一つでもある。しかし、情報をめぐって要請されるモラルやルールに議論を限れば、情報のいくつかの特性から、それらを引き出すことができる。

まず、情報の特性として、相対性・目的性・個別性が考えられる。すなわち、情報伝達は最終的に与えられた記号のなかに受信者が意味や価値を読み取ることによって成立する。ところが、情報伝達が成立するには、一般に発信者と受信者が存在しなければならず、発信者も意味を託して情報を発信す

ることが大半だから、発信者の意図した意味と受信者が解釈した意味のズレが生じる可能性がある。つまり、情報の意味は相対的なもので、情報利用者の目的によって異なり、一義的に決定されないところに、倫理問題が生じる原因がある。それゆえ、情報の発信者には、情報の信ぴょう性を確保することが求められる。

次に、不滅性・複製性・伝搬性が考えられる。とくに、コンピュータ・データベースに記録・蓄積されたデジタル・データ・リソースが情報として利用されたからといって、オリジナル・データ・リソースが消滅することも摩耗することもない。また最近は、情報がデジタル・コンテンツ化され、記憶メディアが発達したことによって、情報の質的劣化のない複製がますます容易になり、その真偽にかかわらず、複製された情報が広範囲に伝搬される。だから、情報のユーザーは、不法な複製が窃盗であるという意識をもつことが求められ、同時に知的財産権の侵害やプライバシーの侵害を犯さないことも求められる。

情報社会とモラル

さらに、あらゆる人が情報の発信者になるとともに、受信者にもなるという新しいコミュニケーション社会の構造が要請するモラルもある。情報社会には多くの特徴が見出せるが、ここでは一般に情報モラル論として語られる代表として、CMCの特徴とそこで求められるモラルであるネチケットを確認しておこう。

情報社会は不完全な匿名社会である。過去にインターネットの匿名性を利用したネット犯罪があったため、匿名社会であるという幻想が広がっているが、現実は不完全な匿名社会である。むしろ、偽装社会と呼んだほうがよい。もっとも、技術に明るくない大半の利用者にとって、ネット社会は匿名社会である。だから、自己を隠して自由に情報を発信していると思える。こうしたコミュニケーションは、自分の正体を明かさずに他人に相談したい人にとっては福音かもしれない。しかし同時に、安易なネット犯罪も助長する。

いずれにせよ、情報社会の匿名性・偽装性を反社会的な目的に利用しないモラルが求められる。

情報社会は不完全な公開社会でもある。インターネットを形成する局地的なLANは閉鎖性も同時に有し、さらに情報機器をもたない者は逆に孤立する可能性も高いので、完全な公開社会とはいえない。しかし、新聞やラジオといった旧来のメディアに比すると、インターネットは情報公開の垣根を低くした。情報発信が容易であるため、名誉棄損やプライバシーの侵害、それに肖像権の侵害行為がインターネット上にひとたび発信されると、その被害は不可逆的で計り知れない。だから、何らかの意味で他者を害すると予想できる情報の発信に関しては慎重にならなければならないというモラルが求められる。

情報社会はグローバル化したネットワーク社会である。つまり、情報流通の場に不特定多数の発信者と受信者が活動する社会である以上、一般の社会と同様のマナーやエチケットが要求される。さらに、一般社会のモラルにとどまらず、情報機器固有の性能に伴うモラルが発生する。たとえば、「機種依存文字を使用しない」、「不必要に巨大なデータを送らない」などのモラルが求められる。また、外国のサーバーを使ったわいせつ図画販売のように、刑法の適用範囲とインターネットのグローバル性のズレを悪用した反社会的行為を行うべきでないモラルも求められる。

情報システムとモラル

情報システムに伴う特性から要請されるセキュリティ上の要請もある。経済協力開発機構（OECD）のガイドラインによれば、情報システムが定められた方法でいつでも利用可能であり、情報が第三者に漏れないようにし、情報が正確かつ安全に維持されねばならない。情報社会においては、情報システムが安定運用されないと政府活動、産業活動、社会生活の維持が不可能になるから、システム機器の設置環境を物理的に保全することが求められる。

また、偶発的かつ故意によるデータの修正・破壊・漏えい・改ざんなどを

防ぐため、ID導入によるハッカー対策など、情報システムに対するアクセス・コントロールを強化する必要がある。また、情報管理者が倫理観を荒廃させるモラル・ハザードを起こし、コンピュータ犯罪に手を染めないためにも、アクセス権限の分散と相互監視、教育やカウンセリングによる情報管理者のモラルを育成することが必要である。

　データベースの発展にともない、人々の知的活動にも変化が見られる。情報社会においては、データベースに蓄積された大量の外部情報を用い、多数者がコンピュータを使って一つの作品を作り上げることも少なくない。それゆえ、著作権や特許権などの知的財産権が特定しにくいケースが生じている。したがって、これらに関する法整備に加え、知的財産権を侵害しないモラルを育成する必要がある。

　国や地方公共団体がシステマティックに個人の情報を収集・管理するようになったにもかかわらず、国民にとって重要な情報が公開されないこともある。それゆえ、「知る権利」や「プライバシーの権利」に根ざした情報公開制度をいっそう充実させ、大衆操作の危機を避けるために情報民主主義を育成する必要がある。ただし、公共の福祉の観点から公開されるべきではない情報もあるから、公開の対象と手続き、国民の請求権を明確にするルールを策定する必要もある。さらに、ジャーナリズムは、権力の監視と国民の政治参加の点で高度の公共的機能を有していることをわきまえ、プライバシーを侵害しない報道モラルを高める必要がある。

情報社会と情報倫理学

　技術が誤用されたり、悪用されたりしないためのモラルの考察がますます求められている。すなわち、情報社会の進展は、科学技術一般に当てはまる「技術そのものは悪でも善でもない。問題は人間の心構えである」というモラルの再考と再構築を迫っている。ところが、情報化社会においては、「自らの意思と理性をもつ」人間がコンピュータやインターネットなどの情報通信技術を善用すれば、わたしたちは幸福になるのだということさえも確実では

ない。情報社会は従来の近代的な人間観やモラル自体をも揺るがしている。だから、モラルのみならず、情報社会を生きる人間のあり方そのものを哲学・倫理学的に考察していくことも必要になる。

　たとえば、文学や哲学の古典にみられるように、これまで人類は高度な抽象性をもった記号としての言語を巧みに操って文化を創造してきた。だが現在、携帯電話にみられるように、わたしたちにできることは、与えられた選択肢の範囲の中でコンテンツを選択するだけになってきている。つまり、情報技術の発展に伴い、現代人は文化を創造する手間を省き、代わりに選択能力に大きな比重を置くようになっている。人間が自らを人間たらしめているソフィア（知恵）を放棄し、テクネー（技術知）に身を委ねようとしている。

　つまり、自己の内部で緻密に作り上げた計画に従って何らかの目的を達成するよりも、即時的かつ刹那的で利己的な行為・コミュニケーション・消費が優先される。そして、それらが達成できないと、現代人は自らが置かれた状況に対して反射的に行動を起こすといった動物的な行動をとることさえある。多様な形のコミュニケーションを可能にし、人間の能力に新たな可能性を付加した情報技術が、逆に「自らの意思と理性をもつ」という近代的な人間観を否定する働きをしているともいえるだろう。

　こうした状況に対して、「情報社会の進展が人間を退化させている」という批判も多い。しかし、それは近代的な上昇志向からの判断なのかもしれない。なぜなら、複雑化するネットワークを放棄し、簡素なツールやスローライフを志向しつつ、自らの主体性を回復しようとする流れも情報社会の中に現れているからである。情報社会を生きる現代人は、近代的人間観の喪失と回復の間を揺れ動いている。だからこそ、まずは人間を出発点として、その人間が作り上げる社会や国家にまで視野を広げた探求が求められている。

第3節　情報社会における倫理学

情報と人間

　情報社会の中の人間像を探った研究者に、カナダのメディア学者マクルーハンがいる。彼によれば、人間を規定するのはコミュニケーションの内容ではなく、それを伝えるメディアの性質であり、西欧における近代の誕生はグーテンベルクによる活版印刷が一翼を担う。つまり、活版印刷は国民的な規模での読書界といった公共空間を形成し、その複製技術がもたらした新聞・出版メディアを通じて情報が入手・交換され、公的な議論が行われるようになったからである。そして、たとえばカントが『啓蒙とは何か』で語った「理性の公的使用」のできる人間が、その公共空間に参画してきた。

　しかし、現代では、そうした人間像が揺らいでいる。かつてレヴィ＝ストロースは、ソシュールに由来する当時の言語学の影響を受けて、「人間の思想と行動の根底には、それを規定している、無意識で社会的な普遍的構造がある」と述べた。さらに、フーコーが反理性主義、反人間中心主義を徹底して、理性的主体としての人間という考え方が、西欧近代の作りものにすぎないことを明らかにした。こうした主張は、データベースが発達し、国や地方公共団体が膨大な情報を収集し管理するようになった情報社会の中でますます現実味を帯びてくる。「私」の情報は、「私」のあずかり知らないところで収集・管理され、膨張し、「私」を規定している。

　さらに、ドイツの哲学者ボルツが言うように、人間が情報の集積体であるのみならず、「メディア結合体」であるならば、人間の能力をバーチャルに拡張した情報化社会の中で主体的に行動しようとすればするほど、否が応でもメディアを通じて他者が「私」に侵入することになる。現代はもはや、「自らの意思と理性をもつ」と無条件に前提できない人間同士がメディアを通じて、ますます深く相互に影響を及ぼしあう時代である。だから、社会の中で生きるわたしたちの権利と義務の関係を明らかにするためにも、人が人格の自律

を主張できる内的な根拠は何であるのかを今なお探求する必要がある。

情報と社会

　一方、外的にはコミュニティへの参加権である市民権を付与されることで人は人格たりえた。ただし、市民権には歴史的な変遷がある。西欧の場合、18世紀に言論の自由と財産の所有権を含む民間人の市民権という概念が出現した。19世紀に政治的市民権という考え方が生まれて、政治過程に直接携わる権利が、それまでの市民権の観念に追加された。20世紀に社会福祉への関心や、学校その他の社会的なサービス機関の平等な利用に対する関心が高まった結果、社会的市民権という観念が生まれた。

　いずれにせよ、これらの市民権は、何らかの根本的な関心事の共有によってコミュニティが存在し、その根本的な関心事を支えるための責任を「自らの意思と理性をもつ」個人が引き受けることによって、そのコミュニティの市民とみなされ、変わらぬアイデンティティに対して付与されてきた。しかし、情報社会においては、国内社会ばかりか国際社会に影響を与えるネティズン（netizen ネットワーク市民）というボーダーレスな人々の存在が無視できなくなりつつある。このネティズンが属するコミュニティは基本的に、地理的な境界はなく、いかなる権威も存在せず、また権威に伴う社会的行動の規制や処罰が必ずしも存在しない。共通の関心が生まれることはしばしばあるが、局地的で刹那的なものが多い。

　インターネットは、既存の階級などのヒエラルキーに束縛されない「自由」な人間同士の本質的「平等」という近代的な理念を推進し、血や地といった身体性に由来する近代的なアイデンティティを解放した。さらに、災害復興にボランティアの果たす役割も大きくなっているが、このボランティアの動員にもインターネットが活躍している。情報社会は「博愛」も促進したともいえる。その一方で、市民権の基盤である近代的理念から意味を奪ってもいる。こうした情報社会の中で、内的な人格的自律でさえも流動的な人間が、いかなるコミュニティや市民権の基盤を生み出すのかを考える必要がある。

情報と国家

　さらに巨視的に見ると、市民権の基盤の揺らぎとは、今日の政治世界の基本単位である国民国家の揺らぎでもある。国家（state）とは、絶対君主のもとで近代以前の多元的かつ重層的なコミュニティをまとめあげた枠組みであるが、これが国民国家（nation-state）となるには、市民革命によって国家から絶対君主が放逐され、神話による人民主権が確立される必要があった。その神話とは、まさに「一民族、一言語、一国家」という近代の神話である。なぜ神話が求められたのかと言えば、国家という枠組みの中の人々は多様だから、それなくしては虚構（フィクション）としての政治的統合を維持することができなかったからである。

　ところが、情報社会の進展が推進力となった経済のグローバリゼーションによって、この神話が揺らいでいる。1997年のアジア通貨危機にみられるように国民国家の役割が退潮していくなか、先進諸国は新たに民主主義と市場経済による結束を深めていくようになる一方で、情報社会の進展は近代の神話に虐げられた人々のエスニシティを喚起し、自らの神話獲得へと向かわせた。だから、世界規模の情報化の流れがポストコロニアリズムの世界を招来したともいえる。ここでは再び、エスニシティとは何か、国家の役割とは何か、国家間の平等とは何かが問われなければならない。

　さらに、先進諸国の新たな結束理念である民主主義と市場経済でさえも確かなものではない。これらは個人の自由や平等とともに生まれた近代の社会原理である。しかし、先進諸国内部においてさえ、これらの理念と情報社会が結びついて出てきた現実は、ホッブズ的な弱肉強食の競争原理の肯定でしかなかった。情報公開が進み、電子政府が実現し、「知る権利」がさらに自己情報支配権へと昇格しようとも、社会基盤の理念が弱肉強食の競争原理にすぎないのであれば、人々の幸福は有名無実なものになってしまう。だから、今一度、情報社会と結びついた民主主義とは何か、市場経済とは何かについても考えなければならない。

情報と哲学

　最後に、情報社会において倫理学を含む哲学を学ぶ意義について考えておこう。

　何らかの専門家としての権威の源泉は、まさに情報格差によるものだった。これは哲学も例外ではない。つまり、情報をよりはやく手に入れ、それを囲い込むことにもとづいていた。近代以降、その情報源の大半は書籍であった。しかし、書籍の座を奪うインターネットがばっこする情報社会において、こうした権威は揺らいでいる。インターネットが利用できれば、蓄積されたデータベースの中から専門家レベルの情報を手に入れることができる。もはやタイムラグを利用した権威は生み出されなくなった。そして、権威の失墜は大衆の出現でもある。こうした意味において、情報社会は大衆社会でもある。

　大衆社会に警鐘を鳴らしたのはスペインの哲学者オルテガであったが、オルテガが批判した大衆は、自らの生を制限する自然的・社会的制約が消滅したと思い、いかなる上級の規範も認めない大衆人である。もちろん、大衆人とは社会的あるいは経済的な意味ではない。意識の問題であって、科学者に代表される「無知の賢者」(サビオ・イグノランテ)こそが大衆人である。こうした大衆人がバーチャル空間を生き、大手を振って情報社会を推進している。もちろん、こうした変化には積極的な意味もある。情報社会は書籍にもとづく啓蒙的教育システムを解体し、人々の共同作業・研究によって新たなネットワーク文化を生み出してもいる。

　しかし、知の現場である大学においてさえ、よりはやく、よりわかりやすい皮相に価値が見出され、沈思黙考に価値が見出されなくなりつつある。いわば、哲学の受難の時代である。こうした状況で、倫理学を学ぶとはいったい何であろうか。哲学の古典は時代を越えて受け継がれてきた。その一方、情報をめぐる議論の大半は五年の命もない。情報が受け継がれないところに文化は成立しない。情報社会においてこそ哲学が見通すソフィアが試されている。だからこそ、断片的知識を寄せ集めて蓄積したデータベースの情報から、人間に必要な統一的な意味を見出す哲学が求められている。

参考文献

J. ボードリヤール（今村仁司、塚原史訳）『消費社会の神話と構造』紀伊國屋書店、1995年
　消費社会の生み出すさまざまな商品を「記号」として分析した先駆的かつ代表的な著作。情報社会が生み出すさまざまな神話と構造を解明する視座を与えてくれる。

D. J. ブーアスティン（星野郁美、後藤和彦訳）『幻影の時代――マスコミが製造する事実』東京創元社、1974年
　マス・メディアの巨大な発達とともに変貌した欧米市民の実生活と心理的動向を解剖。実体より幻影を愛好するようになったわたしたちの大衆文化を考察している。

M. マクルーハン（森常治訳）『グーテンベルクの銀河系――活字人間の形成』みすず書房、1986年
　現代のメディア論を論じる際にマクルーハンを欠くことはできない。「近代」を導いてきたメディア＝書物について、直観的な洞察に満ちた現代の予言の書である。

N. ボルツ（識名章喜、足立典子訳）『グーテンベルク銀河系の終焉――新しいコミュニケーションのすがた』法政大学出版局、1999年
　ルーマンやハーバーマスらの理論を批判検討し、コンピュータや電子メディアの出現によってもたらされた新たなメディア論の見取図を提示しようとしている。

J. オルテガ（桑名一博訳）『大衆の反逆』白水社、1991年
　1930年刊行の大衆社会論の嚆矢。情報倫理学と直接は関係しないが、情報社会が推し進める大衆社会のゆくえを考える際に欠くことのできない予言と警世の書である。

M. ホルクハイマー、T. W. アドルノ（徳永恂訳）『啓蒙の弁証法――哲学的断想』岩波書店、1990年
　メディア批判の先駆け的な著作であるが、その視座はメディア論に限定されず、

新たな野蛮状態へ導く、近代を貫く啓蒙を批判的に考察した大著である。

M. ポスター（室井尚、吉岡洋訳）『情報様式論』岩波書店、2001年
　虚構と現実の融合、個人情報のデータベース化による監視の強化など、電子メディアが生み出した社会環境を、批判理論とポスト構造主義の成果から具体的に考察する。

越智貢、土屋俊、水谷雅彦編『情報倫理学──電子ネットワークの社会のエチカ』ナカニシヤ出版、2000年
　日本において情報倫理学を推進している三人の編者による論文集。技術的に高度な議論も見られるが、情報倫理学において何が語られているかを知ることができる。

黒崎政男『デジタルを哲学する──時代のテンポに翻弄される"私"』PHP新書、2002年
　長年、今日のデジタル技術の問題を哲学的に考察してきた著者による入門書。話題は必ずしも容易なものではないが、平易な語り口であり、入門書として最適である。

（中川雅博）

第7章
経済活動

第1節　経済活動はいかになされるべきか

経済活動とは何か

　人間も動物も、生きていくためにはさまざまな財を必要とする。しかし、必要な財を入手する方法の点で人間は他の動物たちとは著しく異なる。第一に、動物はたんに自然の産物を採集するだけである。これに対して人間は、自然に働きかけ自然を利用しつつ、必要な財を自ら生産もする。

　第二に、分業によって必要な財を生産する。たしかに、分業は人間だけのものではない。アリやハチ、ライオンなどにも見られる。だが動物における分業は家族のようなごく小さな集団での分業にとどまる。人間における分業はこれよりもはるかに大規模である。自分自身で採集・生産するのは、自らが必要とするもののごく一部でしかない。しかも、一つの財を作るさいにもしばしば分業が行われる。最終的には交換によって必要な財を入手する。

　その交換が、長期保存および蓄積可能な貨幣を媒介として行われる点が第三の特徴である。ただしポラニーによれば、財の移動が主として交換によって行われるようになったのは16世紀になってからのことらしい（それまでは贈与・分配も大きな役割を果たしていたという）。第四に、動物は主として他の動植物などのような再生産可能なものを利用する。これに対して、人間は石炭・石油などのように再生産不可能なものをも利用する。

　財を獲得するための人間独特の分業・生産・交換に関連する活動が一般的に経済活動と呼ばれるものである。このような経済活動のおかげでわたした

ちは今日のような「豊かな」生活を送ることができる。だがその一方で、このような経済活動がさまざまな問題を引き起こしていることも否定できない。

経済活動はいかになされるべきか

　以下の議論では、基本的な規範原理（道徳と言ってもよかろう）としてリベラリズムを前提とする。リベラリズムにもさまざまな立場がある。ここではリベラリズムを、各人は自らの信念にしたがって生きていくことができる権利を平等に有する、と同時に、他人の同様な権利を尊重する義務を負う、と主張する原理と考えておこう。

　このような前提を立てたとしても独りよがりではなかろう。というのは、日本国憲法もこのようなリベラリズムを基礎としていると考えられるからだ。

　このようなリベラリズムを前提とすれば、各人はたがいに平等で自由なのであるから、人々の間にどんな相違があろうとも、他人からあれこれ命令されるいわれはない。かりに他人の指示や判断に従うべき義務があるとすれば、それはその人がそのことに直接的あるいは間接的に同意している場合のみである。

　リベラリズムのもとでは経済活動も、他人の判断や指示によってではなく、自らの判断や好みによって行われねばならない。なすべき経済活動を他人に対して指示したり命令することはだれにも許されない。したがって、複数の人間が協力しあって経済活動を行うさいにも、その協力関係の目的・内容・方法などの決定は互いの合意にもとづいて行われる、ということが原則とされねばならない。

　だが経済活動が正当と認められるためにはさらなる条件を満たさなければならない。経済活動は効率的でもなければならない。つまり、資源が希少であることから、経済活動は資源や財を浪費するものであってはならない。だがこの問題は主として経済学のテーマであろうから、ここでは扱わない。

経済活動のための法的枠組み

　現行法は経済活動がどのようになされるべきだと規定しているのか。日本国憲法は次のように規定している。13条「……生命、自由及び幸福追求に対する国民の権利については、公共の福祉に反しないかぎり、立法その他の国政の上で、最大の尊重を必要とする」、22条「何人も、公共の福祉に反しないかぎり、居住、移転及び職業選択の自由を有する。……」、29条「財産権は、これを侵してはならない。……」。これらの規定から、経済活動は国自身が主導的に行うのではなく、国民が自らの判断で行うことを認め、また要請していると考えられる。つまり、市場経済体制をとることを宣言しているわけである。

　これをうけて民法は、国民同士の関係は契約自由の原則（または私的自治の原則）と所有権絶対の原則によって営まれるべきことを規定している。契約自由の原則とは、各人は自由に自らの生活を営むことができる、したがって、必要に応じて自らの意思にもとづいて自由に契約を結ぶことができる、という原則である。所有権絶対の原則とは、各人は自らの所有物を自らの意思にもとづいて自由に使用し処分することができるというものである。

　ただし、いずれに関しても無制限の自由が認められているわけではない。公共の福祉に反するような自由は許されない（憲法12・22・29条、民法1条参照）。では公共の福祉とは何か。この点の解釈に関しては対立があるが、少なくとも次の点に関しては一致するであろう。すなわち、他人の同様な権利を侵害するような権利の行使は公共の福祉に反するということである。

　経済活動もこの二原則に則ってなされねばならない。どのような財をどのような方法で生産するか、すなわち、どのような経済活動に従事するかは、一人ひとりが他人の同様な自由や所有権を侵害しない範囲内で、自らの意思にしたがって決めるべき事柄ということになる。

　日本の現行法が示している、この二つのいわば条件付き自由の原則は、上述のリベラリズムにも合致するものである。

何を問題とすべきか

　現代社会で財の生産・流通に関して中心的な役割を担っているのは、一般的に株式会社と呼ばれている企業組織である。しかし実際に財の生産・流通などを行っているのは、言うまでもなく、一人ひとりの人間である。日本では就業者の8割以上が株式会社などと労働契約を結んでいる雇用労働者である。したがって、日本における財の生産・流通の大半は労働契約にもとづく労務の提供によって支えられていることになる。

　にもかかわらず雇用労働者は、自分たちがどのような目的のために、どのような活動を、どのように行うかの決定からほとんど排除されてしまっている。だがこれはリベラリズムの立場からは認めがたいと言わざるをえない。

　これに対しては次のような反論が予想される。従業員が企業の意思決定から排除されているのは、労働契約によってそのことに同意しているからだ。各人が自らの自由意思で他人の意思にしたがって働くことを決めたのだとすれば、自由の侵害とはいえないのではないか。

　だがこの反論は受入れがたい。なぜなら、現実には、労務提供者にそのような労働契約を拒否する自由はほとんど残されていないからだ。

　現代社会で財の生産・流通に必要な資金・設備・技術・知識・経験・信用などを有しているのは株式会社などの企業である。どのような財・サーヴィスをどのようにすれば生産し流通させられるかに関する知識も能力も一人ひとりの新規参入者には欠けている。日本では、経済活動に必要な技能のかなりの部分の訓練も企業内で行われているのが実情である。それゆえ、契約の自由を有するはずの新参者も、企業が提案する契約を受入れなければ労働者になることさえできない。労働契約もそのため不本意ながらも受入れざるをえなかったのかもしれない。

　そこで、表面的な自由に惑わされることなく、すでに社会のなかに存在する、財を生産するための仕組みが、あるいは、その仕組みを動かしている人たちが新規参入者を受入れるために提示する条件が、たがいに自由で平等な存在にふさわしいものかどうか、を検討しなければならないこととなる。

ところで近年ビジネス・エシックスなる学問が登場してきた。だが何を扱うべきかに関して見解が一致しているわけではない。ある論者はいかにして不祥事を防止すべきかを、別の論者は経営者は何をめざして経営すべきかを、また別の論者は従業員はどう行動すべきかを論じている。いずれにしろ論者の多くは、経営者も従業員も自らの信念や判断で自由に行為することが許されているかのように論じている。

だが経済活動における行為者の多くは、契約によって他の人たちの意思にしたがって行動することを約束してその地位にあるにすぎない。契約を超えた観点からみて正しい行為をしたとしても、その人たちの意思に反した行為を行えば、その地位から放逐され生活の経済的な基盤を失うことになる。社長といえども取締役会によって解任されることがある。取締役は大株主の意向に逆らってはその地位にとどまれない。従業員は経営者の方針に反して行為すれば左遷され冷遇される。いずれも、定められた手続き通りになされるかぎり、しかるべき理由がなくとも解任・左遷は有効である。

たとえ路頭に迷おうとも正しく行為すべきだ、とはわたしは思わない（生きるためならば何をしても許される、とも思わないが）。現行の制度や契約がわたしたちの多くを、他人の恣意的な意思に依存させているとすれば、そのような契約や制度こそが考察の対象とされなければなるまい。

そこで以下では、大半の人々の経済活動に関する権利・義務を定めている、現行の労働契約の合理性について検討する。さらに、対等な人間によって構成される企業における意思決定のあり方に関して考察を加えてみたい。

第2節　労働契約

労働契約とは何か

　労働（または雇用）契約とは、一方が一定の条件下で相手方の指揮のもとに労働を提供し、相手方がこれに対して賃金を支払うことを約束する契約である。

民法はたがいに平等で自由な人々を前提として、どのような契約を結ぶかは当事者同士で決めるべきことを原則としている。だが現実には人々は平等ではない。とりわけ雇用関係においては一方がきわめて弱い立場に置かれがちである。そこで、雇用に関しては契約の自由に国が介入することとなった。これが労働法である。このような介入の基本法である労働基準法は第2条で「労働条件は、労働者と使用者が、対等の立場において決定すべきものである。……」と規定している。

現実の労働契約
　ところが、日本における現実の労働契約の大半は何らの条件も明記しない白地契約である。
　労働条件を明記しない白地契約であるという事実と現実の労使慣行から、日本における労働契約は包括的身分的契約である、と裁判あるいは労働法学者などによって解釈されてきた。包括的とは、各人が有するさまざまな潜在的な能力のうち、どの能力を訓練発達させて提供するかの決定を相手方に委ねていることを意味する。身分的とは、特定の種類の労務提供というよりも、企業という組織の一員となること、一員として受入れることを約束しあうことを意味する。したがって、労働契約によって、労務提供者は組織の一員として受入れられる代わりに、広範な指揮権限を企業に与えているのだと解釈される。
　その結果、職種、労働内容、勤務地、昇進、配置転換、転勤などに関して広範な権限が企業側に認められることとなる。事実上、企業側が一方的に決定する就業規則に反しないかぎり、また著しく不合理でないかぎり（裁判で不合理と認定されるケースはきわめてまれ）、企業の指揮命令に従うことが従業員に求められることとなる。

労働契約の問題点
　たしかに、各人が自らの判断で行為していたのでは組織にはならない。統

一的指揮のもとに行動しなければならない。だが、その指揮命令が自分にも従うべき何らかの理由があるもの、あるいは、拒むべき理由のないものであるという保証がなければなるまい。前述した労働契約の定義の「一定の条件」がそのような保証を与えるものでなければなるまい。さもなければ、他人の恣意的な意思に従うことを約束していることになってしまう。

　ところが、日本における現実の労働契約はそのような保証を与えるものではまったくない。さらに諸外国での労働契約も、日本ほどではないとしても、きわめて広範囲の指揮権を使用者側に与える内容となっているのが実情である。なぜこのように一方的な内容の契約が、労働基準法が規定しているような、対等な人間にふさわしい契約であると考えられているのか。

　無関心圏の想定……労働法学者・西谷敏によれば、労働法学者は、労働法において最も重要な理念は労働者の生存権の保障にあると考える一方で、労働者の自由や自己決定を軽視してきたとのことである。経済学者のなかには、このことを従業員の無関心圏あるいは受容圏（the zone of indifference／acceptance）は広いとして説明するものもいる。

　要するに、生活していけるだけの給料がもらえ、かつ労働基準法が定めている労働条件に合致さえしていれば、その他の事柄、たとえば職種、勤務地、処遇などについてはほとんど関心をもたず、幅広く受入れるはずだ、と考えてきたわけである。言い換えれば、給料がもらえるということが指揮命令に従う十分な理由になりうるということである。しかし、太田肇の調査（参考文献参照）などに明らかなように、この想定は事実に反する。

　賃金支払い義務の担保……かりに、労働法学者・経済学者（の一部）が想定しているように、従業員となる人たちは生活費を得ることにしか関心がなく、それ以外のことにはほとんど関心がないとしよう。そのような場合には、相手の指示通りに働くことによって間違いなく給料が得られるとすれば、労働契約は合理的ということになろう。だが指示通りに働くことによって間違いなく給料が得られるという保証はどこにあるのか。

　法的には次のように答えられよう。会社としての義務を確実に履行できる

ように株式会社には資本金制度がある。株式会社は資本金に相当する資産をつねに確保しておかなければならない。そして万一事業が失敗した場合には資本金を取り崩して企業債務を弁済することになっている。しかもその際には、とくに従業員の賃金が他の債権よりも優先して支払われるようになっている（これを賃金の先取特権という）。さらに賃金確保法も制定されている。

だが賃金の先取特権などによって保障されるのはすでに提供した労務への対価としての賃金でしかない。多くの従業員が、転職した場合などに役立つかどうかも定かでない知識や技能を企業の命令に応じて習得し発達させるのは、長期にわたる雇用を期待してのことである。先取特権などは長期雇用を何ら保障するものではない。

長期雇用の保障に関しては次のような答えが予想される。株主は企業が失敗すれば出資金すなわち自分たちの財産を失うことになる、それゆえ、しかるべき人物を選び、またその仕事ぶりを監視するはずだ。経営者も、失敗すれば経営者としての地位を失うことになるのだから、真剣に経営に取組むはずだ。

1990年代だけに限ってみても、ダイエー、ミサワホーム、熊谷組、東京相和銀行、などの事実上の大株主が経営者となっている企業の破たん・不振が相次いで起った。このような現実に照らせば、この答えは笑止千万と言うほかない。

企業が失敗すればひどい目に会うからという理由で株主に決定権を与えよというのであれば、同様なことは従業員にも当てはまる。株主は投資を分散させることによってリスクを小さくすることができる。実際そうしているはずだ。従業員はそうはいかない。人生が経営の成否に依存する度合は従業員のほうがはるかに大きい。経営がうまくいかなければ従業員も惨めな状況に陥る、それゆえ、従業員に決定権を与えよ、と主張してもおかしくはない。

現実の株主の行動・生態にもまったく合致していない。大規模な株式会社の個人株主の多くは、経営の監視に関心をもっているわけではない。株価の変動でもうけるために株を一時的に保有しているにすぎない。

また日本では、会社同士が互いの株式を持ち合う、株式の持合なるものが広く行われている。その結果、上場されている株式会社の株式の過半数を保有しているのは他の株式会社である。目的は乗っ取りや外部からの干渉の排除である。経営の監視ではなく、逆に現在の経営陣の保護にあるのだ。

第3節　企業における意思決定はどうあるべきか

市場経済において各人に求められていること

　市場経済においてわたしたちは、他人が必要とする財を提供する代わりに貨幣を手に入れ、その貨幣と交換に自分自身が必要とする財を他人から得る。このプロセスの中で昔から多くの人々がもっとも苦労してきたのが、他人から貨幣を得ることである。何らかの事情ですでにもっている財を他人に売ったり貸したりする人もいる。だが、大半の人は自分の労働や能力を他人に提供することによって貨幣を得る。

　リベラリズムのもとでは、他人に何を提供するかは各人が自ら決定することができる、また自ら決定しなければならない。他人が望むものを他人が望む条件で提供することは必ずしもそれほど簡単ではない。まず、他の人たちが何を必要としているかを知らなければならない。次に、それらの中から、自分の能力・気質などを考慮して、自分に可能と思われるものを選ばなければならない。長期にわたる学習・訓練や経験が求められる場合も少なくない。上述のプロセスは生きるかぎり、あるいはかなり長期にわたって避けることはできない。それゆえ、将来何が必要とされるかに関して長期的な予想を立て、それにも備えなければならない。

　首尾よく他人が望むものを他人が望む条件で提供できて初めて貨幣を獲得できる。この手続きのどこかに誤りがあれば、うまくいかない。たとえば、他人が求めている財の予想がはずれるかもしれない。あるいは、自分の能力や気質に関して間違えるかもしれない。苦労してやっと習得した技術よりも優れた技術が新たに開発されるかもしれない。財の供給者が多数いて、彼ら

との競争に敗れるかもしれない。

　不確実な未来に対処する方法として古来から大半の民族で用いられてきたのが大家族制である。現代でもイタリアやスペインなどの南ヨーロッパでは失業者を救済するのは大家族らしい。しかし核家族化が進行した日本ではこれは有効ではない。多くの日本人が採用してきたのが、会社という企業組織を作る、あるいはその一員となるという方法である。これによって生産性を高めると同時に、市場環境の変化を敏感に察知し的確・柔軟に対応することも可能になる。

現行企業制度の歴史的背景

　現行の株式会社などにおいては、組織としての意思決定から従業員は排除されている。なぜなのか。すでに述べたように、彼らが労働契約によって、決定への関与を事実上放棄したことになっているからである。

　そのような労働契約も、歴史的にはそれなりの合理性を有していたのかもしれない。かつては社会全体としての資本が少なく、その少ない資本を一部の少数者が所有していた（そのような財産の不平等がリベラリズムの観点から認められるべきか否かはここではさておく）。それゆえ、企業を形成しようとするさいに、彼らが決定権を要求したとすれば拒むことはできなかったであろう。

　また産業革命期においては、何よりも重要なことは最新の高価な機械を備えることであった。それを使って製造されるものは衣料品、鉄、兵器など、人間や社会にとって必要不可欠なものであった。また市場が拡大し経済が急速に発展しつつあった。それゆえ最新の機械によって作りさえすれば必ず売れるという時代であった。つまり、高価な機械を買えるだけの資金を集められるかどうかが企業の成否を決めるものであった。

　機械を前にして労働者自らが考える必要はなかった。彼らがなすべきことは、またもしかすると、彼らにできることは、ただ教えられた通りに身体を動かすことだけであった。そのような環境においては、賃金を得るために資

本家あるいは経営者の指示通りに働くという労働契約は合理的であったと考えられる。終身雇用が慣行となれば、なおいっそう合理的となる。

だが、明らかに時代は変わった。多額の資金を集めてそれを土台に企業を作りさえすればうまくいく、という時代はすでに終わった。

企業における意思決定はどうあるべきか

世の中には、資金はあるがそれをどう使えばいいか知らない人たちがいる。労働力はあるが資金のない人たちもいる。さらに、どのような財やサーヴィスをどのようにすれば供給できるか、に関連する知識や能力を有するが、資金や労働力はないという人もいる。いずれも自分たちだけでは財を生産することはできない。企業として協力しあって初めて何らかの財を生産することができる。

そのような企業で生産すべき財、生産方法、生産量などはどのように決定すべきなのか。出資者がこれらの問題に関して、自らの判断や人生設計・価値観などにもとづいて彼らなりの提案をすることが許されるのは当然である。しかし出資者のみが決定権限をもつべきだという意見に他の人たちが同意すべき根拠があるとは思えない。リベラリズムを前提にするかぎり、互いの合意によって決める以外に途はなかろう。

労務提供者が企業のメンバーとなるとき、どのような労働がどのような条件のもとで要求されるのかが明瞭でなければ、長期にわたって必要となる経済活動についての人生設計が困難となる。それゆえ、たんに相手方の指揮命令にしたがって労務を提供するという契約は非合理的である。また、そのような契約への同意を求めることは相手の権利を侵害するものである。カント的な表現を使えば、他人の人格をたんに手段としてのみ扱っていることになる。かりにそのような契約を提案するさいには、それに従えば生涯にわたって必要となる収入が確保されることが保証できねばならない。そんなことは不可能であろう。

だが、要求される仕事の内容を予め明確にすることはきわめて困難である

（もちろんそれが可能なケースもあろうが）。そのようなことは予測しがたい市場の変化に企業が柔軟に対処することを不可能にしてしまう。どのような労働が必要となるかはその時になるまでは判らない。とすれば、各人に求められる職務の内容は必要に応じて関係者の合意によって適宜決めていくという方法しかあるまい。

　しかし、たんに話し合いによって決めるというだけでも、各人にどのようなことが要求されることになるかは予測しがたい。そこで予め、どのような事業をどのような方針・理念のもとに行っていくのか、すなわち、経営理念とでも呼ぶべきものが示されているほうが望ましい。株主、従業員、あるいは経営者として企業の一員になろうとするものは、その経営理念を見て一員になるべきか否かを判断すべきである。そして、実際に企業の管理運営はその経営理念にしたがってなされねばならない。

　ところが多くの場合、理念や契約の文言は抽象的であり、それらが個々の状況において何を命じているのかは必ずしも明確ではない。意見の対立が生じる可能性がある。理念や契約をつねに正しく解釈でき、また市場環境の理解も間違えることがないような人がいれば、その人に委ねればよい。だがそのような人物が存在しうるとはわたしには思えない。とすれば、合意による以外に途はなかろう。要するに、企業内デモクラシーである。

従業員による経営参加の実例

　従業員が経営に参加している具体的な例を挙げよう。法制化されているものとしては、1951年のモンタン共同決定法に始まり徐々に拡充されてきているドイツの共同決定システムが有名である。これによれば、原則として、監査役会（日本における監査役とはまったく異なる。むしろ取締役会に近い。経営業務を担当する執行役会のメンバーの任免・監視などを行う。監査役と執行役を兼ねることはできない）の構成に関して、従業員2000人以上の企業では監査役の半数を、2000人未満の企業では3分の1を従業員代表としなければならない。

従業員の経営参加が法制化されている国としては、ほかにオランダ、オーストリア、デンマーク、スウェーデン、スペイン、ルクセンブルクなどがある。だが、これが実際に企業の経営にどのような影響を与えているかは定かではない。

　ドイツなどにおける従業員の経営参加は経営トップの選任・監視などにのみ関与するものでしかない。わたしの考えにより近い変化の兆しがアメリカに見られる。全米自動車労組（UAW）は1935年に制定された定款の前文で「自動車産業で働く労働者は、自動車会社の取締役会の議席を要求するものではな」いとして、経営への参加を求めてはいなかった。しかし1980年に定款を改正し、その前文で「労働者は自らの運命を左右する事項に関しては発言権をもたねばならず、自らの生活に影響を与える意思決定には、決定がなされる以前にその過程に参加せねばならない」と主張するにいたった。

　ゼネラル・モーターズ社（GM）が日本車に対抗する小型車として製造している乗用車サターンは、同社の子会社であるサターン社で作られている。そのサターン社ではすべての意思決定が労使協同で行われる。これはGMとUAWが共同で「人間と技術とを統合して競争力のある自動車を生産する最善の方法」を検討した結果とのことである。

　EUも「ヨーロッパ会社法」という統一法を構想するなかで従業員の経営参加を考慮していると言われている。

　わたしは、企業内デモクラシーによって競争力のある強い企業になれるにちがいない、と考えているわけではない。そうではなく、各人の平等な自由を前提にするかぎり、国家であろうと企業であろうと、人々の協力関係における目的や方法の決定はデモクラシーによらざるをえないということである。経営がうまくいくかどうかはメンバーの能力や市場環境など、もしかすると究極的には運次第である、と言うしかあるまい。

参考文献

宍戸善一『ベーシック会社法入門（第4版）』日経文庫、2004年
　株式会社とはどのような制度なのかを、その核心部分のみ判りやすく説明している。

岸田雅雄『ゼミナール会社法入門（第5版）』日本経済新聞社、2003年
　上記の本よりはかなり詳しい。法律の解説書は無味乾燥で読みづらいものだが、これは出色の読みやすさ。

菅野和夫『新・雇用社会の法（補訂版）』有斐閣、2004年
　日本の会社において従業員が現実にまた労働法上でどのように処遇されているかを解説している。

西谷敏『ゆとり社会の条件——日本とドイツの労働者権』労働旬報社、1992年
　日本とドイツの企業において従業員にどのような権利が与えられ、どのように保障されているかを論じている。

奥村宏『会社をどう変えるか』ちくま新書、2003年
　株式会社の歴史と現在が簡単にまとめられている。残念ながら、会社をどう変えるべきかは判らない。

宮本光晴『日本の雇用をどう守るか』PHP新書、1999年
　従業員の雇用・訓練・昇進などに関する日本的なシステムを米独と比較しながら説明している。

太田肇『個人尊重の組織論』中公新書、1996年
　企業は個々人の自主性を尊重しなければ生き残れない。そのために組織をどう変えるべきかを論じている。

シッツサ・ダウマ、ヘイン・シュルーダー（岡田和秀、渡部直樹、丹沢安治、菊沢研宗訳）『組織の経済学入門』文眞堂、1994年
　企業はなぜ存在するのか、企業はどのように組織され動くべきか、などを判りやすく論じている。

バリー・ブルーストーン、アーヴィング・ブルーストーン（岡本豊訳）『対決に未来

はない──従業員参加の経営革命』新潮社、1997年
  アメリカにおける従業員の経営参加を求める運動とその成果を報告している。
R. A. ダール（内山秀夫訳）『経済デモクラシー序説』三嶺書房、1988年
  著名なデモクラシー理論家による、企業における意思決定は従業員によってなされるべきであるとの主張。
伊丹敬之『日本型コーポレートガバナンス──従業員主権企業の論理と改革』日本経済新聞社、2000年
  株主、従業員のいずれの意思をも経営に反映させるための新しい企業制度を提案している。

(森　庸)

第 8 章
貧困と飢餓

第 1 節　貧困と飢餓をめぐる現状

貧困・飢餓とは何か

　人類が出現し社会を形成するようになったときから、社会内の困窮者やメンバー間の不平等は、つねに大きな問題であり続けた。豊かな国といわれる現在の日本でも、近年貧富の格差が拡大しているといわれている。同じ社会内でも、起業が成功したことで莫大な富を得る者もいれば、一方で低賃金の長時間労働を強いられている者もいるのである。このような貧富の格差はどの国、どの社会の中にでも存在する。

　さらに言えば、先進国では福祉制度がある程度発達しているが、そういった制度が十分に整備されていない国は世界の中でも多く存在している。それらの国では、最貧層の人々は、生命の維持すら危ぶまれるような生活を送っていることがある。このような状態は、他人と比べた場合の貧しさと区別して「絶対的貧困」と呼ばれている。ある人が絶対的貧困の状態にあるとされる条件としては、栄養不良や低い識字率、高い幼児死亡率、短い平均寿命、不潔な環境などが挙げられる。

　ここでは、絶対的貧困の中でもとくに注目すべき「飢餓」を取り上げる。一般に、十分に食料が得られない状態が「飢餓」と呼ばれる。そして大勢の人が広範に飢餓に陥っている状態が「飢饉」と呼ばれる。通常、飢饉はモンスーンや干ばつなどの気象的要因によって、あるいは内戦や国家レベルでの経済的崩壊などの人為的要因によって発生する。そして、それらのいくつか

の要因が重なったときには、飢饉は長期間にわたり続くことになる。

飢餓の現状

　国際連合食糧農業機関（FAO）の推定によると、2001年時点での全世界の栄養不足者は8億5000万人にものぼっている。そのうちの大半が発展途上国に住んでいる。1992年にリオデジャネイロで開催された世界食糧サミット時点での目標は、2015年までに栄養不足の人々をその当時の8億5400万人から半減させることであった。また、国連が2000年にまとめたミレニアム開発目標（MDGs）の中でも、飢餓人口の半減が掲げられている。そのために国連は、各国がGNPの0.7％を貧しい国々に供与するという目標を定めたが、これを達成している国は現在のところほとんどない。慢性的飢餓人口はその後の10年間でほとんど減少していないばかりか、発展途上国に限定してみればむしろ増えているのである。

　ところで、ある国で飢饉が発生したときでも、その国に居住するすべての人が飢餓状態にあるというわけではない。飢饉は、小規模農家が集まる地域で頻繁に発生する。また、地域社会や家庭など、小さなグループの内部でさえ、しばしば食料配分の不均等が生じる。貧しい家庭では、一家の稼ぎ手に栄養の大部分が配分され、子供や女性、病人や虚弱者など、弱い立場に置かれている者は、食料不足によって重大な生命の危機にさらされている。また、命を落とすことはないとしても、子供や胎児は、食料不足により身体と精神の成長を阻害され、病気にかかる可能性がきわめて高くなっている。

　反対に、世界の食糧の約半分が、世界の人口の四分の一でしかない先進国住民によって消費されている。とくに肉食の増加が穀物の需要を増やしている。畜産物は飼料という形で穀物を大量に消費するのだが、その過程で、人がその穀物をそのまま摂取するならば得られるであろう本来のエネルギーの大部分が失われるからである。それゆえ、先進国が結果的に消費してしまっている一人当たりの穀物量は、発展途上国の人々の3倍から5倍にのぼる。飢餓に苦しむ人がいる一方で、世界の穀物生産量の半分が飢餓を減らすうえ

では非効率的な肉や卵の生産に使われているのが、世界の現状なのである。

人口増加と食糧不足

　現代の世界は人が多すぎて十分な食糧を供給することができない——これは、わたしたちが自然に受け入れている飢餓についての説明である。この見解の最初の提唱者はマルサスである。彼は人口増加と食糧生産増加の不均等な関係を以下のように説明している。食糧生産は算術級数的（1, 2, 3, 4, 5…倍）にしか増えないのに対して、人口は幾何級数的（1, 2, 4, 8, 16…倍）に増えていく。そのため何の手立ても採らないと必ず社会は食糧不足に陥る。しかし、現在の調査からは、この理論とは反対の事態が生じていることがうかがえる。

　たしかに、産業革命（1750年）以降、人口増加率は大きな上昇を見せている。2000年時点での世界の人口は、1900年時点での人口のおよそ四倍となっており、現在では60億人を超えるまでになっているのだ。しかし、食糧生産の増加率は、それを上回る勢いで上昇している。1960年から1990年までの統計によれば、人口の年平均増加率は1.8%なのに対し、食糧生産の年平均増加率は3.3%にものぼる。食糧生産増加率が人口増加率より多いということは、単純に考えれば、飢餓に苦しむ人が徐々に減る方向へと向かうはずである。しかし実際にはそうではない。つまり、現代の飢饉は人口余剰によるものではないのである。

　世界の総人口に対して食糧が足りないわけではなく、飢餓の解消は単純に量の観点からすれば不可能なことではない。ここから、裕福な状態にある人々が、困窮している人々に対して援助を行えばいいのではないか、という結論がすぐに出てくるかとも思われる。しかし、実際には十分な援助が与えられていないことは上で述べたとおりである。そもそもなぜ、困窮者を助けなくてはいけないのか。また、助けなくてはいけないとしたら（あるいは、飢餓を克服するためには）どのような解決法が最も望ましいものなのだろうか。これらの課題に倫理学は取り組まなければならない。

第2節　なぜ困窮者を助けなければならないのか

倫理学におけるさまざまな立場

　一般に、困窮者を助けた人は、見返りのない自己犠牲を払ったとして道徳的賞賛を得るであろう。なぜなら困窮者を援助するという行為は、わたしたちが果たすべき義務とは考えられておらず、このような援助が、自分の利益を省みず、良心にもとづいてされたことに感銘を覚えるからである。そして同時に、自分の利益を犠牲にしてまで困窮者を助ける必要はない、あるいは助けなかったとしても非難されることはない、ともいえるだろう。

　個人のもつ徳を重視する徳倫理学の立場からしても、困窮者を助けた人は賞賛を得るし、助けなかった人は道徳的な非難を浴びずにすむ、と主張されるだろう。この場合、他人を援助する行為は困窮者が一般にわたしたちに課してくるような義務ではない。個人の良心にもとづいた自発的な行為であり、すなわち慈善なのである（第Ⅰ部第9章参照）。

　また、個人の資質や良心に注目するのではなく、社会的規範の観点から、困窮者に対して援助を行う義務を説明する立場もある。

　社会全体の満足の最大化をめざす功利主義的議論から、困窮者を助けることはよいことであるとされる場合がある。裕福な人にとっての一ドルと貧しい人にとっての一ドルでは同じ金額でもその価値が違う。貧しい人が一ドルで得られる満足は、裕福な人が同じ一ドルで得られるであろう満足より、はるかに大きいといえる。これによって困窮者への援助は社会の総効用を増加させることになるので、裕福な人の寄付は望ましいものとされる。また、功利主義の中でも個人の道徳的な向上をめざすことから共感や仁愛への傾向を重視し、他人を助けることを薦める立場もある（第Ⅰ部第2章参照）。

　また、カントの議論（第Ⅰ部第1章参照）に依拠して、各人の行為の格率が普遍化可能なものであるかどうかというテストに、困っている人を助ける、という道徳を当てはめて考えてみよう。つまり、困窮者を助けなければなら

ない、という道徳が普遍的な義務であるとわたしたちが明言できるかどうかを考えてみることとしよう。

　わたしたちが困窮者を助けなくてもよいと考えて行為したとする。この格率がわたしたちの世界の規範となったならば、わたしたちは自分が困窮し他人の援助を期待する場合でも、その期待がしばしば満たされないことを覚悟しなくてはならない。他者の困窮への一貫した無関心に貫かれた世界、わたしたちはそのような世界をかろうじて想像することはできる。しかしそのような世界を求めはしないだろう。したがって、困窮者を助けなくてもよいという格率は、けっして道徳の基準を満たすことがない。

　このように、困窮者に対する援助は、倫理学上のさまざまな立場の人たちから、道徳的に価値あるものとして、正当化されうるのである。しかしどの立場も、困窮状態とは具体的にどのようなものなのか、困窮した人に対してどの程度援助しなければならないのかを示すことはない。ここがこの義務の大きな特徴といえる。実際の援助の内実を決定するのは、わたしたちに委ねられているのである。

援助を受ける権利

　困窮者への援助は、学問による正当化以前から、各時代の社会政策上の課題として国家が解決に努めてきた長い歴史的背景をもっている。たとえば、近代以前の身分制にもとづく社会においては、困窮者を助けることは、高位の階層に属する者の身分的特権にともなう義務と考えられていた。しかし近代に至って、そうした援助は、人が人として平等にもつ権利にもとづいて、共同体の成員全員が相互に義務を負うもの、共同体がすべての人に対して保障すべきものと考えられるようになったのである。

　近代以降、貧民を保護する責務を負ったのは国家である。それまでは、村などの共同体内部のメンバーによる相互扶助だけが、生命の維持を支えるものであった。他国に先駆けて、いち早く中央集権的な国民国家の形成に成功したイギリスでは、16世紀以降、囲い込み運動によって発生した貧困層への

対応のために救貧法が成立したが、しかし救貧法は、普遍的で平等な個人の権利にもとづいて救済を行おうとするものではなかった。

　19世紀後半以降、社会調査により、貧困は個人の怠慢に由来するものではなく、資本主義的社会構造によって必然的に生み出されるものであることが明らかになった。そして、社会主義運動(第Ⅰ部第3章参照)による要請もあって、一国家内での相互扶助の原則にもとづいた社会保障法が成立することとなる。この段階になってはじめて、すべての人の固有の権利として、公的な援助を受ける権利が法制度によって確立され、国家が権利保障の義務を負うことが認められたのである。

外国の人々に対しても義務があるのか

　上で見た通り、人として最低限の生活を送ることが保障される権利は、今ではだれもがもつものとして尊重されている。このような社会保障の考え方は、第二次世界大戦以降、世界中で広く受け入れられてきた。ただし、自国の社会保障をその国家だけが担うという考え方には、二つの前提がある。それは第一に、国家は自給自足的な制度であり、自国民すべての権利を保障することができる、ということであり、そして第二に、自国民が他国家から援助される可能性は理論的考察から除外されている、ということである。

　しかし、現代の飢饉の問題を考えるとき、そうした前提から出発することは問題の本質を見失うことになりかねない。この問題で最も重要なのは、グローバル化が進む経済システムの中で、飽食の国と飢餓の国が並存し、その不均等が拡大しているからである。飢饉が発生する国にはしばしば、人間としての最低限のレベルの生活を自国民に保障する能力が欠けており、他の国や機関からの援助は不可欠なものとなっている。現に飢饉が発生している国家だけに解決を任せておけばよいとはもはやいえないのである。

　しかし、現状では世界国家というものは存在しないので、貧困に対して一国家内で行われているような発生予防や再配分を世界規模でも行うのは不可能である。では、国際的な貧困問題に関して、どのようにして国境という理

論上の制約を越えることができるのだろうか。

国家間の正義

　一国家を超えたレベルで貧困問題を解決しようとする学問的な動きは、冷戦が終結し社会のグローバル化が進んだ1990年代以降活発化した。外国の人々に対する義務をめぐる議論は、倫理学や政治哲学の中でも新しい学問領域であり、哲学者はさまざまな立場からこの問題に対して自説を展開している。たとえばロールズは、最初は一国家内での正義の問題に限定して論じていたが、こうした流れの中で、国際間の正義原理を定義する試みを積極的に行っていった（第Ⅰ部第8章参照）。

　ロールズによれば、豊かな国は、貧困や内戦などの困難を背負った国に対して援助を行う義務がある。ただし、それはあくまでその国がきちんとした社会制度をもつために援助するのであり、現状で飢餓に苦しんでいる人々に対する直接的な義務ではない。この議論によれば、個人の「基本財」を保障するのは当人が所属する国家なのであり、他の国家の援助は個人への保障に間接的な形で役立つこととなる。

　ロールズ自身は、「正義の二原理」は一国家内だけで有効であると考えたが、これらの原理は国家間でも成立すると主張する人もいる。それによると、国家間の関係はただたんに隣同士に存在しているということだけではない。貧しい国と豊かな国は切り離されているのではなく、社会的経済的活動を通じて、一つの相互依存的な社会を作り出しているのである。そしてそれらの国家が「無知のヴェール」のもとで国際的なレベルで適用される原理を採択するなら、やはり配分の原理として「格差原理」が採択されることになるだろう。それゆえ、格差原理に従って国家間で富が再配分されることが正当化されるのである。

　さらに、国家が自国民を保障しなければならないと前提しないで議論することも可能である。すなわち、極度の貧困に陥っている人に対しては無条件に援助が与えられなくてはならない、とするものである。

登校中に浅い池でおぼれている子どもを見たとしよう。もしその子を助けたら、着替えのために家に戻らなければならず、授業に出席できなくなる。しかしその程度の犠牲は、子どもの命を助けることの前では甘んじて受けなければならない。同じことが飢餓の問題にもいえる。わたしたちは、娯楽に費やす費用の一部を、餓死寸前の人々へと振り分けなければならないのだ。こうした議論にもとづき、シンガーは、わたしたちは年収の１％を寄付しなければならないと主張する。そして、溺れている子が自分の子か、友人の子か、あるいはまったく見知らぬ違う国の人の子かは、助けるかどうかの選択には関係しないのと同様に、飢餓への援助は、どの国の人に対するものであっても義務とされる、と彼は言う。

　また、ヌスバウムは次のように言う。わたしたちは、特定の国家の一市民としてだけでなく、人類全体という共同体の一市民としての、すなわち「世界市民」としてのアイデンティティをも確立しなければならないのだ。彼女によれば、わたしたちはあらゆる人の人間性と理性、道徳的能力を尊重しなければならない。その結果わたしたちは、遠くの国に住む見知らぬ人をあたかも隣人であるかのようにみなす視点を獲得し、すべての人のおかれている状況に対して気を配ることができるようになるのである。

　国家間の正義をめぐる議論は始まったばかりで、ここで挙げたどの立場にせよ、これから哲学的に理論を構築・補強することが必要とされている。そのためには、これまでの自由や平等に関する理論にその手がかりを求めるのと同時に、貧困が発生する現在の社会構造を知ることも重要である。次節以降では、飢餓の原因を追求し、人間の平等の観点から、飢餓克服のために適切と考えられる方策の探求を行っていこう。

第3節　飢餓の問題をいかに解決するか

人口の調整や食糧の増産による解決策
　マルサス主義の理論的欠陥については第１節で述べたとおりである。しか

し、マルサスに影響を受けた理論は今でもそれなりの影響力を保っている。そうした立場は「新マルサス主義」と呼ばれる。人口の増加を抑制すれば食糧問題は解決する、という新マルサス主義の見解は、近年まで多くの国の政策に影響を及ぼしてきた。

まず、国民に避妊を呼びかけるキャンペーンが挙げられる。多くの貧しい国では、死亡率の大幅な低下にもかかわらず、出生率は下がらないという状況にあった。しかし、貧しい家庭では子どもは労働力であり、親が働けなくなったときのための保障である。ゆえに、資産も社会的保障もない状況下では、これらの活動の多くは失敗に終わった。また、堕胎・強制的不妊手術によって人口成長を抑制しようとする国さえ出現した。

さらに、援助が続くかぎり食糧不足と人口増加のスパイラルは断ち切られることがない、と主張する人々もいる。彼らの見解によるとすべての貧しい国は二つに分けられる。将来的には援助なしで国民を養うことができるようになる見込みがある国と、援助しても困窮状態から抜け出すことができないと思われる国である。そして前者に対してのみ援助を行うことを主張する。後者には援助を与えず、飢饉による人口の減少により、食糧と人口の適正なバランスを実現させるのが望ましいとされる。

この議論に従うと、何千万人もの人が餓死するのを黙認することが、正当化されることとなる。しかし、世界全体の経済的社会的構造が生じた経緯を考えれば、このような考え方は非常に不適切なものであるといえよう。なぜなら、先進国に住む人が不平等をもたらす経済システムによって富を得ている以上、貧しい人々の食糧不足に責任がないと無条件に前提することは許されないからである。

反対に食糧増産により貧困を解決しようとする立場も存在する。1960年代以降、東南アジアを中心に「緑の革命」と呼ばれる農業運動が展開された。この時期に開発された高収量品種は、肥料があれば在来品種よりはるかに多い収穫を上げられるという性質をもっていた。高収量品種は当初食糧不足を解決するものとして脚光を浴び、作付面積は急速に増大した。多くの国で米

の国内自給率100％が達成され、緑の革命は成功したかに思えた。

　しかし緑の革命は一方で、さまざまな問題を引き起こした。まず、大量の化学肥料と農薬散布が環境汚染を引き起こし、生態系のバランスを乱した。また病気や害虫を防ぐためには整備された灌漑施設を必要としたが、肥料の購入や灌漑施設の整備は一部の上層農民のみが行うことができるので、国全体の穀物収量は増加したにもかかわらず、肥料を買うことができない貧しい農民との間の格差が拡大した。耕作の機械化が進み、伝統的農業ほど人手を必要としなくなったので、小作人たちは先祖代々耕していた土地から追われ、多くの場合失業者に転落した。稼ぐ手立てを失った農民の中には餓死する者もいた。

　たしかにケースによっては、人口増加により飢饉の状況が悪化するということはありうる。しかし世界全体から見れば、現在でもすべての人の生命を維持するだけの食糧を生産しており、結局市場原理に従うと困窮者の所にまで食糧が届いていないだけなのである。ゆえに、人口増加の抑制も食糧生産増加も、飢餓問題を根本的に解決するものとはいえない。

人間の多様性と平等——センの平等論

　では、人口と食糧供給量にもとづいた量的分析はなぜ、飢饉の構造を正確に把握することができないのか。その問いに答えるために、ここでセンの平等論に注目してみよう。

　センによると、ある人がよい暮らしを送っているかどうかは、その人がどれだけ自分の自由を実現しているかから判定されなくてはならない。では、その判定基準は何か。

　人間の生活はいろいろな側面をもつ。たとえば、十分な栄養を取る、予防可能な病気にかかっていないなどの、生きるうえで基本的な項目や、自分に誇りをもつことができるといった、社会生活に関連した項目などである。こうした側面・項目の内で、どの項目をどの程度達成するのかについては、さまざまな組み合わせがありうる。また、ある人が実現しうる組み合わせがど

れだけあるかは、人によって異なる。人がもちうるそうした組み合わせの一つ一つを、センは「ケイパビリティ（潜在能力）」と呼ぶ。そして、どれだけのケイパビリティをもっているかが、その人の自由が実現されているかどうかを判定する基準となるのである。

　人間の生活を構成する項目は、社会的・経済的・文化的な要因によって、達成されるかどうかが決定される。同じ所得をもつ二人の人間がいるとしよう。Aさんは足に障害を抱えていて、Bさんは健常者である。所得だけにもとづいて考えれば、この二人は平等といえるだろう。しかし、足に障害のある人は移動が制限されるため、Aさんは選択できるケイパビリティが制限されることとなる。同じ所得や財を所有する人でもその個人的条件や環境を無視しては、その人の自由が十分に実現されているかどうかは判定できないのである。したがってこの場合、Aさんが移動の手段として車椅子の使用などを社会から保障されることは、自由の平等という見地において正当化されうる。

　センによる議論で重要なのは、ケイパビリティの観点から個人の自由に直接注目したことである。これまでの倫理学の理論のほとんどは、個人の所得や幸福感、「基本財」などの当人が実際所持しているものだけを比較することに焦点を当てて、貧困の分析を行ってきた。また、飢餓についていえば、これまでの政治学的・経済学的理論は、困窮者に対して供給される食糧の量にのみ注目し、必要な援助を明らかにしようとするものであった。このような試みと異なり、ケイパビリティに着目したセンのアプローチは、必ずしも食糧供給量を増やせば飢餓に関する問題が解決するというわけでないことを明らかにした。

　つまり、センの考え方に従うと、貧困・飢餓とは生きるうえで基本的なケイパビリティの欠如を示すものであり、そこでは個人が制限された人生を強いられていることが問題なのである。そして、それはまさに個人の自由が実現されていない事態を指しているのである。所得や食料などの資源は、自由を確保するための手段にすぎず、実際の生活を送るさいに必要とする手段の

量や質は、人によって異なっている。人々を平等と考えることは人々の間の多様性を無視することではないし、そのような多様性が存在するからこそ、その人に合った援助がなされなければならないのである。

個人の能力の発揮のために

　個人の自由に重点を置くセンの考え方は、国際的な諸機関による貧困対策に大きな影響を与えた。そのさい注目されるようになったのが「人間の安全保障」という考え方である。従来、安全保障というと「国家の安全保障」が主であり、いかに外敵の攻撃から国家を守るか、が議論の中心であった。しかし今では、「国家の安全保障」だけでなく「人間の安全保障」も考慮すべきだとされている。つまり、さまざまな要因によって人の生命・生活が危険にさらされたとき、いかにして脅威を排除して人々の安全を保障するかが重要なのである。

　「人間の安全保障」の観点から貧困が問題になるときには、人の生活の項目の中でも、その人が疾病にかからないことや飢えないことなどの基本的な項目を達成しているかどうかを見なくてはならない。たとえば飢餓の問題を考えるさいには、国家全体で十分な食糧を確保することだけが問題となるのではない。最も食料を必要とする人々が自分のおかれている状況に応じて十分な食料を確保し、摂取することができることが重要視されるのである。

　個人の自由の実現のためには、たんに困窮者を保護するだけではなく、人々自身の力で自らの生活を守るために、いかなる能力が強化される必要があるのか、考慮されなければならない。それゆえに、読み書きや職業訓練といった自分の生活や雇用を守るための教育に加え、社会制度が自分たちの生活を守るのに適したものであるのか判断することができる、社会的・政治的な意味での能力の開発もなされなければならない。

　飢餓に苦しむ人々の多くは、発展途上国の中の貧困層に属している。それゆえ「人間の安全保障」は、国家全体の持続的な成長と、それによって獲得された富の適正な配分システムの構築を要求することとなる。この活動の担

い手としては、国家のみならず、国際機関やNGO（非政府組織）、地域社会などが挙げられる。NGOは困窮者に接して活動するため、その人たちのケイパビリティを国家よりも詳しく把握できる。現に彼らの事業により、大勢の人の生活への脅威が取り除かれ、予防されるようになった。またNGOは、国家や国際機関などの公的機関に、社会的保護を保障する政策を実施するよう働きかける役割ももつ。

「ケイパビリティ」および「人間の安全保障」という考え方により、国家や国際社会、そして企業やNGOといった私的な団体など、現代社会のさまざまなレベルで、貧困や飢餓を克服するための方向性が示されたといえるだろう。

わたしたちの生活と飢餓の問題

飢餓を克服するため、途上国には何らかの援助が必要である。しかし、ODA（政府開発援助）によるこれまでの援助は、ダムや港湾、道路など経済発展のためのインフラ整備が中心であった。しかし、それはわたしたちの中に、経済が発展すれば貧困や飢餓の問題は解決するに違いない、という思い込みがあったからではないだろうか。そして、そのような価値観は、わたしたち自身の社会のあり方にも、ひずみを生み出していないだろうか。

飢餓の問題に取り組むということは、同時に、自分たちの社会のあり方も問い直されているということである。恵まれた環境にいると忘れがちなのだが、人間として生きるためにどのような能力が必要なのか考え、それに合わせて社会制度を再構築するという作業が、わたしたちには求められている。また、グローバル化の進んだ世界においては、持続可能な発展をめざし、貧困問題を解決するために、途上国との間の格差を是正する処置が図られなければならない。そのさい、最も困難な状況に置かれている人々の状況に注目し、その人々の利益になるように富を配分することが、世界の共通課題とされなければならない。

参考文献

荏開津典生『「飢餓」と「飽食」』講談社、1994年
　飢餓に関する問題の入門書。食糧問題を多角的な視点から平易に解説している。環境問題や日本独自の食糧問題にも言及。

国際食糧農業協会『世界の食料不安の現状　2004年報告——世界の飢餓人口半減に向かって』国際食糧農業協会、2005年
　FAO発行。世界の食糧問題の現状をデータを使いながら解説している。国際機関が飢餓撲滅のために実施している政策を、簡潔にまとめてある。

S. ジョージ（小南祐一郎、谷口真里子訳）『なぜ世界の半分が飢えるのか』朝日新聞社、1984年
　先進国の政策や多国籍企業の行動によって貧困が生み出される構造を鋭く分析・批判している。

高島進『社会福祉の歴史』ミネルヴァ書房、1995年
　古代から1980年代イギリスまでの社会保障についての歴史。公的な援助を受ける権利が成立する経緯を詳細に説明している。

P. シンガー（山内友三郎、樫則章監訳）『グローバリゼーションの倫理学』昭和堂、2005年
　国家間の正義に関する現在の議論に触れながら、グローバル化の進んだ社会内の貧困問題についての彼の主張を展開している。

M. ヌスバウムほか（辰巳伸知、能川元一訳）『国を愛するということ』人文書院、2000年
　ヌスバウムの世界市民主義的な発想に満ちた論説に対して、16人の識者がそれぞれの立場に立って応答している論考集。

G. ハーディン（松井巻之助訳）『地球に生きる倫理』佑学社、1975年
　新マルサス主義の代表例。「救命ボートの倫理」の提唱者による著作。ボートの比喩は巻末の論文「救命艇上に生きる」中に出てくる。

A. セン（大石りら訳）『貧困の克服』集英社、2002年

アジア的価値や民主主義、人間の安全保障などに関する講演論文を収録。巻末の訳者によるセンの人物・思想紹介は簡潔で読みやすい。

A. セン（池本幸生、野上裕生、佐藤仁訳）『不平等の再検討』岩波書店、1999年
効用やロールズの「基本財」ではなく「潜在能力」概念を使って社会の中の貧困・不平等を評価することを提唱している。

S. デブロー（松井範惇訳）『飢饉の理論』東洋経済新報社、1999年
飢饉に関わる諸理論が整理されている。とくにセンの飢饉に関する理論を詳細に分析。センの理論をさらに理解したい人にお勧め。

人間の安全保障委員会『安全保障の今日的課題』朝日新聞社、2003年
人間の安全保障の概念を紹介し、国際社会が貧困や紛争、移民、保健衛生などの問題にいかに関わっていくべきか、基本的指針を示している。

（石田京子）

第9章
戦争と平和

　人類は「戦争」を憎み、「平和」を希求する。にもかかわらず、世界に戦火が絶えないのはなぜだろうか。代表的な各文化・各言語における「平和」を意味する言葉の相違をあえて強調すれば、シャローム（古代ユダヤ）は正義（神意）への積極的志向を意図し、エイレーネ（古代ギリシア）やパックス（古代ローマ）は秩序を強調する。シャーンティ（インド）および平和ないし和平（日本・中国）は、心的平安を重視する。もちろん、たとえばシャロームに心的平安という要素がないわけではない。

　しかし、たとえばシャローム、エイレーネ、パックスは、武力を行使してまで秩序を作り出そうとする「平和のための戦争」という要素を受け入れやすく、他方、シャーンティや平和ないし和平は、心的平安さえ確保されれば、外的な不正義を看過するという「戦争を黙認する平和」に至る可能性をはらんでいる。つまり、「平和」が正義や秩序や平安といった要素を含んでいるため、そのどこを強調するかにより、平和創設に対する具体的な態度に相違が生じる。「戦争」に関しても、言語や文化による受け止め方の違いは大きい。それは、戦争を記憶する博物館の展示方法の違いにまで影響を及ぼす。

　それゆえ、各文化圏における平和概念や戦争概念の内実、およびその発展の歴史を知ることが、ぜひとも必要である。しかし、歴史的に見れば、ギリシア・ローマ的、あるいは古代ユダヤ的平和概念は、ユダヤ・キリスト教的西欧の伝統に組み込まれていった。さらに、現代は、西欧的思索が世界的に大きな影響力をもつ。したがって、以下では、西欧世界における戦争と平和をめぐる思想史を概観しておきたい。

第1節　戦争と平和の思想史的な概観

古代・中世

　戦争と平和への関心は、トゥキュディデスの『戦史』に示されているように、人類史とともに始まる。トゥキュディデスは戦争を叙述しているが、その後の思想家は戦争をいかにして排除し、規制するかということに目を向けた。たとえば、キケロは、最後の手段として、防衛・報復のために行われた戦争だけが法的行為と考えた（『義務について』）。ここに正義の戦争（正戦）という観念の発端を見ることができる。

　キケロの思索は、アウグスティヌス、イシドールスらによって、中世キリスト教神学者や教会法学者に伝えられた。キリスト教は本来、愛と平和の宗教であったが、とりわけアウグスティヌスはゲルマン民族によるローマ襲撃に刺激され、異教・異端との防衛戦争を認めることになる（『神の国』）。アウグスティヌスによって、正義の戦争は宗教的裏づけを与えられ、正戦と聖戦が融合する。

　ローマ帝国の崩壊後、西欧は封建制の時代に入るとともに、キリスト教と政治権力の結びつきは、ますます緊密になる。そして、トマス・アクィナスによって、正義の戦争の観念（正戦論）が明確に打ち立てられた（『神学大全』）。かいつまんで箇条書きすると、正義の戦争とは、一、私人の武力行使ではなく、合法的主権者の命令により、二、教会の権威者によって、戦争理由が認定され、三、復讐心や権勢欲ではなく、善をすすめ、悪を懲らしめるという「交戦者の正しい意図」を中心に、四、必要な方法のみを用いて、非戦闘員の生命は保護され、五、聖職者は戦争行為に参加しない戦争である。

　13世紀に入ると、時代は大きく変わった。教会の権威が衰え始め、十字軍以来発達した都市の新興市民層の支持を受け、諸国の国王は中央集権的な近代国家形成に努めた。さらに、百年戦争などにみられるように戦争規模が大きくなった。これらを背景として正戦論もおのずと変化していく。トマスの

正戦論が時代の変化のなかで直面した課題の解決は近代的思考の成立を待たなければならないが、問題になったのは以下の三点である。
　一つ目は、殺人を禁ずるキリスト教が戦争を支持することになるという矛盾。二つ目は、トマスの正戦論がキリスト教世界という特定の領域においてのみ適用されたこと（たとえば、域外における十字軍の蛮行）。三つ目は、主権者の命令を要件にしているだけで、これ以外に国内の体制についての規制がないことである。

近代
　近代初頭のヨーロッパは十字軍による教皇権の失墜と宗教改革と近代国家の成立のなかで揺れ動く。そのため、判定者不在という問題を招き入れ、18世紀に向けて、「交戦者の正しい意図」を中心にした正戦論は姿を消していくことになる。こうした社会変化の影響を受け、トマスの正戦論が直面した一つ目の問題を個人の信心による軍務拒否という形で解決しようとしたのが、再洗礼派、メノナイト、クェーカー、ドゥホボールなどである。
　二つ目の問題は、アヤラ、ゲンチリス、グロティウスら法学者が克服していく。そのなかで新たに戦争の法規化の道が開かれた。トマスが重視した「交戦者の正しい意図」のみならず、戦争方法も重視されるようになり、「戦争の正当な方法」も論じられるようになったのである。トマスの思想を受け継いだ神学者のビトリアやスアレスの議論にさえ、そうした側面が垣間見られる。
　とりわけ、グロティウスは『戦争と平和の法』において、自然法の立場をとることで解決を図る。そのグロティウスの思想を引き継いだ者にプーフェンドルフ、ヴォルフ、ヴァッテルらがいる。また、法実証主義の先駆をなすズーチやバインケルスフークも現れた。この流れから、交戦行為の規制を主たる課題として、18世紀にモーザーとマルテンス、19世紀にホールが法実証主義の立場から国際法学を開拓していく。
　三つ目の問題に関しては、サン・ピエールが出発点に位置する。彼は代表の常設会議による主権国家の連合などを提唱しているが、基本的に君主の連

合による永久平和を構想している(『ヨーロッパに恒久平和をつくり出す試み』)。そのサン・ピエールを批判し、戦争において最も被害を被る人民の平和志向に期待を寄せたのがルソーである。そして、ルソーの思索をカントが受け継いだ。カントは、近代自然法思想の影響を受けながら、理性主義の立場から、二つ目の問題も同時に克服しようとしている。

　カントは、国家間の永遠平和のための六つの予備条項と三つの確定条項を掲げている(『永遠平和のために』)。その主眼は、各人間の平和が社会契約によってもたらされるように、国家間の平和状態も諸人民相互の契約なくしては樹立も保障もされないということにある。そのためには、諸国が共和制の国家体制を採用し、その独立が保たれ、軍隊が全廃されなければならない。カントは、国家の運命を君主個人の手から国家を構成する個人に移すことで、サン・ピエールの限界を克服しようとした。平和を個々人に課せられた道徳的目的とする平和論は、国際連盟設立を促す契機となる大きな影響を残している。

　しかし同時に、カントは国家を人格的統合体とみているため国家の統廃合を認めない。カントの語る人格的統合体としての理想の国家とは「目的の国」と考えられるが、これと現実の国家の隔たりがどのように埋められるのか不明瞭である。また、共和的な国家が平和を志向するという議論が成立しないことを歴史は示している。軍隊の全廃が必要だとしても、そのプロセスにおける軍事力の不均衡をどうするのかなど、問題を残したままである。

　のちのヘーゲルはカントとは異なり、終生、平和にではなく、戦争に積極的意味を見出した。なぜなら、戦争は平和によってもたらされる沈滞を打破するものだからである。ヘーゲルによれば、家族でも市民社会でもなく国家にこそ民族精神が宿るがゆえに、国家的な統合によって個人は真の自由を獲得することができる。だからこそ、国家は個人の献身の対象となり、従軍することによって、永遠平和によって腐敗する精神を取り戻さなければならないというのである。

現代

　近代における議論がしだいに観念化し、中世の正戦論が消滅していくと同時に、交戦当事者の立場を平等に見る無差別戦争観が台頭してきた。近代の戦争が勢力均衡状態においては一般に、ほぼ力を等しくした国家間の戦争として遂行されるようになっていたためである。カントを学び、ヘーゲルと同時代人でありながら、戦争を政治の延長線上にとらえ、国民国家による戦争現象を描き出した代表にクラウゼヴィッツが挙げられる。

　19世紀は帝国主義の時代であり、ますますヨーロッパ列強による国際緊張が広まるにつれ、国際平和を求める声も大きくなった。それを反映したのが1899年のハーグ平和会議である。この会議では、毒ガスやダムダム弾の使用禁止宣言が出された。残る課題を抱えて1907年に第二回ハーグ会議が開かれた。この会議では、国際紛争の平和的処理などを目的とした諸条約が結ばれる。もっとも、両ハーグ会議の議題となったほとんどの条約が、諸国の軍備制限に関するものではなく、戦争行為規制のものであったため、第一次世界大戦を防ぐことはできなかった。

　もちろん、戦争そのものを違法化し、禁止しようという動きがなかったわけではない。20世紀に入って戦争を違法化し、これを禁じる条約が数多く結ばれた。まずもって1919年国際連盟規約が重要である。そのほかに、1924年ジュネーブ条約、1928年パリ不戦条約（ケロッグ・ブリアン協定）などがある。しかし、まもなく軍国主義と侵略主義を掲げる国家（日本、ドイツ、イタリア）が誕生したように、第二次世界大戦を防げなかった。

　二度の大戦の惨事を憂慮して国際連合が創設され、国連憲章が結ばれた。これは国際連盟規約につづくものであるが、国際連盟とは異なり、それまで一般に国内問題と考えられていた人権問題が大きく取り上げられていることに特徴がある。しかし、その流れも冷戦というイデオロギー対立構造のなかで、なかなか実を結ばなかった。さらにベトナム戦争（第二次インドシナ戦争）が、旧来の戦争観や戦争規範を粉砕した。戦争はもはや国民国家の国民軍によるものだけに限定することはできなくなっていた。

ベトナム戦争は思想界にも大きな影響を及ぼす。なかでもアメリカの哲学者ウォルツァーの議論は、18世紀に姿を消した正戦論を現代的な装いでもって復活させた点で興味深い。その正戦論が最も活かされたのが、冷戦後を象徴する第一次ペルシア湾岸戦争である。軍事革命軍（RMA）の戦略・戦術に注目が集まったが、むしろ正戦論に従った多国籍軍によって戦われたことに注目すべきである。ここに90年代以降現代に至るまでの戦争形態の原型が看取できる。

　この新潮流を受け、2004年12月、国連事務総長の諮問機関である国連ハイレベル委員会が、国家の安全保障と人間の安全保障を基軸とした武力行使の基準に関する報告書を提示した。そこに正戦論と実定法の融合の兆しをみてとることができる。しかし、国家主権と人間の安全保障を並記したり、従来の正戦論が抱える「だれが判定するのか」という問題を必ずしも解決できているとはいえず、現代の諸問題に対応するための数多くの問題が今なお残っている。

　これまで、戦争と平和に関する歴史を足早に見てきた。次節では、この歴史から育まれ、現代の戦争と平和の問題を考えるのに重要かつ基本的な三つの立場を確認しておこう。なお、現代の国際社会の流れを考え、現代の戦争と平和の問題に関して重要な立場である「道理ある現実主義」に関しては、現代の正戦論を中心にして、ほかに比べ若干詳しく立ち入って解説しておく。

第2節　戦争と平和に対する基本的な立場

絶対平和主義（pacifism）

　ラテン語の「平和」（pax）と「つくる」（facere）に由来し、「暴力なすべからず」を最高の規範とする立場である。暴力は国家の安全保障に供したり、あるいは人権、国際正義、平和といった道徳的な善を確保するためであろうとも道徳的に正当な手段ではありえないと考え、威嚇や武力行使を禁ずる立場である。絶対平和主義者として、ソロー、キング、トルストイ、ガン

ジー、ロラン、フォークの名がすぐに思い出される。多くの思想潮流があり重なり合っているため明確な区分けは難しいが、絶対平和主義を分類する場合、主義主張の及ぶ範囲、主義主張の根拠、主義主張の表明方法の三つを基準にすることが多い。

　倫理学と関係の深い主義主張の根拠に注目した場合、おもな平和主義には、現代の戦争行為は破滅的なものになっており、もはや絶対平和創設の手段にも、平和維持の手段にもなりえないという現実に立脚する「実践的（pragmatic）絶対平和主義」、人命は神聖で、たとえほかの道徳的価値を守るためであったにせよ、殺人は道徳的に許されないと考える「人道的（humanistic）絶対平和主義」、暴力や戦争は道徳的に受け入れられないものとし、平和の実現を神の召命と見なす「召命的（vocational）絶対平和主義」、戦争を不道徳と考え、グローバルな諸制度の変革を求める「構造的（structural）絶対平和主義」がある。

道徳なき現実主義（amoral realism）

　「恋と戦争は手段を選ばず」（All is fair in love and war）という諺に表現されているように、戦争は道徳的に抑止されず、戦争は政策の正当な一手段であると考える立場である。さらに、国際社会はホッブズ的弱肉強食の利益追求の場なので、グローバルな秩序は、道徳的な対外政策の遂行によってではなく、各国間のパワー均衡によってもたらされると考える。ペロポネソス戦争においてメロス島を征服したアテネの将軍の言動が好例である。ほかに、古くはマキアヴェッリやホッブズ、現代ではネオ現実主義のウォルツの議論が代表的である。

　道徳的信条を考慮するもの、利益の追求のための一変数ととらえて国際関係を考察する立場をも含めるならば、モーゲンソーやケナンなどもこの立場に分類される。これらは道徳を冷笑する観点（cynical perspective）とまとめられる。なお、道徳的な熟慮が欠如している点で、ジハードやクルセードに代表される聖戦（holy war）の観点を加えることもできる。両観点の共通

点は、戦争行為が道徳的に制約されるということを否定し、「戦時中、道徳は沈黙する」(inter arma, silent leges) と考えている点にある。相違点は、前者が国益などの利益をもとに武力を正当化するのに対し、後者は宗教的確信をもとに暴力を無制限に正当化することにある。

道理ある現実主義（principled realism）

　正戦論に代表され、先の二つの立場を媒介する立場である。この立場は、戦争を含め、あらゆる国家間の関係は、広く承認された道徳規範に左右されると考える。暴力を悪とみなすが、必ずしも比類なき悪とは考えない。それゆえ、国際道徳が戦争を制約することを認める一方で、武力が正義の実現の一手段になる可能性があることを認める。

　現代の正戦論は、宗教的権威によらず、だれがいつどこで判断しても、武力行使の正邪が判断できる現実的な規範原理を模索している。それゆえ、現実主義の一種である。通常、現代の正戦論は、大きく「開戦法規」(jus ad bellum)、「交戦法規」(jus in bello) からなる。開戦法規は、戦争に訴える理由の正邪を問う「正当理由」(just cause)、国家主体による合法行為であることを問う「権能機関」(competent authority)、平和創設・維持のみを目的とすることを問う「的然意図」(right intention)、戦争全体における善と悪の均衡を問う「マクロ均衡」(macro-proportionality)、平和的手段を尽くしたことを問う「最終手段」(last resort)、必勝であることを問う「合理的成功見込み」(reasonable hope of success) の六つの要件を含む。

　交戦法規は、非戦闘員ないしは一般市民の殺害を意図的に行わないことを問う「区別」(discrimination)——議論の余地があるが、二重効果 (double effect) 説の観点から、直接的な殺害を意図しなければ、被害の大小に関わらず、区別要件は満たされる——、個別戦闘において善と悪の均衡を問う「ミクロ均衡」(micro-proportionality)、武器の適切さを問う「性悪手段禁止」(no means mala in se) の三つの要件を含む。戦争が正当であるには、これら九要件すべてを満たさなければならない。

近年では、開戦法規、交戦法規に戦後法規（*jus post bellum*）が加えられることもある。たとえば、イギリスの研究者オレントは、戦後法規として、戦争で失われたものを回復できているかを問う「正当な終戦理由」（just cause for termination）、そしてそれのみが維持できているかを問う「的然意図」、合法的機関によって平和状態が宣言されているかを問う「公的宣言」（public declaration）と「合法権威」（legitimate authority）、権力分権ができているかを問う「区別」（discrimination）、敗者の人権剥奪や無条件降伏を求めていないかを問う「均衡」（proportionality）の五要件を列挙している。もっとも、戦後法規の要件は、いまなお流動的である。

上記三つの立場以外に、構成主義（constructivism）という分析方法論、「戦争はつねに邪であるが、必要な戦争がある」というロシアの哲学者イリインの必要戦争論もあるが割愛する。以下では、きわめて不十分な指摘しかできないが、世界各地の代表的な事例をもとに、戦争と平和をめぐる現代的な問題を取り上げ、その倫理的な問題を指摘し、最後に今後の全般的な展望を述べる。

第3節　戦争と平和をめぐる現代の諸問題と展望

大量破壊兵器（WMD, weapon of mass destruction）

　1945年7月16日、人類史上初の原爆実験が行われ、同年8月6日と9日に、広島と長崎に原爆が投下された。今日の核兵器は、大陸間弾道ミサイル（ICBM）などの破壊力の飛躍的な増大と大型化、有害な放射性物質をまき散らすダーティー・ボムなどの小型化（あるいは携帯化）という二方向をとる。生物・化学兵器も同様の傾向を有するが、こうした大量破壊兵器に共通する問題として、その殺傷・破壊能力が戦争の目的をはるかに超えた規模になり、その被害が長期化することが挙げられる。その一方、国家に管理された大型核兵器は、「使えない兵器」ながらも、抑止力として有効であるという議論もある。

破壊力の飛躍的増大に伴って、ラッセル＝アインシュタイン宣言(1955年)およびパグウォッシュ会議などの反核運動、包括的核実験禁止条約(CTBT)や生物・化学兵器禁止条約（BWCおよびCWC）などの条約による世界的な規制が試みられている。しかし、まずは人類の操作能力を超えた兵器を保持すること自体を問題にし、抑止力論にどう立ち向かうかが問題であろう。くわえて、直接的であれ間接的であれ、こうした兵器開発に携わる科学者の倫理観も考えなければならない。

低強度紛争（LIC, low intensity conflict）

近年、低強度紛争（LIC）——おもに、亜国家主体対国家主体の非対称な戦争——が各地で頻発している。米国は、すでに80年代から、核戦争や通常戦争とは異なるテロリズム、ゲリラ、内戦などのあいまいな紛争をLICと呼び、次世代を代表する紛争と考えていた。今日では、東西イデオロギーに起因する冷戦型LICは少なくなった。その代わり、たとえばチェチェンなどの少数派マイノリティー問題、解放の神学運動を突き動かした低開発・貧困問題、イスラム原理主義が主張する反西洋主義などに起因するLICが未解決のままで、激化している。

さらに、米国同時多発テロ事件以降、世界は「テロとの戦い」に入ったという安易な言説が広まった。しかし、LICにまつわる倫理的な問題は解決されていない。たとえば、オウム真理教による地下鉄サリン事件（1995年）のようなテロ行為は論外であるが、政治的思惑を抜きにして、国連憲章が認める民族自決権の行使を主張する北アイルランド紛争（IRA）、バスク独立運動（ETA）、パレスチナ解放運動（PLO）、チベット独立運動と悪しきテロリスト集団を区別することは、じつのところ難しい。

また、昨今の大国の軍事行動にもテロ行為に類する戦略・戦術が多く採用されており、戦術面からだけでは亜国家の行為と大国の行為を区別できない。かりに悪しきテロリスト集団が存在し、その撲滅のためにだれかが武力を用いる必要があるとしても、攻撃対象の正邪に関わりなく、正当性および有効

性をもった武力行使が必要である。しかし、LICに対しては、軍事力が有効に働くとは限らず、正戦論は「国家主体対国家主体の戦争」を前提にしているため、通常の戦争倫理を適用することもできない。

テロ行為などは貧困や宗教的信念などの多様な要因に起因し、単なる軍事問題ではない。LICの解決には、少なくとも発生の防止、適切な対処、平和の維持、原因の解消の四つが必要である。そのためには、テロ行為などを人類に対する犯罪とみなす普遍的価値観の創造、それにもとづく早急な対応、世界的な司法制度の創設、経済的不均衡の是正などが必要ではないだろうか。

介入問題

大量虐殺（genocide）や民族浄化（ethnic cleansing）などによるデモサイド（democide, 政府による自国住民の虐殺）の犠牲者は、20世紀の武力紛争における死者の七割強にのぼるという報告もある。冷戦期においては、こうしたデモサイドの阻止は、ウェストファリア体制の出現以来の国際政治の慣習である不干渉原則に守られた国内問題であった。しかし、冷戦体制の崩壊後、東西両陣営間の地政学的な対立がなくなり、世界のボーダーレス化が進むにつれ、ホフマンのいう「国境を越える義務」、すなわち「世界には不干渉原則を破る人道上の問題に対する責務がある」という認識が世界に広まったともいえる。

それを背景に、たとえば米国のソマリア介入（1992年）、北大西洋条約機構（NATO）軍によるコソボ問題介入（1999年）に代表される、いわゆる人道的見地からの武力介入が実施された。もちろん、介入の歴史は長く、「国際政治は介入の歴史である」という識者もいるが、近年の介入においては人権の擁護と民主主義の確立が強調されていることに注目すべきである。この動きは、近代におけるカント、現代のラセットに代表される「各国が民主主義体制を採用すれば世界平和がもたらされるという信念――いわゆる「民主主義の平和」（pax democratia）」――にあと押しされている。

たしかに、各種の介入には経済的・政治的目的が散見される場合も多い。

しかし、こうした問題の考察は、政治学などの領野である。倫理学の問題として介入を考察する際には、まず「他者を助ける義務がだれにあるのか」という根本的な問題を考えなければならない。たとえば、ツチ族とフツ族の対立によるルワンダの大量虐殺（1994年）に対する世界の無作為に対する非難は、いったいだれに向けられたものであろうか。

さらに、外国による介入は、人権保護の名のもとに不干渉原則を破ることが多いため、人権と不干渉原則といった競合する価値のどちらを優先させるべきなのか、民主主義は平和をもたらすのかも考えなければならない。最後に、武力介入に限れば、武力を用いてまで守らなければならない価値があるのかという問題もある。介入が21世紀の戦争と平和に関する議論の一つの中心的議題になることは想像に難くない。

戦争裁判

戦争にまつわる個人の犯罪を裁判所で裁くという考え方が実現したのは、第二次世界大戦終結直後のニュルンベルク裁判および極東軍事裁判（いわゆる、東京裁判）であった。しかしその後、両裁判での禍根や東西両陣営の思惑によって、裁判所の普遍的管轄権に世界的な同意が形成されず、常設の裁判所は長らく設置されなかった。

ところが、90年代に入ると情勢の変化を受け、旧ユーゴスラビア国際軍事法廷（ICTY）やルワンダ国際軍事法廷（ICTR）が設置され、1998年には常設の国際刑事裁判所（ICC）のためにローマ規程が採択された（2002年発効）。国際刑事裁判所は、ジェノサイドの罪、人道に対する罪、戦争犯罪、侵略の罪を管轄する（ただし、定義が定まっていないため、現在、侵略は対象犯罪ではない）。制度的・法的問題はほかに譲るが、国際刑事裁判所が成立し、個人に対する戦争責任の追及が可能になったとしても、残る倫理的な問題がある。それは、東京裁判における日本側弁護団の一人であった米国人ブレークニー弁護人の言葉に集約される。

「何の罪科で、いかなる証拠で、戦争による殺人が違法なのか。原爆を投

下した者がいる！　この投下を計画し、その実行を命じ、それを黙認した者がいる！　その人達が裁いている！」と。重大な問題提起を含んでいるにもかかわらず、この発言は法廷における公式文書に記載されなかったのだが、一般に殺人は罪であるにもかかわらず、戦時中の合法な手段による殺人が罪に問われないことは許されるのだろうか。悪事を黙認することは許されるのだろうか。合法な手段によって生み出される非戦闘員や一般市民の被害は、甘んじて受忍しなければならないのだろうか。

　また、国際刑事裁判所規定は全人類に対して効力をもっていない。裁判所の構成上「勝者の裁き」という批判はもはや成立しないだろうが、国際刑事裁判所は管轄権の及ばない者に対する有効な手だてをもっていない。それゆえ、管轄権が及ぶ者と及ばない者がいるなかで裁判が実施された場合、かえって不正義を生み出してしまう可能性がある。

良心的兵役拒否

　この概念の源泉は、再洗礼派、メノナイト、クェーカー、ドゥホボールなどに代表される宗教的信念を理由にした軍務の拒否である。しかし、今日では必ずしもこうした宗派に属していない者にまで拡大されつつあるので、個人の良心を理由にした消極的平和の行動として考えていくべきである。自らが属する国家による命令に従うか、自らの良心に従うかという問題は、ソクラテス裁判以来の倫理的問題でもある。

　この問題は、市民としての義務と権利はどこまでなのかという問題にも至る。さらに、この問題を難しくしているのが、民主主義社会内部における正義の配分の問題とも関連していることである。たとえば、米国において移民の子弟が早期に市民権を得るため、あるいは大学進学のための資金を得るために軍務につく傾向がある。

　もっとも、現在の日本には兵役がないため、あまり議論されることがない。しかし、愛国心やナショナリズムと個人の信条、さらにはナチズムやスターリニズムなどの国家体制と個人の良心の問題、企業内における職務と個人の

良心の対立（たとえば内部告発の問題）にまで敷衍・応用できる問題を含んでおり、けっして戦争と平和にのみ関係する問題ではない。

今後の展望

　冷戦体制の崩壊以降、各国で悪しきナショナリズムやエスノセントリズムの傾向が強くなり、各地での民族紛争は激化した。また、グローバル経済はけっして健全な体制に向かっているとはいえず、難民や避難民も増加し、貧困問題はいっそう困難を極めている。私企業の戦争関与も大きくなっている。それらに起因する現代の危機はますます予測不可能かつ不可逆的なものとなってきているため、こうした危機に対する予防戦争が声高に叫ばれるようにもなった。

　しかし、危機は武力によってしか解決できないのであろうか。わたしたちは情報操作（メディア・コントロール）やプロパガンダによって、過剰に危機に敏感になっているのではないだろうか。むしろ、国連高等難民弁務官事務所（UNHCR）などの国連組織、さらには国境なき医師団（MSF）や地雷禁止国際キャンペーン（ICBL）などの非政府組織（NGO）や非営利組織（NPO）の活動に代表される平和的予防策を講じて、世界全体で守っていくべき国際的人権に対する共通の価値観を構成していくことが必要ではないだろうか。それには、たとえば日本国憲法第九条が何を意味しているかを「自由に協論・討論できる公共の場」も創造されなければならない。

参考文献

田畑茂二郎『国際法講話——新しい「国際法の話」』有信堂高文社、1991年
　歴史的な展開過程の角度から国際法を考察し、国際法の第一人者であった著者による、どのような今日的な問題が提起されているかを論じた入門書である。
猪口邦子『戦争と平和』＜現代政治学叢書＞、東京大学出版会、1989年

時代的な制約のため、今では古くなった箇所もあるが、平和をたんに理念として語るのではなく、平和の破壊要因である「戦争」の構造・過程・一般理論を概説している。

加藤尚武『戦争倫理学入門』ちくま新書、2003年
　同時多発テロに端を発する米国の軍事行動、ロールズの原爆投下批判、憲法九条問題など、戦争を哲学的に考察するための方向性を示しており、入門書として最適である。

N. マキアヴェッリ（佐々木毅訳）『君主論』講談社学術文庫、2004年
　権謀術数（マキャベリズム）という言葉だけが一人歩きしているが、現実主義の視座とはどのようなものかを知るうえで欠くことのできない歴史を越える普遍的な古典である。

I. カント（宇都宮芳明訳）『永遠平和のために』岩波文庫、1985年
　常備軍の全廃、諸国家の民主化、国際的な平和組織の創設などの具体的提起を行い、今なお世界に影響を与え続ける、まず第一に読まなければならない平和論の古典である。

J. ガルトゥング（高柳先男、塩屋保訳）『平和への新思考』勁草書房、1989年
　「構造的暴力論」で知られる平和学の世界的権威が、80年代に平和集会やシンポジウムにおける講演や市民や軍関係者などとの対話を書き下ろしたものである。

S. ホフマン（寺澤一監修、最上敏樹訳）『国境を越える義務——節度ある国際政治を求めて』三省堂、1985年
　高度な内容ながら、大学での特別講演がもとになっているため、その熱気が伝わってくるような講義録風の著作。21世紀の国際社会における倫理を考えるためには必携である。

加藤朗『現代戦争論——ポストモダンの紛争LIC』中公新書、1993年
　テロ、ゲリラ、民族・宗教紛争などの、今日の世界を揺るがし、世界的危機への起爆剤となりうる低強度紛争を体系的に検討し、その対策を問う低強度紛争の入門書である。

最上敏樹『人道的介入——正義の武力行使はあるのか』岩波新書、2001年

北大西洋条約機構によるユーゴ空爆をはじめ、ソマリア、ルワンダなどの地域紛争への対処を検証し、21世紀における平和のあり方として市民的介入の必要性を主張する。

アムネスティ・インターナショナル日本国際人権法チーム編『入門　国際刑事裁判所――紛争の暴力をどう裁くか』現代人文社、2002年

　国際刑事裁判所規程に至る経緯と解説をコンパクトにまとめている。戦争犯罪はどのように裁かれ、どのように裁くべきかを考えるための入門書として最適である。

(中川雅博)

索 引

主要人名索引

あ行

アウグスティヌス（Aurelius Augustinus, 354-430）　202, 286
アーペル（Karl-Otto Apel, 1922-）　109
アームソン（James Opie Urmson, 1915-）　28
アリストテレス（Aristotelēs, 前384-322）　19, 129, 133〜141, 178
池澤夏樹（いけざわ　なつき, 1945-）　225
イシドールス（Isidor de Sevilla, Isidorus Hispanesis, 560/70-636）　286
ウェーバー（Max Weber, 1864-1920）　98〜100
ウォルツ（Kenneth N. Waltz, 1924-）　291
ウォルツァー（Michael Walzer, 1935-）　290
ヴォルフ（Christian Wolff, 1679-1754）　287
エイヤー（Alfred Jules Ayer, 1910-1989）　86
エンゲルス（Friedrich Engels, 1820-1895）　41
オーウェル（George Orwell, 1903-1950）　221, 225, 240
オーウェン（Robert Owen, 1771-1858）　39
オルテガ（José Ortega y Gasset, 1883-1955）　250

か行

ガタリ（Félix Guattari, 1930-1992）　151, 152
ガンジー（Mohandās Karamchand Gāndhī, 1869-1948）　290
カント（Immanuel Kant, 1724-1804）　7〜15, 61, 73, 118, 123, 151, 179, 187, 198, 202, 208, 247, 272, 288, 289, 295
キケロ（Marcus Tullius Cicero, 前106-43）　5, 6, 286
キャラハン（Daniel Callahan, 1930-）　167
キャリコット（John Baird Callicot, 1941-）　188
キルケゴール（Søren Kierkegaard, 1813-1855）　66〜69, 71, 74, 76
キング（Martin Luther King, Jr., 1929-1968）　290
クラウゼヴィッツ（Karl von Clausewitz, 1780-1831）　289
グラムシ（Antonio Gramsci, 1891-1937）　44, 45
グロティウス（Hugo Grotius, 1583-1645）　287
ケナン（George Frost Kennan, 1904-2005）　291
ケルゼン（Hans Kelsen, 1881-1973）　115, 116
ゴールディング（Martin Philip Golding, 1930-）　166〜168

さ行

サルトル（Jean-Paul Sartre, 1905-1980）　72〜74, 76, 77
サン＝シモン（Claude Henri Saint-Simon,

1760-1825) 39,40
サンデル (Michael Sandel, 1953-) 123,124
サン・ピエール (Abbé de Saint-Pierre, Charles Irénée Castel, 1658-1743) 287,288
シェーラー (Max Scheler, 1874-1928) 13
シジウィック (Henry Sidgwick, 1838-1900) 25,26,28
シュバイツァー (Albert Schweitzer, 1875-1965) 186
ショーペンハウアー (Arthur Schopenhauer, 1788-1860) 49〜55
シラー (Friedrich von Schiller, 1759-1805) 13〜15
シンガー (Peter Singer, 1946-) 181〜185,188,206,276
スアレス (Francisco de Suárez, 1548-1617) 287
スティーヴンソン (Charles Leslie Stevenson, 1908-1979) 87
スマート (John Jamieson Carswell Smart, 1920-) 28
スミス (Adam Smith, 1723-1790) 36〜38
セン (Amartya Kumar Sen, 1933-) 278〜280
ソクラテス (Sōkratēs, 前470/469-399) 5,129〜133,138
ソシュール (Ferdinand de Saussure, 1857-1913) 247
ソーロー (Henry David Thoreau, 1817-1862) 290

た行

ダーウィン (Charles Robert Darwin, 1809-1882) 180,181
デカルト (René Descartes, 1596-1650) 178
テーラー (Paul W. Taylor, 1923-) 186,187
デリダ (Jacques Derrida, 1930-2004) 147,149〜151,154
トゥキュディデス (Thoukydidēs, 前460頃-400頃) 286
ドゥグラツィア (David DeGrazia, 1962-) 181,182
ドゥルーズ (Gilles Deleuze, 1925-1995) 147,151,152,154
トゥールミン (Stephen Edelston Toulmin, 1922-) 89,90
トマス・アクィナス (Thomas Aquinas, 1225頃-1274) 66,138,178,286,287
トルストイ (Lev Nikolaevich Tolstoi, 1828-1910) 290

な行

ナッシュ (Roderick Frazier Nash, 1939-) 185
ニーチェ (Friedrich Wilhelm Nietzsche, 1844-1900) 50,54〜57,68,114,151
ヌスバウム (Martha Craven Nussbaum, 1947-) 276
ノージック (Robert Nozick, 1938-2002) 122,124,125

は行

ハイエク (Friedrich August von Hayek, 1899-1992) 122
ハイデガー (Martin Heidegger, 1889-1976) 71,72,77
バーチ (Rex L. Burch, 1926-1996) 184
ハックスリー (Aldous Leonard Huxley, 1894-1963) 221,222,225,226
ハーディン (Garrett Hardin, 1915-2003) 165,173
ハーバーマス (Jürgen Habermas, 1929-) 100〜105,107〜109
パーフィット (Derek Parfit, 1942-)

167
ビトリア (Francisco de Vitoria, 1480頃-1546)　287
ヒューム (David Hume, 1711-1776)　20, 36～38, 81, 82, 151
ファインバーグ (Joel Feinberg, 1926-2004)　167
ブーアスティン (Daniel Joseph Boorstin, 1914-)　241
フォーク (Richard A. Falk, 1930-)　291
フーコー (Michel Foucault 1926-1984)　147～149, 154, 247
プーフェンドルフ (Samuel Pufendorf, 1632-1694)　287
プラトン (Platōn, 前428/427-348/347)　5, 66, 114, 130～135, 138
ブラント (Richard Booker Brandt, 1910-1997)　30
フーリエ (François-Marie-Charles Fourier, 1772-1837)　39, 40
プリチャード (Harold Arthur Prichard, 1871-1947)　85, 86
プルードン (Pierre-Joseph Proudhon, 1809-1865)　39, 40
ヘア (Richard Mervyn Hare, 1919-2002)　30～32, 88, 89
ヘーゲル (Georg Wilhelm Friedrich Hegel, 1770-1831)　13, 37, 38, 66, 288, 289
ベルクソン (Henri Bergson, 1859-1941)　50, 58～60, 151
ベルナール (Claude Bernard, 1813-1878)　179
ベルンシュタイン (Eduard Bernstein, 1850-1932)　43
ベンサム (Jeremy Bentham, 1748-1832)　20～23, 25, 149, 180, 181, 238
ホッブズ (Thomas Hobbes, 1588-1679)　35～38, 249, 291
ポラニー (Karl Polanyi, 1886-1964)　253
ボルツ (Norbert W. Bolz, 1953-)　247
ホワイト (Lynn White, Jr., 1907-1987)　181

ま行

マキアヴェッリ (Niccolò Machiavelli, 1469-1527)　291
マクルーハン (Herbert Marshall McLuhan, 1911-1980)　247
マッキー (John Leslie Mackie, 1917-1981)　91
マッキンタイア (Alasdair MacIntyre, 1929-)　140, 141
マルクス (Karl Marx, 1818-1883)　39～46
マルサス (Thomas Robert Malthus, 1766-1834)　271, 277
マルセル (Gabriel Marcel, 1889-1973)　74, 75, 77
ミル (John Stuart Mill, 1806-1873)　20～23, 25, 27, 30, 193, 195, 202
ムーア (George Edward Moore, 1873-1958)　23, 26, 82, 85, 86
モーゲンソー (Hans Joachim Morgenthau, 1904-1980)　291

や行

ヤスパース (Karl Jaspers, 1883-1969)　69～72, 77
ヨナス (Hans Jonas, 1903-1993)　169～173

ら行

リオタール (Jean-François Lyotard 1924-1998)　147, 152～154
ルカーチ (Lukács György, 1885-1971)　44, 45
ルソー (Jean-Jacques Rousseau, 1712-1778)　37, 38, 288

レイチェルズ (James Rachels, 1941-2003)　180, 189

レヴィ＝ストロース (Claude Lévi-Strauss, 1908-)　247

レヴィナス (Emmanuel Levinas, 1906-1995)　151

レオポルド (Aldo Leopold, 1887-1948)　188

レーガン (Tom Regan, 1938-)　181〜185, 188

レーニン (Vladimir Il'ich Lenin (Ul'yanov), 1870-1924)　44

ロス (William David Ross, 1877-1971)　27, 86

ロック (John Locke, 1632-1704)　35〜38, 122, 206

ロラン (Romain Rolland, 1866-1944)　291

ロールズ (John Rawls, 1921-2002)　117〜126, 167〜169, 275

わ行

ワグナー (Walter C. Wagner, 1917-2004)　166

主要事項索引

あ行

愛の躍動　60
アシュジェティスマン　149
アンガージュマン　74,77
安楽死　200～202
意志　51～55,59
医の倫理原則　193,201,202
インターネット　239～241,243～245,248,250
インフォームド・コンセント　201,210
永遠回帰　57
永遠平和　288
エクリチュールとパロール　149,150
援助　271～277,279～281
大きな物語　152～155
恩　167

か行

外在主義　92,93
介入　296
介入（問題）　295
快楽　19,21,22,24～26,30,31
改良主義（修正主義）　39,44
科学技術　219～221,223,225～233
格差原理　120,124,126,168,275
家系研究　212
重なり合う合意　125
活動　137
株式会社　256,260～262
神々の争い　98
仮言命法　9,10
官僚制　99,100
飢餓　269～271,274～276,278～281
機械　152
機械論的自然観　178
企業内デモクラシー　264,265

帰結主義　24
技術　228,229
規則功利主義　27～30
規範倫理学　81,82
義務　3～8,10～16,26～28,30
義務論　3～7,12～15,193,194,197,203
逆ユートピア　221,222
救貧法　274
救命ボート倫理　165
共産主義　42～44
共同体　137～141
共同体主義（コミュニタリアニズム）　123～125,141
共有地の悲劇　165
共和国　38
キリスト教　54～57,60
規律訓練　148,149
近代　97,98,100,109,145～149,157
近代啓蒙　97
君主道徳　55
傾向性　10,14,15
経済活動　253～257,263
形式主義　12
ケイパビリティ（潜在能力）　279,281
啓蒙　97,98,109
啓蒙的理性　99,100
契約自由の原則　255
限界状況　69
言語ゲーム　152～154
原初状態　120,121,123,125
現前性　149
現存在　71
合意　102～104,106～108
行為功利主義　28,29
高級な快楽と低級な快楽　22
公正としての正義　168,169

公正な機会均等　118〜120
幸福　19〜26,28,30,31,134,135,137
効用主義　24
合理化　98,99
功利主義　19〜22,24〜28,30〜32,117,
　118,193,197,199,203
功利（性の）原理　21〜25,27〜30
国民国家　249
コスト-ベネフィット分析　164,165
コミュニケーション　101〜107
固有の価値　183,184
コンピュータ・リテラシー　238

さ行

差異　146,147,150,151,154,156,157
再生医療　199
最大多数の最大幸福　21
自己決定（権）　193〜196,198,201〜203,
　206,210,213,214
事実と価値　83,89
市場経済　261
市場社会論　36,37
自然権　35,36
自然主義　82〜86
自然主義的誤謬　23,26,82
自然の権利　177,185,186
自然法　35,36
持続　58
持続可能な開発　174
実在論　90〜93
実存　65〜72,75
実存開明　69〜71
実存主義　65,68,69,72〜78
実存的交わり　70
資本主義　42〜46
市民社会　35〜39,42,43,45
社会革命　41〜43
社会契約説　35,36
社会権　208,210,216
社会主義　35,39,40,43〜46

社会保障　274
自由　10,11,69,70,72〜75,77,78,118,
　119,121,122,124
習慣づけ　137,138
自由権　209,210,216
私有財産（制）　39〜43
自由至上主義(リバタリアニズム)　121,
　122,124,125
自由主義（リベラリズム）　141,254
種差別　183
主体的真理　67,68,78
出生前診断　214〜216
主導権（ヘゲモニー）　45
状態　137
情動主義　83,86,87
消費　155〜157
情報　237〜245,247〜250
情報社会　237,238,240,242〜250
情報リテラシー　238
食糧　270,271,276〜280
所有　74,75
所有権絶対の原則　255
自律　11
知る権利　245,249
指令主義　83,88
人格　10,12,14,15,206,211
人権　210,211
人口　270,271,276〜278
人工授精　191〜193,196,198
人生の統一性　140
人体の不可処分　195
人体の不可侵　195
新マルサス主義　277
新優生学　214,215
真理の合意説　103,105
すばらしい新世界　221,225,226
生活世界の植民地化　100
正義　113〜116,118〜120,122,123,125,
　126,275,276
正義の戦争（正戦）　286,287,289,290,

292, 295
正義の二原理　118, 120, 121, 123～125, 275
正義論　117, 125, 126
生殖（補助）医療　191, 194
聖戦　286, 291
生態系中心主義　187, 188
生の哲学　49, 61, 62
生の躍動　59
生への意志　52, 54, 55
生命中心主義　186, 187
生命の主体　183
世界市民　276
責任　69, 73, 74, 76, 77, 169, 171～173, 175
世代間倫理　163～169, 173, 174
絶対平和主義　290, 291
絶望　67
選好　30, 31
選好功利主義　30
戦争　285～296, 298
戦争裁判　296
全般的知識　222, 223
専門的知識　222, 223
総計主義　24
相対主義　114～116, 123
疎外　40, 42
存在論　71, 72

た行

体外受精　191, 192, 196
大衆社会　250
代理出産　196～198
大量虐殺　295, 296
大量破壊兵器　293
他者危害の原則　193, 198
脱構築　149, 150
妥当請求　102～107
魂の三分説　132, 133
魂への配慮　130

他律　11, 12
単独者　68
力への意志　55～57
中庸　135, 136
超越者　70, 72, 77
超人　56
超問題的なもの　75
貯蓄原理　168
直観主義　25, 83, 85, 86
低強度紛争　294
定言命法　9, 10, 16
デモサイド　295
伝統　141
同一性と普遍性　146, 147, 157
討議　104～109
討議倫理学　97, 98, 101, 105～109
同情　51～53, 55
道徳なき現実主義　291
道徳（の）法則　8～14, 16
動物実験　179, 184
動物の解放　183
動物の権利　177, 181～183
動物福祉　182, 184, 185
道理ある現実主義　290, 292
徳　129～141
徳倫理学　129, 133, 138～141
閉じた道徳　60
土地倫理　188
奴隷道徳　56

な行

内在主義　92, 93
ニヒリズム　57
人間中心主義　177, 180, 181, 185～189
人間という理念　170, 171
人間の安全保障　280, 281
人間の尊厳　207, 208
認識主義　83, 86
ネチケット　243
ネットワーク社会　244

ネティズン　248

は行

バイオエシックス　188
胚性幹細胞（ES 細胞）　198,199
パターナリズム　194,213,214
発話状況　102,104,108
繁栄（開花）　140
反実在論　90〜93
ビジネス・エシックス　257
ひと（世人）　71
非人間中心主義　188,189
非認識主義　83
平等　118,119,278〜280
開かれた道徳　60
貧困　269,274〜277,279〜281
負荷なき自我　123
福祉　205,208〜216
福祉国家　44,46,209,212
物象化　45
不平等　118〜120
普遍化可能性　10,88,89
プライバシーの権利　245
平和　285〜293,295〜298
ポストモダニズム　145〜148,151,154〜157
ポストモダン　145〜148,152,154〜157
本源的な義務　170

ま行

緑の革命　277,278
未来倫理　169〜171,173

民族浄化　295
無知のヴェール　120,121,123,125
無知の知　130
メタ倫理学　81,83,84,89,90
メディア結合体　247
メディア・リテラシー　238
目的合理性　99〜101
目的論　6,7
物語　140

や行

唯物史観　42
優生学　211〜213,215
ユビキタス社会　241
善い意志　8
欲望　151,152
予防原則　174
四元徳　132

ら行

理性　9,13,14
リプロダクティブ・ヘルス　193
リベラリズム　255,256,261〜263
良心的兵役拒否　297
ルサンチマン　56
労働　36,40,41,43,46
労働契約　256〜259,262,263
労働法　258,259

CMC　239,243
QOL　201

●編者紹介

小松光彦(こまつ・みつひこ)

　1971年慶應義塾大学大学院文学研究科博士課程単位取得。元慶應義塾大学文学部教授。

樽井正義(たるい・まさよし)

　1976年慶應義塾大学大学院文学研究科博士課程単位取得。現在、慶應義塾大学名誉教授。

谷寿美(たに・すみ)

　1983年慶應義塾大学大学院文学研究科博士課程単位取得。現在、慶應義塾大学名誉教授。

● 執筆者一覧

第Ⅰ部　理論

　第1章　吉田量彦（よしだ・かずひこ　東京国際大学商学部教授）
　第2章　二見千尋（ふたみ・ちひろ）
　第3章　柘植尚則（つげ・ひさのり　慶應義塾大学大学院文学研究科教授）
　第4章　遠藤義人（えんどう・よしと）
　第5章　村山達也（むらやま・たつや　東北大学大学院文学研究科教授）
　第6章　二見千尋（前出）
　第7章　佐藤真之（さとう・まさゆき）
　第8章　吉田量彦（前出）
　第9章　中村公博（なかむら・きみひろ）
　第10章　西山晃生（にしやま・てるお　立教大学文学部兼任講師）

第Ⅱ部　課題

　第1章　山本剛史（やまもと・たかし　慶應義塾大学教職課程センター非常勤講師）
　第2章　奈良雅俊（なら・まさとし　慶應義塾大学文学部教授）
　第3章　小出泰士（こいで・やすし　神奈川大学国際日本学部非常勤講師）
　第4章　圓増　文（えんぞう・あや　東北大学大学院医学系研究科助教）
　第5章　石井敏夫（いしい・としお　元慶應義塾大学文学部助教授）
　第6章　中川雅博（なかがわ・まさひろ　慶應義塾大学文学部非常勤講師）
　第7章　森　　庸（もり・やすし）
　第8章　石田京子（いしだ・きょうこ　慶應義塾大学文学部准教授）
　第9章　中川雅博（前出）

倫理学案内──理論と課題

2006 年 4 月 10 日　初版第 1 刷発行
2023 年 12 月 15 日　初版第 9 刷発行

編　者─────小松光彦・樽井正義・谷寿美
著　者─────柘植尚則・石井敏夫・吉田量彦・二見千尋・遠藤義人・村山
　　　　　　　達也・佐藤真之・中村公博・西山晃生・山本剛史・奈良雅俊・
　　　　　　　小出泰士・圓増文・中川雅博・森庸・石田京子
発行者─────大野友寛
発行所─────慶應義塾大学出版会株式会社
　　　　　　　〒108-8346　東京都港区三田 2-19-30
　　　　　　　TEL 〔編集部〕03-3451-0931
　　　　　　　　　〔営業部〕03-3451-3584〈ご注文〉
　　　　　　　　　〔　〃　〕03-3451-6926
　　　　　　　FAX〔営業部〕03-3451-3122
　　　　　　　振替 00190-8-155497
　　　　　　　https://www.keio-up.co.jp/
装　丁─────桂川　潤
印刷・製本───株式会社丸井工文社
カバー印刷───株式会社太平印刷社

Ⓒ 2006 Mitsuhiko Komatsu, Masayoshi Tarui, Sumi Tani, Contributors
Printed in Japan　ISBN4-7664-1251-6